中宣部2022年主题出版重点出版物

"十四五"国家重点图书出版规划项目

全面建成小康社会

陕西变迁志

SHAANXI BIANQIANZHI

本书编写组

陕西新华出版传媒集团
陕西人民出版社

责任编辑：文　博　叶　峰　程家文　马　昕　王晓飞　党静嫒
　　　　　南先锋　王亚嘉
封面设计：石笑梦　赵文君
版式设计：王欢欢　张　丽

图书在版编目（CIP）数据

全面建成小康社会陕西变迁志 / 本书编写组 编著 . — 西安：陕西人民出版社，2022.10

（"纪录小康工程"地方丛书）

ISBN 978 - 7 - 224 - 14564 - 9

I.①全… II.①本… III.①小康建设 - 概况 - 陕西　IV.① F127.41

中国版本图书馆 CIP 数据核字（2022）第 087647 号

全面建成小康社会陕西变迁志

QUANMIAN JIANCHENG XIAOKANG SHEHUI SHAANXI BIANQIANZHI

本书编写组

陕西人民出版社　出版发行

（710003　西安市北大街 147 号）

中煤地西安地图制印有限公司印刷　新华书店经销

2022 年 10 月第 1 版　2022 年 10 月第 1 次印刷

开本：710 毫米 ×1000 毫米 1/16　印张：26

字数：320 千字

ISBN 978 - 7 - 224 - 14564 - 9　定价：90.00 元

邮购地址 710003　西安市北大街 147 号

陕西人民出版社销售中心　电话：（029）87205094

版权所有·侵权必究

凡购买本社图书，如有印制质量问题，我社负责调换。

服务电话：（029）87205094

总　序
为民族复兴修史　为伟大时代立传

　　小康，是中华民族孜孜以求的梦想和夙愿。千百年来，中国人民一直对小康怀有割舍不断的情愫，祖祖辈辈为过上幸福美好生活劳苦奋斗。"民亦劳止，汔可小康""久困于穷，冀以小康""安得广厦千万间，大庇天下寒士俱欢颜"……都寄托着中国人民对小康社会的恒久期盼。然而，这些朴素而美好的愿望在历史上却从来没有变成现实。中国共产党自成立那天起，就把为中国人民谋幸福、为中华民族谋复兴作为初心使命，团结带领亿万中国人民拼搏奋斗，为过上幸福生活胼手胝足、砥砺前行。夺取新民主主义革命伟大胜利，完成社会主义革命和推进社会主义建设，进行改革开放和社会主义现代化建设，开创中国特色社会主义新时代，经过百年不懈奋斗，无数中国人摆脱贫困，过上衣食无忧的好日子。

　　特别是党的十八大以来，以习近平同志为核心的党中央统揽中华民族伟大复兴战略全局和世界百年未有之大变局，团结带领全党全国各族人民统筹推进"五位一体"总体布局、协调推进"四个全面"战略布局，万众一心战贫困、促改革、抗疫情、谋发展，党和国家事业取得历史性成就、发生历史性变革。在庆祝中国共产党成立100周年大会上，习近平总书记庄严宣告："经过全党全国各族人民持续奋斗，我们实现了第一个百年奋斗目标，在中华大地上全面建成了小康社会，历史性地解决了绝对贫困问题，正在意气风发向着全面建成社会主义现代化强国的第二个百年奋斗目标迈进。"

这是中华民族、中国人民、中国共产党的伟大光荣！这是百姓的福祉、国家的进步、民族的骄傲！

全面小康，让梦想的阳光照进现实、照亮生活。从推翻"三座大山"到"人民当家作主"，从"小康之家"到"小康社会"，从"总体小康"到"全面小康"，从"全面建设"到"全面建成"，中国人民牢牢把命运掌握在自己手上，人民群众的生活越来越红火。"人民对美好生活的向往，就是我们的奋斗目标。"在习近平总书记坚强领导、亲自指挥下，我国脱贫攻坚取得重大历史性成就，现行标准下9899万农村贫困人口全部脱贫，建成世界上规模最大的社会保障体系，居民人均预期寿命提高到78.2岁，人民精神文化生活极大丰富，生态环境得到明显改善，公平正义的阳光普照大地。今天的中国人民，生活殷实、安居乐业，获得感、幸福感、安全感显著增强，道路自信、理论自信、制度自信、文化自信更加坚定，对创造更加美好的生活充满信心。

全面小康，让社会主义中国焕发出蓬勃生机活力。经过长期努力特别是党的十八大以来伟大实践，我国经济实力、科技实力、国防实力、综合国力跃上新的大台阶，成为世界第二大经济体、第一大工业国、第一大货物贸易国、第一大外汇储备国，国内生产总值从1952年的679亿元跃升至2021年的114万亿元，人均国内生产总值从1952年的几十美元跃升至2021年的超过1.2万美元。把握新发展阶段、贯彻新发展理念、构建新发展格局、推动高质量发展，全面建设社会主义现代化国家，我们的物质基础、制度基础更加坚实、更加牢靠。全面建成小康社会的伟大成就充分说明，在中华大地上生气勃勃的创造性的社会主义实践造福了人民、改变了中国、影响了时代，世界范围内社会主义和资本主义两种社会制度的历史演进及其较量发生了有利于社会主义的重大转变，社会主义制度优势得到极大彰显，中国特色社会主义道路越走越宽广。

全面小康，让中华民族自信自强屹立于世界民族之林。中华民族有五千多年的文明历史，创造了灿烂的中华文明，为人类文明进步作出了卓越贡献。近代以来，中华民族遭受的苦难之重、付出的牺牲之大，世所罕见。中国共产党带领中国人民从沉沦中觉醒、从灾难中奋起，前赴后继、百折不挠，战胜各种艰难险阻，取得一个个伟大胜利，创造一个个发展奇迹，用鲜血和汗水书写了中华民族几千年历史上最恢宏的史诗。全面建成小康社会，见证了中华民族强大的创造力、坚韧力、爆发力，见证了中华民族自信自强、守正创新精神气质的锻造与激扬，实现中华民族伟大复兴有了更为主动的精神力量，进入不可逆转的历史进程。今天，我们比历史上任何时期都更接近、更有信心和能力实现中华民族伟大复兴的目标，中国人民的志气、骨气、底气极大增强，奋进新征程、建功新时代有着前所未有的历史主动精神、历史创造精神。

全面小康，在人类社会发展史上写就了不可磨灭的光辉篇章。中华民族素有和合共生、兼济天下的价值追求，中国共产党立志于为人类谋进步、为世界谋大同。中国的发展，使世界五分之一的人口整体摆脱贫困，提前十年实现联合国2030年可持续发展议程确定的目标，谱写了彪炳世界发展史的减贫奇迹，创造了中国式现代化道路与人类文明新形态。这份光荣的胜利，属于中国，也属于世界。事实雄辩地证明，人类通往美好生活的道路不止一条，各国实现现代化的道路不止一条。全面建成小康社会的中国，始终站在历史正确的一边，站在人类进步的一边，国际影响力、感召力、塑造力显著提升，负责任大国形象充分彰显，以更加开放包容的姿态拥抱世界，必将为推动构建人类命运共同体、弘扬全人类共同价值、建设更加美好的世界作出新的更大贡献。

回望全面建成小康社会的历史，伟大历程何其艰苦卓绝，伟大胜利何其光辉炳耀，伟大精神何其气壮山河！

这是中华民族发展史上矗立起的又一座历史丰碑、精神丰碑！这座丰碑，凝结着中国共产党人矢志不渝的坚持坚守、博大深沉的情怀胸襟，辉映着科学理论的思想穿透力、时代引领力、实践推动力，镌刻着中国人民的奋发奋斗、牺牲奉献，彰显着中国特色社会主义制度的强大生命力、显著优越性。

因为感动，所以纪录；因为壮丽，所以丰厚。恢宏的历史伟业，必将留下深沉的历史印记，竖起闪耀的历史地标。

中央宣传部牵头，中央有关部门和宣传文化单位，省、市、县各级宣传部门共同参与组织实施"纪录小康工程"，以为民族复兴修史、为伟大时代立传为宗旨，以"存史资政、教化育人"为目的，形成了数据库、大事记、系列丛书和主题纪录片4方面主要成果。目前已建成内容全面、分类有序的4级数据库，编纂完成各级各类全面小康、脱贫攻坚大事记，出版"纪录小康工程"丛书，摄制完成纪录片《纪录小康》。

"纪录小康工程"丛书包括中央系列和地方系列。中央系列分为"擘画领航""经天纬地""航海梯山""踔厉奋发""彪炳史册"5个主题，由中央有关部门精选内容组织编撰；地方系列分为"全景录""大事记""变迁志""奋斗者""影像记"5个板块，由各省（区、市）和新疆生产建设兵团结合各地实际情况推出主题图书。丛书忠实纪录习近平总书记的小康情怀、扶贫足迹，反映党中央关于全面建成小康社会重大决策、重大部署的历史过程，展现通过不懈奋斗取得全面建成小康社会伟大胜利的光辉历程，讲述在决战脱贫攻坚、决胜全面小康进程中涌现的先进个人、先进集体和典型事迹，揭示辉煌成就和历史巨变背后的制度优势和经验启示。这是对全面建成小康社会伟大成就的历史巡礼，是对中国共产党和中国人民奋斗精神的深情礼赞。

历史昭示未来，明天更加美好。全面建成小康社会，带给中国人民的是温暖、是力量、是坚定、是信心。让我们时时回望小康历程，深入学习贯彻习近平新时代中国特色社会主义思想，深刻理解中国共产党为什么能、马克思主义为什么行、中国特色社会主义为什么好，深刻把握"两个确立"的决定性意义，增强"四个意识"、坚定"四个自信"、做到"两个维护"，以坚如磐石的定力、敢打必胜的信念，集中精力办好自己的事情，向着实现第二个百年奋斗目标、创造中国人民更加幸福美好生活勇毅前行。

目　录

阳光之下　大路之上 1
——纪录延安市延川县梁家河村小康工程

隐藏在黄土高原中的梁家河 2

"我不吃苦，叫谁吃苦？" 4

"一碗水端平"的学问 6

粮囤满了，荒山绿了 8

小苹果如何成为"小金果" 11

土窑洞变成了新民宿 14

乡村旅游火爆的背后 16

病有所医，幼有所教 18

年轻的后生就是未来 21

不忘初心从头越 26

迈上城镇化转型路的红色村庄 29
——纪录铜川市耀州区照金村小康工程

红色城镇拔地起 30

红色旅游促就业 34

"红心召我回乡去" 42

农民奔向现代化 ………………………………………… 46
火红日子民心暖 ………………………………………… 49

■ 淘"金"记　　　　　　　　　　　　　　　　　　55
——纪录商洛市柞水县金米村小康工程
　　幸　福 …………………………………………………… 56
　　惊　雷 …………………………………………………… 60
　　破　冰 …………………………………………………… 63
　　转　变 …………………………………………………… 66
　　安　家 …………………………………………………… 69
　　丰　收 …………………………………………………… 73
　　希　望 …………………………………………………… 77

■ 锦绣屏峦　福气绵绵　　　　　　　　　　　　　　83
——纪录安康市平利县锦屏社区小康工程
　　锦绣屏峦新天地 ………………………………………… 84
　　打造便捷生活圈 ………………………………………… 86
　　家门口就能把钱挣 ……………………………………… 90
　　治理一小步　幸福一大步 ……………………………… 93
　　为幸福"加码" ………………………………………… 96
　　"我们会把这里建设得更好" ………………………… 100

■ 幸福的颜色是绿色　　　　　　　　　　　　　　107
——纪录榆林市米脂县高西沟村小康工程
　　黄土高坡褶皱里的生态明珠 …………………………… 108
　　黄土高原上薪火相传的战斗堡垒 ……………………… 114

特色产业让村民搭上"致富快车" …………………………… 118
幸福生活都是奋斗出来的 …………………………………… 125
"把高西沟村这面红旗扛下去" ……………………………… 131

■ 向"第三个楷模"奋进 …………………………………… 137
——纪录榆林市绥德县郝家桥村小康工程

"村村学习郝家桥" …………………………………………… 139
"新支书"来了搞"冬训" …………………………………… 143
一场"风暴":"三变"改革 ………………………………… 144
要当"新式农民" ……………………………………………… 145
"能人"回村承包果园 ………………………………………… 147
大厨回村办起农家乐 ………………………………………… 150
"家家户户过小康" …………………………………………… 152
"光景更好过" ………………………………………………… 155
驻村第一书记学拉话 ………………………………………… 159
"楷模故事"在延续 …………………………………………… 162

■ 嘉陵江畔的美丽变迁 ……………………………………… 165
——纪录汉中市略阳县徐家坪社区小康工程

条条大道出秦岭　群众不再行路难 ………………………… 167
灾后重建住新居　移民搬迁惠民生 ………………………… 171
蚕桑中药兴产业　文旅融合促增收 ………………………… 174
医疗教育面貌新　看病上学两不愁 ………………………… 180
乡贤文化树新风　便民服务暖人心 ………………………… 183
组团发展共富裕　乡村振兴谱新曲 ………………………… 188

▎董岭花开幸福来 ··· 193

——纪录西安市蓝田县董岭村小康工程

一个人与一条路 ··· 194

改革敢为先 ··· 200

村民腰包鼓 ··· 205

花开幸福来 ··· 209

▎白云生处的幸福人家 ··· 217

——纪录宝鸡市太白县白云村小康工程

穷山村变为示范村 ··· 218

"穷困窝"成了幸福园 ··· 224

从高山菜到多业并举 ··· 229

从能人带到多方参与 ··· 234

从"我要扶"到"我要富" ································· 239

▎风从塬上来 ··· 245

——纪录宝鸡市千阳县柳家塬村小康工程

"铁骑"行田间　不见昔日老黄牛 ······················· 246

千亩苹果园　拓宽群众致富路 ···························· 253

告别土坯房　村民实现"安居梦" ······················· 259

"好人"频频现　塬上劲吹文明风 ······················· 264

▎小村庄大传奇 ··· 269

——纪录咸阳市礼泉县袁家村小康工程

"烂杆村"摘掉贫困帽 ······································· 271

"老典型"遇到新问题 ······································· 274

利益共享分"蛋糕" 278

农民捍卫食品安全 282

青年返乡唱"主角" 287

▎文明催绽"幸福花" 293
——纪录渭南市合阳县白灵村小康工程

脱贫之路：脱贫手拉手 小康心连心 294

振兴之路：旱地引活水 产业进了村 297

美丽之路：村容靓起来 乡村绽新颜 301

治理之路：办事流程明 群众更放心 305

文明之路：乡风更文明 精神更富裕 308

民生之路：生活质量高 福祉润心田 312

▎黄土高坡的一颗明珠 319
——纪录延安市安塞区南沟村小康工程

能人返乡，父老乡亲的主心骨 321

攻坚克难，加速快跑的火车头 324

情系家乡，衣带渐宽终不悔 329

圆梦小康，几代人梦想终实现 334

乡风文明，幸福的链条越拉越长 338

▎朱鹮伴我奔小康 345
——纪录汉中市洋县草坝村小康工程

朱鹮"搬"回草坝村 345

问余何意栖碧山 352

率先走上"有机"路 355

农高会上觅"黄金"	358
集体经济"舞"起来	362
日子"底色"是幸福	365
此心安处是吾乡	368

▋追 梦 373
——纪录杨凌示范区杨陵区王上村小康工程

护陵员	375
"犟书记"	378
平坟记	382
"变心"记	386
"细婆娘"	389
"潮女婿"	394

▋后 记 401

阳光之下　大路之上

——纪录延安市延川县梁家河村小康工程

"梁家河这个小村庄的变化，是改革开放以来中国社会发展进步的一个缩影。"

2015年9月22日傍晚，西雅图华灯初上，欢迎习近平主席访问美国西雅图的晚宴隆重举行。宾客们认真地聆听习近平主席的演讲，习近平主席以梁家河为例向世界介绍了中国改革开放以来的发展历程。

"今年春节，我回到这个小村子。梁家河修起了柏油路，乡亲们住上了砖瓦房，用上了互联网，老人们享有基本养老，村民们有医疗保险，孩子们可以接受良好教育，当然吃肉已经不成问题。这使我更加深刻地认识到，中国梦是人民的梦，必须同中国人民对美好生活的向往结合起来才能取得成功。"习近平总书记在演讲中说。

从土窑土炕、酸菜谷糠，到柏油路、砖瓦房、互联网，位于陕西省延安市延川县文安驿镇的梁家河，从一个普普通通的偏远贫困村，发展为人均年收入2万元左右的富裕村，讲述了一个中国农村改革发展的精彩故事。

走进新时代，这个被习近平总书记视为第二故乡的村庄，正在续写着令人向往的新篇章。

航拍延川县文安驿镇移民安置小区（陕西日报记者李旭佳 摄）

隐藏在黄土高原中的梁家河

"对面山的那个圪梁梁上那是一个的谁，那就是的那个要命的二来妹妹，东山上的那个点灯呀西山上的那个明，一马马的那个平川呀瞭不见个人……"

每次听到这首陕北民歌，总会让人的内心产生一丝凄凉。也难怪，民歌毕竟是历史记忆的一种，而陕北的历史记忆，无论是《钦定全唐文》中所说的"广长几千里，皆流沙"，还是明代许论在《九边图论》说的"四望黄沙，不产五谷，不通货贿，一切草粮仰给腹里矣"，都是在告诉我们，在几千年的中华历史中，这里都曾是干旱、贫穷和落后的代名词。以至于清代官员曾在奏疏中写道："天下之民莫穷于延"，这里的"延"指的就是延安。深藏在延安黄土沟壑中的梁家河，当然也不例外，甚至可以称得上是"穷中之穷"。

梁家河隐藏在黄土高原一条狭长的沟道中。在过去，想要去往这里并非一件容易的事情。从延川县文安驿镇出发,进入一道沟口往里走,需要走七八公里的土路。在没有柏油路的年代里,走在路上,飞扬的尘土会直冲鼻子。1969年,来自北京的15名知青,便是沿着这样的土路进入梁家河,其中年龄最小的就是习近平。

尽管来之前就对陕北革命老区的艰苦条件有所了解,但延川农村贫穷落后的面貌和乡亲们艰难度日的生活场景,还是超出了当时知青们的想象——种地在山上,烧饭靠柴火,吃水挖渗坑,点灯用煤油,缝衣拿针缭,磨面赶毛驴。

粮食不够吃,在20世纪60年代的梁家河是一种常态。当地百姓经常用磨面剩下的麸子和玉米皮做成糠窝窝充饥。饿得实在不行了,舀上一瓢水咕嘟咕嘟喝下去来胀肚子。青黄不接时节,四邻八舍的人不得不拖家带口,外出讨饭。

饥饿之外,还有寒冷。梁家河地处偏远,最近的煤矿也在百里之外。一直以来,为了做饭和取暖,梁家河人想尽了一切办法:牛拉屎了,用手一掬,扔在土墙上晒干做燃料;山洪暴发时,人们冒着生命危险到河里捞些洪水冲下来的树枝;老乡们还爬上悬崖,砍一种叫狼牙刺的灌木,这种柴很耐烧,但许多人也因此摔成残疾,甚至坠亡。

事实上,这不仅仅是当时梁家河的生存状况,也是整个延安乃至陕北的基本面貌。当时延安辖14个县,有130万人,人均粮食不足250公斤,人均收入不足50元。1973年6月,周恩来总理陪外宾到延安,看到解放多年后,延安变化不大,百姓生活还这么苦,他难过得落了泪。

2015年9月22日,在美国西雅图市出席华盛顿州政府和美国友好团体联合举行的欢迎宴会上,习近平主席回忆起在梁家河的日子:"那时候,我和乡亲们都住在土窑里、睡在土炕上,乡亲们生活十分贫困,经常是几个月吃不到一块肉。我了解乡亲们最需要什么!后来，我当了这个村子的党支部书记，带领乡亲们发展生产。我了解老百姓需要什么。我很期盼的一件事，就是让乡亲们饱餐一顿肉，并且经常吃上肉。但是，这个心愿在当时是很难实现的。"

贫穷，饥饿，辛劳，构成了梁家河人生活的底色。但也正是这样的状况，让当时来到这里的知青习近平清醒地认识到了中国广大农村的实际情况，触发了他对乡亲们深切的同情。

"我不吃苦，叫谁吃苦？"

2022年1月30日，临近春节，站在梁家河附近的一处高地上，只见洁白冰雪覆盖的大地连绵起伏，春天正向这里走来。一大早，梁家河村党支部原书记石春阳在村中来回走着。尽管儿子打了几个电话，让他去县城的家中过年，但石春阳依然舍不得离开村子。

在石春阳的带领下，记者走进梁家河村史馆，不禁被墙上一幅幅生动的老照片所吸引，"赵家河搞社教""打井汲水""当选支书发展生产"……这些珍贵的历史照片所记载的，不仅仅是梁家河过去半个世纪走过的路，也是习近平在梁家河的青春足印。

走出村史馆，漫步在梁家河的村道上，高产的淤地坝、陕西第一口沼气池、磨坊和裁缝铺、知青居住的窑洞……无不诉说着习近平七年知青生活的艰辛。年轻的习近平从这里开始，真正接触和了解到中国社会最基层农村和农民的真实状况，了解到面朝黄土背朝天的乡亲们最看重的是什么，最需要的是什么，最盼望的是什么。

1974年1月10日，文安驿公社党委批准了习近平的入党申请，接收他为中共党员。随后，梁家河大队推选习近平为党支部书记。

石春阳说："我们选近平当村支书，最主要的就是他做事公道、

春日的梁家河淤地坝已现浓浓绿意（陕西日报记者陈宏江 摄）

敢于担当，能跟老百姓打成一片，群众需要什么，他就干什么。他的每一个行动和决策都很务实，都是为老百姓的利益考虑的。"

成为村子发展领路人的习近平，上任后很快做出一个决定：为村里打一口井。当时打井没有什么先进的工具，只能用铁锹一下一下地挖，挖得深了，就在井口搭一座井架，安上滑轮，把井里挖出来的泥土吊上来。时常在井下劳动的就是习近平。滑轮吊土时，筐子边沿的土像雨一样洒在他的头上和身上，他就像一个土人。

连着打了20多天，井打了十几米深，终于出水了。这口井不仅结束了梁家河人世代在渗水坑挑水吃的历史，同时使村里几百亩庄稼的灌溉问题也得以解决。

吃水之外，梁家河人面临的最大问题就是燃料的匮乏。为了让群众不再为做饭和取暖发愁，习近平带领大家克服重重困难，终于建成了陕西第一口沼气池。劳累了一天的乡亲们收工回来，只要点上沼气，窑里就亮格堂堂，锅里的水也不一会儿就咕嘟咕嘟冒开了热气。

乡亲们高兴极了："挖个池子装上粪还能点灯烧火，人老几辈子都没有过的事，近平可是给咱村办了大好事咧！"

1975年，时任延川县通讯组组长的曹谷溪采访报道了习近平建沼气池的事迹，目睹了这个年轻人异常艰苦的工作场景。曹谷溪忍不住说："近平，你这太苦了！"习近平笑了笑，平静地说："我不吃苦，叫谁吃苦？"

想一件干一件，干一件成一件。习近平从梁家河群众身边最实际的困难和问题入手，先后办起了钢磨坊、铁业社、缝纫社、代销店。梁家河人再也不用为推米磨面抢毛驴发愁争吵；再也不用为修一把锹、买一瓶煤油，来回跑上几十里山路而费时误工；女人们再也不用为白天下地干活、黑了还要在煤油灯下缝缝补补操心受累。

"近平当支书以后，给村里做了大量的实事、好事，他当时带领社员做的很多事情，到40多年后的今天还在发挥作用。"村民武晖说。

2015年2月13日，习近平总书记来到陕西考察调研，第一站就来到挥洒过七年青春汗水的梁家河。他深情地对在场的年轻人和孩子们说："你们的爷爷奶奶、父亲母亲曾与我一起生活、战斗。我人生第一步所学到的都是在梁家河。不要小看梁家河，这是有大学问的地方。人生处处留心皆学问。"

"一碗水端平"的学问

送别习近平，是石春阳这辈子最为难忘的事情。

1975年10月7日是习近平离开梁家河的日子。在此之前，在习近平的推荐下，石春阳当选为村里新的党支部书记。"这个结果，其实不是因为我有多好，而是我们村里人信任近平。他推荐了我，大家才选我。"石春阳说。

离开梁家河的前一晚上，习近平召集社员开了个座谈会。他说："要当好一个村的领导，必须一碗水端平。群众最讲究的就是'公道'二字，最信服的就是公正的人。哪怕一毛钱的事，你处理得不公，群众也不答应；十块钱的事，你处理得公道，群众也不会有意见。无论大事还是小事，该咋办就咋办。"

他把头转向石春阳，说："随娃（石春阳小名），梁家河以后要发展，你必须起模范带头作用。你是年轻人，当支书以后，要多动脑子，多思考问题，还要多联系群众，这样工作才能做好，支书才能当好。如果处理问题不考虑群众的感受，支书也当不好。"

习近平离开梁家河后，石春阳接过了带领村子发展的重担。他说："近平取得的那些荣誉，我必须得给他保持下来。近平在的时候，带领我们全村人办沼气，成为整个延川县发展沼气的先进典型。这回近平走了，我一上任，假如我们一下就不是先进典型了，甚至成了落后者，那这个脸我可丢不起，我也没法跟村里人交代。"

因此，不光村里的农业生产和基建工作石春阳不敢松懈，沼气生产这方面也一点不敢放松。地处陕北的梁家河冬天最冷的时候能达到零下20摄氏度，如果里面的沼液结冰了，沼气池壁就有可能冻裂，一有了裂缝，沼气池就会漏水，不产气了。于是，石春阳便想尽办法做好冬季沼气池的保暖工作，用秸秆覆盖沼气池。到第二年开春，再把保暖层去掉，检查一遍沼气池，看看漏不漏水，一旦漏水就用混凝土泥浆重新抹一遍。就这样，梁家河的村民一直用沼气做饭、烧开水、晚上照明……直到1987年，梁家河通了电，沼气池才退出历史舞台。

尽管之后的几十年当中，石春阳在村党支部书记岗位上经历了三起三落，但"一碗水端平"的处事原则，始终是他的人生座右铭。

20世纪80年代，改革开放的春风吹到了黄土高坡。梁家河和全国绝大多数的村子一样，开始实行家庭联产承包责任制。面对前所未有的挑战，石春阳思索着如何实现平稳过渡。

经过讨论，石春阳和村干部把村里的老年人叫到一块儿，了解当初合作化的时候各家各户为村集体入了多少股，先把股份给各家各户退还回去。接下来，他又和村干部把村里的大牲口、马槽、步犁等大件生产资料进行估价，根据每一个劳力、人口的分值进行对应分配，多出或者缺少部分，互相找补。

现如今，石春阳早已记不得为了分配公平，开了多少次会，算了多少天账。只记得家庭联产承包责任制实施后，看到大家没有反对意见，他才终于松了口气："看来一碗水算是端平了。"

"一碗水端平，首先是个做人问题。人有私心，一碗水怎么端也端不平，群众也不会信任你。一碗水端平，还要有处理问题的方式方法，要让大家都能接受才行。"石春阳说。

粮囤满了，荒山绿了

历史是人民书写的。人民的力量一旦被激发出来，就有着改天换地的伟力。梁家河的人民，也是如此。

1984年春天，梁家河村民刘瑞莲和丈夫第一次听说"包产到户"，那时并没有意识到这四个字会对她和她的家庭产生多大的影响，她和她所在的梁家河村民也还没有意识到，一场影响整个中国农村的变革已经开始了。

恰在彼时，一位从延川走出来的作家却正在记录着农村的种种变化,并将这种变化写入了自己的书中:"往日吵吵闹闹的田家圪崂,现在一整天鸦雀无声,再也看不见什么闲散人,甚至连女人和娃娃都到地里拼命去了。……秋庄稼一眨眼就增添了多少成色!庄稼人不是在地里种庄稼,而是像抚育自己的娃娃。……人们在土地上付出血汗和艰辛,那是应该收获欢乐和幸福,而不是收获忧愁和苦痛的……"

这本书,便是后来引得洛阳纸贵的作品《平凡的世界》,而这位作家,正是大名鼎鼎的路遥。如同他所描述的陕北农民一样,刘瑞莲虽然没有意识到改革开放带给中国农村的巨大机遇,但当包产到户一两年后,家中的粮囤满了,可以天天吃白面馒头了,她发自内心地觉得:党的政策正在让群众过上更好的日子。

仓廪实了,刘瑞莲一家的期盼也更高了。看到有人外出打工,刘瑞莲心里也盘算着到城里找事干。农闲的时候,她和丈夫来到延川县城,给人包冰棍,再打点零工,生活渐渐有了起色。他们也因此被称为梁家河"第一代农民工"。1990年后,刘瑞莲再也没有为家里的吃喝用度犯过愁,她对自己的生活第一次有了一种满足感。

生活好了的同时,梁家河的自然生态也在逐渐好转。"以前的梁家河,山头就像黄馍馍一样光,除了黄土啥也没有,只要一下雨,泥糊子流得到处都是;现在你再看我们的梁家河,山上到处都是树,就像戏里唱的一样,想找到没绿的地方都难。"梁家河村党支部书记巩保雄说。

想知道这一片青绿从何而来,就得回到23年前。1999年是延安经济社会发展的一个分水岭,这一年国家提出了"退耕还林、封山绿化、个体承包、以粮代赈"的十六字水土治理政策,要求延安人民变"兄妹开荒"为"兄妹造林",实施退耕还林,建设美好家园。从那时起,延安便将25度以上坡耕地全部退耕还林,把保留"人均2.5亩高标准基本农田"作为一项保障措施。陕北大地上,一场轰轰烈烈的

"绿色"革命就此铺展开来。

梁家河是延川县第一批一次性退耕还林试点村。为了执行退耕还林政策,当时的村党支部书记石春阳动了不少脑筋。他一边向村民宣传政策,一边动员村民退耕种草,并在自己的地里率先种上了苜蓿。可村里依然有几户人家对政策质疑:"好好的地,不让种庄稼,要种苜蓿,胡闹哩!""农民不种地,吃什么?喝什么?寻的饿死呀!"

验收的日子临近了,村里有一户人家地里还长着向日葵。如果这家验收通不过,整村就通不过,于是石春阳天天站在这户人家地里,苦口婆心地做工作,最后终于劝得这家人砍掉向日葵,种上了苜蓿。那一年,全村退耕1532亩,一次性完成了退耕任务。后来,当退耕还林补助粮款发到各家各户的时候,大家才相信,原来农民不种地真的能吃上饭。

几年下来,梁家河光秃秃的群山上木已成林,曾经灰头土脸的坡坡洼洼披上了绿装。雨过天晴,山头上云雾缭绕,一座座大坝把几条小沟锁得滴水不漏,坝田仿佛铺上了一张张平展展的毯子,成为村里旱涝保收田、高产丰产田。山上的水土不再流失,坝地1亩的产量等于山地5亩的产量。

村民王富忠回忆,由于土地贫瘠,过去他家的地里只能产些土豆、小米,而且收成很差。"现在,地就在家门口,不用爬山,甚至是开着三轮车、骑着摩托车去种地,而且1亩沟坝地的产量顶得上5亩山坡地,下苦轻反而打粮多。"

2007年,村民们以村委会的名义给在上海任职的习近平写了信,分享自己的喜悦。习近平在给村民的回信中说,得知梁家河山变绿了、水变清了,水、电、路已全部到村入户,乡亲们的生活水平有了很大提高,他感到非常高兴。他在信里鼓励乡亲们,在党的富民政策的正确指引下,在村党支部和村委会的带领下,通过乡亲们的共同努力，大家的生活会一天比一天更好。

小苹果如何成为"小金果"

退耕还林不仅是人们利用土地方式的一次转变，也使生产方式发生了根本性转变。梁家河从无到有的苹果产业，便是例证。

历史上，由于种种原因，梁家河没有种植苹果的习惯和经验技术，但这里的土壤、气候、地理、环境等条件都具备种植苹果的优势。2005年，梁家河所属的延川县就曾被评为"陕西省优质苹果基地县"。

2008年，梁家河村上的干部找到村民张卫庞，告诉他说村里木军塬上的地准备搞经济林，问他愿不愿意在那里尝试栽植苹果。"你

"苹果可红了！"（陕西日报记者刘强 摄）

航拍梁家河村现代农业园区种植基地（陕西日报记者李旭佳 摄）

们咋不早说？我早都想这样干了！还能不愿意？"随后，张卫庞在自己的 10 亩承包地里全栽了苹果。

那时，梁家河的苹果产业由村里统一规划、统一施工、统一购买树苗，再由个人栽种、个人管理、个人受益。2008 年，梁家河共有 120 亩地退耕栽上了苹果树。

当了一辈子农民的张卫庞知道，种植果树光靠力气是不行的，所以不论是镇上举办技术培训还是技术员到果园实地指导，他一次都不落下。作为种苹果的新手，张卫庞碰到难题就要请教在村内搞帮扶的技术专家。通过刻苦学习，张卫庞熟练地掌握了果树各个生产环节的管理技能。

阳光之下　大路之上

在发展苹果产业惠农政策的支持下，经过几年精心务作，张卫庞的果园配套了集雨窖、化粪池、灭虫灯、防雹网等现代化设施，建成了标准化生产示范园，科技含量增加了，经济效益也增长了。2014年，梁家河苹果迎来初挂果期，当年即凭借苹果产业规模优势进入"全国一村一品示范村镇"名单。

曾经在梁家河村插队的知青王燕生在北京经营一家进出口公司，得知张卫庞发展苹果产业，无偿为他提供了出口销售专营业务，把梁家河的苹果卖到了国外。一辈子"面朝黄土背朝天"的张卫庞这才明白："原来光有把力气是不行的，有时候思路决定出路。以后不能再走重数量、轻质量的老路了，要彻底换脑子，走精细化、科技化、优质化的发展之路。"

如今，从梁家河苹果示范园区俯瞰整个村子，曾经光秃秃的山头早已披上"绿装"。一个个农家小院错落有致，一座座大棚整齐排列，呈现出一派美丽的田园风光。

"我一人富不算富，只有梁家河的群众都富了，那才叫富！"2016年，张卫庞注册了延川县张卫庞苹果种植合作社，当年就吸收了137户合作户；2017年，合作户达到379户。"各干各弄不成事，只有让梁家河流域所有果农都加入合作社，形成真正的生态产业带，才能让更多的人走上小康之路。"

现如今，张卫庞的合作社发展良好，种植面积已经发展到了500

亩。2021年11月，张卫庞将自家的16亩苹果园委托镇上代管，过上了清闲自在、衣食无忧的晚年生活。

"目前我们村发展苹果1200多亩，挂果368亩，年产值130万元左右，小苹果真正成了'小金果'。"巩保雄告诉记者，从开始的各家自己种植到如今的规模化、品牌化、技术规范化，"梁家河苹果"的诞生背后是政府和村民奋力打开一条脱贫致富路的摸索，也构成了广袤中华大地上现代农业发展的"梁家河样本"。

土窑洞变成了新民宿

天有不测风云。正当梁家河沐浴在新时代的春风里，昂首阔步奔小康之际，一场突如其来的灾害却让村民们损失惨重。

2013年7月，延安市遭遇有气象记录以来强度最大、暴雨日最多且间隔日最短的一次持续强降雨。山体滑坡、房屋垮塌、道路冲毁、电力中断、库坝告急、农田毁坏……延安市13个县区共计154.5万人次受灾，42人死亡，直接经济损失达120多亿元。在这场严重的灾害中，梁家河80%农户的窑洞受损，部分窑洞坍塌。

看着世世代代居住的窑洞被暴雨损毁，梁家河百姓们的心情甭提有多难受。然而事实上，即便没有这场灾害，梁家河老百姓的居住环境也并不乐观。

今年61岁的石春辉回忆道："都说窑洞冬暖夏凉，其实冬天里面非常冷。每年冬天，都得靠火炉子和烧土炕取暖，晚上睡觉要盖厚被子，后背像是烙煎饼，脸却是冰凉冰凉的。不能洗澡，上厕所也是大问题。厕所在房子外面，解个手能把人冻透。"

灾后重建的时候，延川县政府决定对梁家河实施移民搬迁。显然,传统的窑洞不如平地上的砖瓦房更适宜居住,而且后者更能抵抗天灾。于是,新的梁家河小区便建造在距离梁家河5公里的文安驿镇上。2015年起,村民陆续搬进梁家河小区,全村人按户分配,每家至少都有一套住房,只用掏1.7万元,就能得到三室一厅的100平方米新房。如今,在梁家河小区,一幢幢楼房拔地而起,环境干净整洁,处处有花有草,还有供群众活动的广场。

"现在美得很!水电到家,网络有线入户,跟城里人没啥两样。以前买个东西得走一个小时到镇上,现在在家门口就能买到需要的东西。"村民惠晓霞说,"居住环境大大改善了,村民的素质也提高了,大家说话都注意文明用语,很少有人吵架,很少有人乱扔垃圾。"

对于土生土长在梁家河村的百姓来说,能够从土窑洞搬到新楼房,是他们人生最大的喜事。按照中国人的习俗,这样的喜事需要第一时间通知亲朋好友。于是,2014年1月,梁家河村党支部、村委会代表全体村民给习近平总书记写信,详细汇报了村里经济社会发展及灾后重建情况。5月5日,习近平总书记给梁家河村复信,他在信中说:"去年夏天,延川遭受了严重的持续降雨灾害,我一直惦记着村里的乡亲们。在党和政府支持下,你们带领乡亲们积极抢险自救,全面启动灾后重建,稳步发展农业生产,村民收入又上了一个新的台阶,我得知以后感到欣慰。"

村民们搬到了新家,那原来的土窑洞又当如何处理呢?在村民们陆续搬离后,梁家河许多原本的闲散窑洞被村里新成立的旅游公司租用,进行统一装修,改造成培训场所和旅游宾馆。门窗都换成新的,有的窑洞内还开了排水口,设置了有隔间的卫生间和浴室。

已经住进新楼房的石春辉在2015年也租下了3孔窑洞,装修之后开起了"窑洞宾馆",接待往来渐多的外地游客。这几年梁家河名气渐增,他的宾馆入住率一直不低,每年的收入都维持在2万元以上。

尤其是每年夏天，外地游客都会选择住进传统的窑洞当中。

乡村旅游火爆的背后

在石春辉家窑洞宾馆的火热背后，是梁家河近年来高歌猛进的乡村旅游业。和全国许多村庄一样，有一段时间，梁家河只剩下留守的老人、妇女和儿童，村子冷冷清清。

2015年年初，经过全体村民讨论，梁家河要成立乡村文化旅游公司了。村委会聘请专家做规划，建设知青生活体验园、生态农业观光采摘园、传统耕作实践园，恢复了知青旧居、沼气池、铁业社、代销店、缝纫社、菜园、打谷场、水井等，建成了培训中心、社区服务中心，硬化了入户巷道，配备了垃圾桶，安装了太阳能路灯。

2015年5月1日，梁家河乡村文化旅游发展有限公司正式成立并投入运营，当日接待游客突破6000人次。从此梁家河形成了以乡村旅游为主，山地苹果种植和村企加工为辅的产业格局。

55岁的石志岗看到了其中的机会。"以前村里年轻劳动力外流严重，基础设施落后，大家以种地为生，靠天吃饭。现在可不一样喽！"石志岗在家里边烤月饼边说，他曾经是一名钢筋工，现在已经成了村里的"致富明星"。

2016年，在外打工多年的石志岗回到村上，卖起了手工老月饼。很快，手工制作、味美价廉的老月饼就受到了广大游客的喜爱。仅2018年，石志岗家的收入就达到20多万元。"在家门口能有这么好的生意，这在以前想都不敢想。"石志岗笑着说。

好日子越过越有奔头。乘着乡村旅游的"快车"，梁家河不少人和石志岗一样走上在家门口致富的好路子。

在外打工多年的梁家河村村民石志岗回到村上，卖起了手工老月饼（陕西日报记者李旭佳 摄）

村民王宪军成了停车场管理员。他说："过去种玉米，一年到头挣个四五千元，现在我和老伴各自每月挣1000多元，小儿子月收入有3000多元。一家人团团圆圆，这最好！"

67岁的梁玉金从2016年7月开始在村上开了一家土特产门市部，现在每年净利润二三十万元。"我以前是种地的，现在是上班的。"他自豪地说。

这样的故事，在梁家河还有很多。据悉，梁家河乡村文化旅游发展有限公司目前已流转95户105孔闲置窑洞发展为民宿，带动30户村民办农家乐、开小卖部和经营地方小吃，共吸纳125人就业创业，其中90%是梁家河村民，年均接待游客80多万人次，实现旅游综合收入2000多万元。

2017年12月,在"2017寻找中国最美乡村推介活动"中,按照产业兴旺、生态宜居、乡风文明、治理有效、生活富裕的标准,经过专家学者和媒体公众评选,梁家河获评全国"十大最美乡村"之一。

梁家河乡村旅游发展火爆的背后,巩保雄认为还有两个不可忽视的原因:一是基础设施的改善。从2012年开始,梁家河村开始改造,进村的路修成了柏油路,村子里都是水泥路,基本形成"基础设施完备、网络衔接顺畅、运输服务优质、系统运行安全"的交通运输体系。二是村党支部、村委会在公司的运营中发挥着重要的作用。村党支部开展了党员示范岗、党员示范户、党员先锋模范等多种形式主题活动,让党员走上岗位、走进企业、走进家庭、走进田间地头。村委会干部用信念坚定、为民服务、勤政务实、敢于担当、清正廉洁五条标准来严格要求自己。

病有所医,幼有所教

病有所医,是老百姓基本的需求,也是习近平总书记对梁家河乡亲们的深切牵挂之一。村民吕侯生是习近平在梁家河村的第二个房东,后因腿疾失去行走能力,当时担任福州市委书记的习近平专门把他接到福州就医,由于病情严重,腿最终没能保住,装上了假肢。2015年2月13日,总书记回到梁家河,一见面就询问吕侯生假肢好使不好使,生活过得怎么样,嘱咐他保重身体。

过去,由于山大沟深、交通不便,梁家河的群众就医路远、看病很难,因病致贫、返贫的群众也不少,尤其在没有农村合作医疗保险以前,村里人生病一般都是硬扛着,实在扛不过去了才会进医院。

而今，这样的日子一去不复返了。

2022年3月8日上午，74岁的脱贫户刘世张感到头晕目眩，立即打电话给村卫生室负责人袁树斌告知情况。袁树斌告诉他，不要强撑着来卫生室了，自己会马上上门服务。半个小时后，袁树斌带着药箱赶到了刘世张的家里，诊断后发现是高血压，便开了些药，并叮嘱了注意事项。

自从2017年被派到梁家河村卫生室工作，几年间袁树斌见证了这个山区村庄卫生条件的巨大变化。"刚来的时候，村卫生室的医疗设备就只有血压计、听诊器和体温计这老三样，但这几年却渐渐有了电脑、DR、B超、救护车等设备，还可以开展远程诊疗，村民们不出村就可以享受良好的医疗服务。"袁树斌说，现在卫生室的服务对象

梁家河村村医袁树斌正在村卫生室查看药品（陕西日报记者陈宏江 摄）

不仅包括梁家河本村的群众，还有日益增多的外来游客。

根据病情，如果村上乃至镇上的医疗条件确实无法满足就医需要，那么通过分级诊疗，梁家河群众也可以马上转往更高一级的医院救治。

现年72岁的刘金莲患有哮喘病，同时还患有肾结石、关节炎、腰椎间盘突出等多种疾病。"哮喘犯了就吃点药，冬天哮喘比较严重的时候，我就去县医院住几天，出院后报销的钱很快就下来了，花不了自己多少钱。"刘金莲说，现在只要哪里不舒服，她就会及时去看医生，不会硬扛着。

2021年12月初，刘金莲因为腿疾再次住院治疗，医疗费原本合计15000元，但在医保政策的补助下，她仅花费了不到3000元。2022年1月30日，记者在延川县城见到刘金莲时，她正在儿子家中忙碌着，打扫屋子、洗菜、浇花……春节即将到来，她一刻也不愿闲着。

老人们安心就医养老的同时，梁家河的下一代也正在崭新的教室中享受着现代化的教学条件。3月8日，在文安驿镇中心幼儿园一间教室里，整齐悦耳的童音飘出窗外，那是孩子们跟着老师学习唱歌的声音。

文安驿镇中心幼儿园位于梁家河社区旁边，据园长任康艳介绍，幼儿园2017年投入使用，能容纳270个孩子，现在有独立的活动室、寝室、卫生间、洗漱间、衣帽间，还有音体室、美工室、建构室、阅览室等，宽敞明亮、设施齐全，可以充分满足当地幼儿的入托需求。

此外，文安驿镇还建有延川县文安驿镇中心小学、清华大学附属中学文安驿学校。现在，梁家河的孩子们，再也不用像过去父辈一样，行走数公里的山路外出求学了。

阳光之下　大路之上

三八妇女节当天，延川县文安驿中心幼儿园的小朋友们亲手为妈妈制作了精美的礼物（陕西日报记者陈宏江　摄）

年轻的后生就是未来

在梁家河采访越深入，记者便越发好奇地去思考一个问题：这样幸福美好的村子，对于年轻人是否具有吸引力？尤其是那些有抱负的青年，是否愿意在家乡创业发展？而家乡又能为他们提供哪些机会？带着这些疑惑，记者探访了梁家河三位返乡创业的年轻人。他们回村后的发展志向和方向都不一样。

"我的梦想是在老家种出口感最好的苹果。"34 岁的梁晓岗说。2014 年，在外打工多年的他回村种起了苹果，成了全村最年轻的果农。

21

梁家河村村民王文兵在现代农业园区种植基地种植无花果,收益很好。他说:"现在的日子像无花果一样甜。"(陕西日报记者李旭佳 摄)

2021年8月下旬,记者在梁家河苹果示范园第一次见到了满身泥土的梁晓岗。那天刚下过雨,梁家河村雾霭蒙蒙,空气中弥漫着泥土的清香。一大早,梁晓岗便驱车来到山上的苹果示范园,查看苹果长势。经过一夜雨水的滋润,果园里的苹果树焕发着勃勃生机。

与父辈将苹果视为传统的农业产业不同,梁晓岗认为,种苹果和做企业一样,需要运用产业化思维去发展,将苹果产业规模化。"刚开始,我只管自家的5亩果园,一年下来,果园管理技术也学得差不多了,我就想'一只羊也是放,十只羊也是放',就决定扩大种植规模。"2016年年初,梁晓岗承包了其他村民的近100亩果园,开始大展身手。平日的活儿自己干,忙不过来的时候,他就雇周边的村民帮忙套袋、疏果,不仅自己挣了钱,也带动附近的群众富了起来。经过几年发展,如今的梁晓岗已经是文安驿镇的苹果种植大户。

"我的梦想是让更多的人能够品尝到我们家乡的地道美食。"32岁的梁强说。他原本是一名煤矿工人。2015年,他得知村上要成立一家旅游公司,顿时有了回乡创业的想法。"有了旅游公司就会有游客,我家刚好就在村口,正好把院子利用起来,开个农家乐一定火!"梁强是这样想的,也是这样做的。

当年5月,"梁家小院"开张了。"现在来梁家河旅游的人越来越多,到我这儿吃饭的人也越来越多了,每年家里收入在40万元以上。"梁强告诉记者,他最自豪的事情就是通过创业,不仅让外地游客尝到了陕北美食,还帮助父老乡亲解决了就业问题。目前,在"梁家小院"务工的有12人,他们都来自梁家河村及周边村子。

"我的梦想是能够打造出我们梁家河人自己的品牌,扩大梁家河的影响力。""80后"冯涛说。2000年年初,他离开家乡远赴上海打拼。2016年,冯涛回到家乡成立了梁家河衡丰食品科技有限公司,主打产品是手工酿造醋。公司采取"村企合资+企业运营"的模式,村

航拍梁家河村山地苹果示范园区(陕西日报记者李旭佳 摄)

集体以土地出租形式和梁家河品牌使用权入股，村集体占股51%。

"之前经过考察，我发现梁家河村民种了不少粮食，但获益不多，就想着走农产品深加工路子，给村里人增加收入渠道。"冯涛说。2018年，妻子张艳也回来了，和他一道走上创业之路。2019年，他们的第二条产品线——梁家河饮用水生产线开启。两条生产线每年合计可以带来200万元以上的营业收入。这不仅壮大了村集体经济，也带动了梁家河村乃至周边村的群众就业。目前，公司45名员工中，15名是梁家河村民，其他人都来自周边地区。

"要放在10年前，像梁晓岗、梁强、冯涛这样的年轻人主动返乡，几乎是件不可能的事。"48岁的巩保雄说，"2009年以前，村里劳力几乎没有50岁以下的，我就是当时村里最年轻的。近年来，家乡的发展也给了年轻人创业的广阔天地，他们便陆陆续续都回来了，和我们一道建设家乡。我相信年轻的后生就是未来，还会有更多的年轻人愿意回来建设家乡。"

不忘初心从头越

沧海桑田，斗转星移。徜徉于今日的梁家河，只见蓝格莹莹的天，绿格茵茵的树，红格艳艳的大枣挂枝头，这是美丽的村庄；炊烟飘荡，小河流淌，老人们安详，孩子们欢笑，这是希望的田野。

山还是那座山，沟还是那条沟，梁家河农民却再也不是那个"面朝黄土背朝天"的农民了。

当年，梁家河沼气池在陕西第一个点火成功，点燃的不仅仅是一口灶、一盏灯，更是群众心中的一片光明、陕北高原的几多希冀。而后，梁家河历经家庭联产承包责任制改革、退耕还林、脱贫攻坚、

阳光之下　大路之上

航拍梁家河村山地苹果示范园区（陕西日报记者李旭佳　摄）

灾后重建、乡村振兴，终成今日绿色发展、生活富裕的社会主义新农村。

2021年3月，梁家河村"两委"完成换届。换届后，更多的年轻人加入村"两委"的班子当中。新的村"两委"班子成员平均年龄45岁，较上届年轻12岁。27岁的石磊当选为梁家河村党支部组织委员。前几年大学毕业，他没留在西安，而是回到村里。

"人没有百折不挠的精神是不行的，没有艰苦奋斗的精神是成不了事的。不论干什么事业，都要有信仰、有担当。梁家河是我的家乡，我对家乡有感情，有归属感。如今，作为村干部，我深感自己肩头的担子重了，我一定要不负青春，为家乡更美好的未来而奋斗。"石磊说。

也是在2021年，梁家河村党支部被党中央表彰为"全国先进基层党组织"。"这是属于全体梁家河人民的荣誉，也是给予我们新一届'两委'班子的压力。作为新时代的梁家河村党支部书记，我要始终坚持一心为民办事，和大家一条心、一起干；始终坚持'一碗水端平'，务实担当负责，把人民群众更美好的期待化为生动现实。"巩保雄说。

现如今，每日来梁家河村史馆参观访问的人络绎不绝、心怀崇敬；党支部院子里，重温入党誓词的声音此起彼伏、铿锵有力。

从黄土高原向中国广袤大地望去，无数个"梁家河"近40年里都悄然发生着蜕变。

这些真实而生动的"中国故事"，是真正的属于人民的历史。

陕西日报记者／张权伟

迈上城镇化转型路的红色村庄

——纪录铜川市耀州区照金村小康工程

蓝天白云,绿水青山,红墙白瓦,商铺林立。铜川市耀州区照金村,是村却不似村。

人们告别春耕夏耘、秋收冬藏,从庄稼汉变成员工,住进楼房,却依然徜徉在田园牧歌里,过着岁月悠然的惬意生活。

漫步街道,随处可见年轻的面孔,身姿挺拔,朝气蓬勃。年纪大的人也走出家门,学一门技能,谋一份差事,当自己人生的"主角",学着小年轻们,要"跳槽",要"价值感""新鲜感",要"五险一金",要干到"退休"……

人与人打招呼,不再问"吃了没?""下地去?",而是问"上班没?""晨练去?"。

……

革命老区的许多群众说,照金的变化是以"天"来计算的。与之对应的是,他们以超乎想象的能力,接受冲击与变化,以发自内心的渴望,适应时代之变迁。

照金的新型城镇化之路,把民生改善作为核心,把文化旅游作为产业方向,倾力打造百姓生活安居乐业、自然生态平衡优美、红色休闲文化触动人心的优美小镇,探索新的生产生活模式。

作家梁晓声在照金参观时,感慨地说:"照金项目很好地回答了

陕甘边革命根据地照金纪念馆俯瞰（陕西日报记者赵晨 摄）

中国革命为了什么的问题，那就是要让老百姓都过上好日子。"

红色城镇拔地起

山不变，水不变，改变的只是生活环境、生活品质

"妈，外面雨好大！"尽管照金村伙食店组村民鲁麦莲一家2019年搬进了圣源小区86平方米的新房里，可一到雨天，上小学的女儿总忍不住拉着母亲朝窗外看。

"雨大怕啥？咱在二楼住着，淋不着！"鲁麦莲回应着。

伙食店组有一条河。过去，一到下雨，河水上涨，鲁麦莲的女儿放学回家就成了问题，"娃在那头，我在这头，娃过不来，我过不去，只能干瞪眼。"

下雨时，土坯房漏水严重，到了半夜，到处扑通、扑通声，吓得鲁麦莲一家不敢睡觉，年幼的女儿更是整夜整夜睡不着。有一次，一大块土从房顶掉落到电视机上，巨大的声响惊醒了一家子人。开灯后，三人慌忙收拾。等到第二天，鲁麦莲在房檐下递瓦片，丈夫上房顶拾掇修补。

鲁麦莲一家与雨的较劲，随着搬到移民安置小区而终结。唯有女儿，仍心有余悸。

"伙食店！伙食店！"半夜，听到雨声，女儿忍不住喊道。

"甭提伙食店了，都搬出来了，再不要操心了，踏实睡咱的觉！"鲁麦莲哄着女儿。

鲁麦莲一家是伙食店组最早搬到移民安置小区的，在此之前，照金村别的组已有很多群众住上了楼房，生活发生跨越式变化。

变化，得益于照金红色旅游名镇开发建设。

照金，这片英雄的土地，见证着历史，又渴望创造历史。

进入21世纪，被红色浸染的照金，终将迎来又一次伟大变革。

这是照金建设表，进度"密"且"快"——

2011年7月27日，陕西省促进铜川资源型城市转型发展领导小组第二次会议确定了照金红色旅游景区项目。

2012年3月25日，《国家发展改革委关于印发陕甘宁革命老区振兴规划的通知》下发，铜川市是规划范围中的八个地级市之一。照金是铜川境内陕甘边革命老区的核心地带，该规划加快了照金红色旅游景区项目的进展。

2012年5月14日，陕文投集团与铜川市政府、陕煤化集团在西安签署开发建设铜川照金红色旅游名镇的战略合作协议。

2012年6月6日，陕西照金文化旅游投资开发有限公司正式组建,隶属陕文投集团,全权负责照金红色旅游名镇的开发建设。

2012年8月19日,照金红色旅游名镇一期项目正式启动。

照金村是照金红色旅游名镇主景区所在地。时任照金村党支部书记的南民政说:"规划说一年建成照金红色小镇,群众当时都不相信,哪能那么快?一些老年人恋土情结很重,想到辛苦打拼攒下来、住习惯的房子就要拆了,舍不得。也有群众担心,土地流转了,不种地了,以后的生活怎么办?"

改变是痛苦的。跳出舒适圈,需要足以打动人心的理由。

陕西照金文化旅游投资开发有限公司的工作人员与镇、村干部一起,拿着城镇规划图,为群众讲述未来的生活图景:哪里是街道,哪里是纪念馆,哪里是学校、医院,哪里是居民区,反复讲解"无伤痕开发"的原则和理念,并答应乡亲们,新城镇"山不会变,水不会变,改变的只是村民的生活环境、生活品质,村民们将会过上城里人无法想象的现代田园生活"。新城镇一定会为他们留住乡愁。

公司还组织全村200余户村民,实地参观了骊山新家园和楼观新镇安置小区,打消群众疑虑。8月23日,在征迁动员大会上,公司围绕群众关心的问题,从"树立新观念、开启新生活""辛苦一阵子、幸福一辈子""生活生产方式如何改变、就业创业增收如何保障"等方面,做了通俗易懂的宣讲,让百姓看得明白,听得进去。

短短数天,从8月23日组织召开征迁全体动员大会,到9月3日全体村民搬迁,200多户百姓的征迁工作即告结束。

村民开办的超市货品在哪里储存?过渡村民在哪里安置?……南民政带着村上党员干部,一一协调。

曾任照金村大学生村官的路旭辉,回忆当年的盛况,仍忍不住惊叹道:"从没见过建设规模如此大的村子,展板规划设计超前,高峰时七八千名工人昼夜建设。党员干部干劲儿十足,拆房带头拆,选房

迈上城镇化转型路的红色村庄

照金村的村民搬进了小区,住上了楼房(石铜钢 摄)

靠后选,群众更是情绪高涨,想要赶紧弥补发展差距。"

2013年春节前夕,在新疆打工的朱锦回到照金,眼前是一个巨大的工地,到处是工程车、脚手架和工人们忙碌的身影,还有在空旷处搭建的临时帐篷。她找不到回家的路了,这才想起母亲在电话里说,到村口打电话,接她回家。

2013年9月13日,照金红色旅游名镇一期项目建成开放。朱锦一家和村民们一起搬进了干净敞亮、设施完备的楼房,水、电、气、暖、网络等现代化设施齐全,条件和城里的居民小区一样好。

"爷,你看,那边是厕所,另外一边是厨房……"搬到新苑小区第一天,南鹏领着爷爷熟悉屋内构造。

爷爷不乐意了:"厕所和厨房挨到一起,谁家房子修成这样?"

"您先试一下,上完一冲,没味儿。"南鹏手把手教爷爷使用马桶。

南鹏的爷爷是老红军，参加过照金游击队。奋斗了一辈子，终于在 95 岁高龄享受上了现代化设施。"我爷后来习惯了楼房生活，常念叨，这房子好，上厕所屁股不冻。"南鹏笑着说。

改变是幸福的。照金人一步步触及曾可望而不可即的东西，拥抱更加闪耀的未来。

2012 年，地征了，村里一下子多出了 70 多辆小汽车。2013 年，项目建成后，凉皮店、砂锅店等各式店铺遍地开花，超市、银行、学校、医院、污水处理厂等配套设施一应俱全，小区鞭炮声响个不停。"人人脸上洋溢着自信，脚上的皮鞋油光锃亮，有了奋斗的精气神。那个冬天过后，好多人感叹暖气很好，连棉袄都不用穿，都压箱底了。"南民政抬高了声调。

红色旅游促就业

景区资源变资产，资金变股金，村民变股民

清晨，村民刘存保沙沙的扫地声，唤醒了一夜静谧的村庄。

每天早上 7 时 40 分，刘存保身着制服，准时来到照金村红色旅游发展（集团）有限公司（以下简称"照金村集团"），先完成人脸识别打卡，随后，拿着清洁工具前往自己的片区。

刘存保负责的片区是一条通往小镇的公路，长达 1 公里，过去是一片庄稼地。"我以前种了十几亩玉米和小麦。"刘存保想起自己庄稼汉的身份，眼睛瞥向远处，目之所及，坚硬的路面仿佛破土而出嫩绿嫩绿的玉米苗、小麦苗。

是过去式了！

每天，刘存保来回"检视"着这 1 公里公路。过去忙的是播撒种

迈上城镇化转型路的红色村庄

刘存保每天守护着景区的环境卫生（陕西日报记者赵杨博 摄）

子、锄草；现在，忙着捡拾垃圾，"除去"影响景区美观的"害虫"，农民变员工。

照金村地处深山洼地，交通不便，加之气候温凉，一年只能种一季玉米，小麦主要靠外购，老区群众几十年来一直处于贫困边缘。退耕还林政策实施后，村民大多靠在附近煤矿打工增加收入，改善生活。煤矿关停后，老区群众就近打工的机会减少了，外出务工成为主要的经济来源。

外来媳妇鲁雪艳中专毕业后，辗转广东、深圳等经济发达地区上班打拼。嫁到照金后，她发现，同龄的妇女每天围着锅台和孩子转，很多人没有就业，年纪大的人则从土里刨粮食，年轻人都出去务工。

从根本上解决好照金长久发展问题，不是盖上几座楼或农民"上了楼"就完事了，要解决好农民在城镇的稳定就业和收入问题。近年来，照金镇依托红色资源和自然环境，加快红色旅游景区建设，逐步形成了以红色旅游为主导，绿色康养、冰雪运动相融合的现代产业体

照金牧场（石铜钢 摄）

系，并引导当地村民与主导产业充分融合。

2022年是刘存保在照金村集团工作的第9个年头。"一年加50元工龄工资，我现在光工龄工资就能拿到400元，比其他人都多。公司还给缴纳五险一金，有餐补，我不在那里吃饭，把钱省下来买菜做饭能吃一大家子。"67岁的刘存保笃信朴素的处世准则，达观生活，"上年龄干这活没问题，不干活你也得锻炼。现在服务加锻炼，正好！"

刘存保所在的照金村集团，是在陕文投照金文旅指导下，2012年10月由照金村委会和当地村民自愿入股组建成立的。该集团成为照金群众创富增收的重要平台，已全面参与到镇区、景区的物业管理、景区管理、劳务输出等业务中，形成了"景区资源变资产、资金变股金、村民变股民"的发展模式。

为了帮助村民尽快适应新的环境，照金还建立红色城乡统筹就业创业培训基地，开设景区管理、市场销售、手工艺品、物业管理、酒店管理等技能培训班。鲁麦莲就从中受益。

2015年，在生育二胎时，鲁麦莲产后大出血，背上17万元债务。对于一个山区家庭来说，17万元可谓是天文数字，鲁麦莲一家也因此戴上了贫困户的"帽子"。性格要强的鲁麦莲不甘心，此前多年，她都是凭借勤劳的双手勤俭持家。她坚信，自己一定能够摆脱贫困。

那时，鲁麦莲家距培训基地比较远。不会骑车，为了学习手工编

冬日里的照金国际滑雪场（陕西日报记者霍海澎 摄）

织，这个瘦小的女人走走歇歇，坚持参加培训班，希望通过自身努力让家庭走出困境。

起初在网上卖，一天能赚200多元。鲁麦莲觉得"成本不高，这事能干"！看着照金旅游热，鲁麦莲在1933广场摆地摊，卖起了手工艺品。2018年5月，在村委会的协调下租赁了广场边的小门面，又增添了玩具以及烤肠、雪糕、饮料等游客需要的商品。

"过去住在伙食店，我不会骑车，距离摊位太远，每天跑着从家里取货补货。现在，住在圣源小区，家里就是仓库，从后门走几步就能到1933广场。我平日在社区便民服务中心工作，每月收入1750元，周末去广场给丈夫帮忙。"鲁麦莲说，"这比种地强太多了。"

鲁麦莲一家的变迁折射出照金村农民从传统自然经济向现代产业经营生产方式的转变。城镇化的终极目标就是提高人的生活福祉。

"前些年日子过得好挣扎，怎么也过不到人前。有了国家政策扶持，我们一家三口的日子才能加速往前奔！"鲁麦莲红了眼眶。

在照金，吃、穿、行、游、购、娱，每个旅游要素的发展，都给当地群众增收致富带来机遇。

为了留住游客，照金景区2013年建成占地600亩的照金牧场，将自然景观、生态农业、休闲观光与居民就业有机结合；2015年，投资运营照金国际滑雪场，填补了冬季旅游空白。

陕西照金文化旅游投资开发有限公司总经理助理王兆鹏说："我们用工当地人员400余名，全雪季发放劳务费用500余万元，每年雪季期间，可以直接为当地每户村民创收1万余元。"

园林饭店经营者冯俊莉深有感触，自家生意从2016年开始有了质的提升，一年四季都有游客，一年四季都能营业，而且许多游客还是回头客。

"有位游客每到冬天都会来照金滑雪，常来我家吃饭。熟悉后，有一次带了几十人到饭店里吃饭。还有游客打电话，托我帮忙联系购买防滑链，推荐住宿。"冯俊莉扎着头发，穿着卫衣，干净利落，说话直爽，"顾客能委托你办事，都是建立在信任的基础上。"

丈夫负责后厨，冯俊莉在前厅忙前跑后，招徕顾客。夫妻二人配合默契，从摆地摊开始，一步一步发展到经营大饭店，生意越来越好。

人，是照金最具活力也最稀缺的元素。酒店、服装厂、滑雪场、

照金村金银花种植基地（陕西日报记者赵杨博 摄）

薛家寨景区、照金牧场、游客服务中心……到处都需要劳动力。

随着红色教育和红色旅游、饮食服务业、手工艺品制造业等多产业融合发展，照金解决了当地及周边3400余人的就业问题，另外还有390余人创业，群众的收入节节攀升。通过一系列措施，形成了"股份分红＋工资收入＋商铺租金收入＋土地流转收入＋创业收入＋产业扶贫资金分红收入"六条"保险索"，系统化促进了老区群众增收。

照金村集团党支部书记南民政说："党员干部心向一处想，劲往一处使，带领村民发展产业，共同致富。集团从成立至今连续分红，分红比例从最初股本金的10%上升到了12%，累计给村民分红金额达460多万元。这一数字快要追上当初入股的500万元了。"

照金村集团曾荣获"全国模范劳动关系和谐企业"称号，集团

90% 的劳动者都来自当地。

"红心召我回乡去"

年轻人有了归属感、使命感、价值感

入乡与回乡，不是一次惊险的人生跳跃，而是尝试另外一种生活的可能性。

入乡，成了照金女婿、照金媳妇；回乡，与快速发展的家乡来一次重逢。两者殊途同归，都在流淌的红色乡愁中找到自我发展的舞台，追寻生命的意义。

如今，回照金创业、就业的年轻人越来越多，一个重要原因是以红色旅游为主导的产业不断发展壮大，有着明朗的未来。有产业支撑，才能引来人才；有了人才，产业才会更加兴旺。这样的相互促进，让照金发展有了强劲动力。

年仅 25 岁的阳毅已成为一家纸包鱼店的老板。高中毕业后，年轻人意气风发，在外闯荡一年多。听到家乡旅游红红火火，一思忖，何不在家门口做生意？机遇垂青，阳毅抓住了。

回到家乡，阳毅跟师傅学习纸包鱼手艺，风风火火选定店面，用心设计打造。迷茫的年轻人看到了人生微光。

110 平方米的店面开张后，当地人试吃觉得味道好，一传十、十传百，很多人都来光顾生意。到了滑雪季，游客在照金国际滑雪场滑完夜场，就会来纸包鱼店吃饭。送走最后一位顾客，打扫好卫生，阳毅回到家经常已是凌晨两三点，累得倒头就睡。游客最多时，一天能收入 3000 元。

平日，阳毅和母亲两人在店里忙活，实在顾不过来，便从附近雇

人帮忙。夏天，店里还带烧烤。"技多不压身嘛！"阳毅憨笑道。

阳毅从不后悔如今的选择："我高中毕业，书没读下多少。在外面吃喝租房都得花钱，自己开店比在外打工强，离家近，方便照看父母，开店还有租金减免优惠。"

一间小小的纸包鱼店，从2018年至今，为阳毅"换"来了车，也让一家老小对幸福有了更高期待。

"父母觉得就差个儿媳妇了。但我不着急，先好好搞事业。"阳毅打心底觉得，打拼的过程累且幸福，但比起很多同学，自己个人发展算是不错的。工作之余，阳毅很"佛系"，喜欢出去逛一逛，赶上哪一天关门早了，与其他商铺的人坐下吃顿饭，谝一谝。

曾经，照金条件比较落后。许多年轻人坦言，上学时，一心想走出这片土地，奔向城市，谋求更好发展。如今，家乡就有一个个充满挑战的岗位，留，何乐而不为呢？朱锦就是如此。

2013年朱锦从新疆回来，入职照金村集团，成为一名物业客服，经手乡亲们的房屋手续。随后，在新型城镇化建设展厅担任讲解员，如今，成长为陕西照金文化旅游投资开发有限公司投资管理部品质管理主管。朱锦与照金，共赴"升级"之路。

"照金不再是一个信息孤岛，源源不断的游客为这里带来新鲜讯息，我们与外部世界形成了有益的连接。照金开发建设过程中，我的很多同事来自西安。当工作中遇到问题时，他们会用新的思路、理念指点我。"朱锦说，"接手品质管理后，一时没有头绪。同事告诉我，可参考创建国家AAAAA级景区的标准，了解具体细则，思考我们的既有设施条件如何，还需要补充哪些条件才能达到AAAAA级要求。"

在领导和同事的帮助下，朱锦从零开始慢慢摸索，建立品质管理体系、巡查机制等，并严格落实，做好为游客服务过程的每一个环节。

本土文化与外来文化在小镇碰撞、交汇、融合，挑动着人们的神经，让新观念如活水般涌动。朱锦觉得，这就是家乡工作的魅力所在。

杜星择业更看重环境。"让照金人在绿色的海洋中微笑"的企业文化，让她找到了与自身的契合点。杜星娘家在照金村，现住在铜川市新区，开车过来大约 50 分钟。

担任照金村集团物业项目经理助理的杜星从一开始就目标清晰：照金红色旅游名镇刚建好，岗位从无到有，能陪伴照金成长发展，无疑是一次很好的锻炼机会，也更能彰显个人价值。

"我们公司经常有对外交流，既有进来学习的，也有走出去学习的。始终学习，你才不至于在一个框框里徘徊。"杜星从不给人生设限，"最开始干农业，又转到物业，行政人事我也能干，除了财务太专业干不了，其他我都能上。这对我来说就是最大的财富。"

随着企业发展壮大，杜星敦促自己要时刻跟紧企业的步伐，"职业规划再往上走，三本的学历已经不够用了，思想深度也不行。一年多以前，我开始攻读西安交通大学在职研究生。"

在照金，还有很多年轻人实现了家庭、家乡和自我的平衡。

王小萍姐妹三个，父母务农。自懂事起，王小萍就觉得自己一定要承担起照顾父母的责任，"我们当初上学走出去，其实也是为了让父母过得幸福安稳一些，不要像以前那样辛勤劳作。可以说，照金的发展帮助我最快完成了这样的梦想。"

从铜川市新区返回照金后，王小萍一开始应聘客服专员，后通过竞聘开启了讲解员生涯。如今，主要负责游客服务中心的日常管理以及讲解接待工作，做到了企业中层。

"最开始，我们的展厅叫'照金在这里'，主要介绍照金发展史、新型城镇化建设。虽说从小在照金长大，也听奶奶讲过这里闹革命，但总而言之,对家乡的历史、文化了解甚少。景区开发之后,我才真正了解这片土地。"王小萍说,"要全面了解历史背景和发展思路,掌握细节,只有这样,十几分钟的讲解,才能讲述得真实生动。"

将近半个月的培训,王小萍像一块海绵,每天疯狂地储备知识,高强度地做讲解训练,也更亲近家乡文化。

接待了一批又一批游客,王小萍收到许多人反馈:照金原来在中国革命史上具有这么重要的地位和意义,在照金开发之前,我们压根儿不知道。这让王小萍的使命感、价值感更强了,"在这片生我养我的土地上,向更多的人讲述照金故事,包括我们如何在中国共产党的领导下,迅速地过上幸福生活,这是很有意义的。"

理想的生活究竟什么样?有一份不错的工作,有一份固定的收入,离家近,能兼顾照看父母和孩子,慢节奏又富有一定挑战性,对王小萍来说,这就是理想且践行着的生活。

在照金村圣源小区社区工厂上班的村民正在熨烫衣料(石铜钢 摄)

"照金人民更早过上了大家所期盼的生活。虽已过去 10 年,但照金人可能还会想,怎么能在这么短的时间里就有这么大的变迁和发展?这种幸福感也来自他人的评价,游客和参观团队会说:'感觉你们现在生活很幸福,空气质量好,工作也不错。'"言谈间,王小萍很满足当下。

在照金的很多年轻人看来,不是你拥有的资源越多你就越幸福,而是你拥有了你想要的东西,满足了你的需求就会感觉幸福。王小萍乐观开朗,她总爱说:"知足常乐,你得考虑你生存在这个社会上的意义。"

照金带给年轻人满满的幸福感,年轻人也不遗余力地将这份幸福回馈给家乡。照金无疑是跃动的,激情洋溢的,因年轻人的倾情加盟而生机无限。

农民奔向现代化

转变生产生活方式,形成现代文明的行为理念

打从姑娘起就会做裁缝活儿,十里八乡的人都找上门做衣服,社区制衣工厂里,53 岁的张雪琴仍觉得自己是个"学生"。

2022 年 3 月 6 日,在圣源小区社区工厂里,张雪琴站在机器前,为红色的布料熟练地贴上白色的内衬。这样的机器在自家的裁缝店是见不到的。"缝纫机也智能化,踩一下,可以缝一大片布料,与我以前使用的老式踏板机械缝纫机比较,做得又快又好。"张雪琴说。

过去,乡亲拿来一块布料,张雪琴量体裁衣,保证交付的衣服让乡亲满意。在工厂里,"大批量生产,订单合同对工艺要求很高,得把好质量关,让众多顾客满意。所以,每个环节都得认真,裁不好不

行,做不好不行,熨烫不好更不行!"一系列差异冲击着张雪琴。她知道,按照过去的老路子行不通了,流水线上,每个工人各做各的活儿,发挥自己的优势,分工明确,高效衔接。

她,定了定心神,拥抱并适应着差异,渐渐成为工厂里的"尖子生"。"底子在,技术丢不了,上手不难。"张雪琴笑了笑。

从家庭式小作坊到工厂流水线生产,张雪琴完成了人生的一次"冒险",在其中游刃有余。

在社区工厂,以张雪琴为代表的农民逐渐学会和接受现代产业运营方式,或被动,或主动,在短期内迅速挖掘和激发自身潜能。从零开始,年纪大不认识尺子的,逐渐学会了辨认尺码;200套衣服花两小时都数不到一起的,渐渐得心应手;还有的从小作坊的生产方式中挣脱出来,对每一个环节高标准严要求,摒弃"差不多"思想……

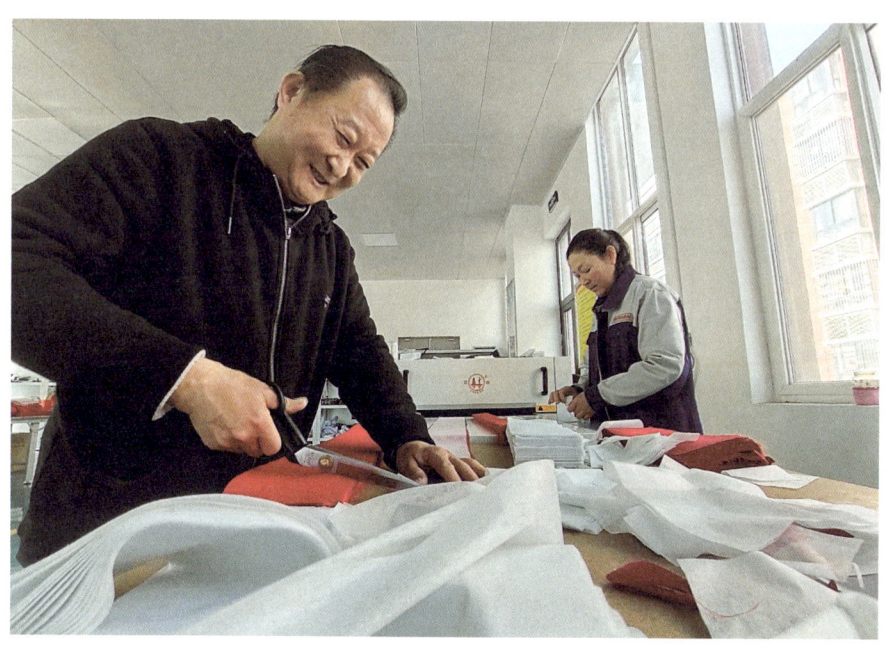

在照金村圣源小区社区工厂,从西安来的裁剪师傅吴建和张雪琴正在制作服装(陕西日报记者赵杨博 摄)

环境改变人，塑造人。"农民几点起床，几点上地，没有固定时间，工厂早上8点必须上班打卡。起初，大伙儿很不适应，有人迟到了，理直气壮道：'我就晚10分钟还咋了？'"社区工厂行政副总南鹏在照金土生土长，深谙乡土社会有一套自己的语言和行事逻辑，"罚款在这里难起作用，得定下制度，在制度约束下，大家慢慢就会有时间观念了。分组生产上，我们摸索出了经验，把年龄相仿的员工放在一起，技术好的带技术差的。"

农民变工人，在新的轨道上奋斗出火红日子。社区工厂2019年10月成立，2020年人月平均工资2500元，到2021年人月平均工资达到3500元左右。一双双巧手变布料为时装，从小乡村发往全国各地。

没有迁移，不转变户籍，照金村的农民与现代产业运营方式相接轨，更享受到了与城市市民一样的现代文明生活，实现生产方式与生活方式的转变。

工作日，探访照金的小区，除了晒太阳、带娃的老年人，几乎看不到"闲人"。"我朋友在景区开超市，有一天中午提前回家，想做一顿饭，找不到擀面杖，便出门借用。四处敲门，竟然都没人，这才想起大家还都在上班。"冯俊莉分享趣闻，开朗的性格感染众人。

照金人变得自信大方，不再扭扭捏捏。过去，老年人提起跳广场舞，感到难为情，现在一到下午，欢快的音乐声响起，大家争先恐后加入队伍。

照金人消费升级了。很多人在家中阳台养花，赏心悦目。朋友们约着一起去做时髦的发型，做美甲。给自己放假，去外面旅游。诸如婚宴、满月酒之类，都在酒店预订，不再像过去自己在家操办了。

照金人更注重养生了。"我父母60多岁了，夏季早早起床，出去运动，回来吃营养早餐。"王小萍说。清晨、傍晚，无论男女老少，大伙儿在"天然氧吧"锻炼,既有益于身体健康,也有助于提高工作效率。

照金人有危机意识了,主动学习"充电"。考驾照已成为很多人的"必修课",不只如此,"一些当地人有感学历不够,知识匮乏,报名参加成人考试,还有一些人考会计证等,提升个人技能"。杜星说她本人就正在读在职研究生。

村庄悄无声息地变动着。可照金村党支部书记梁万营始终觉得,有些东西变化了,有些还在阶段性变化,但有些东西没有变:乡情和人情味儿。

住在楼房的乡里乡亲,彼此熟识,见面打个招呼,会心一笑。逢年过节,大家串门子、谝闲传,楼房没有变成冰冷的隔阂。不管谁家有红白喜事,只要通知到,村民还像过去一样,热情来帮忙。

曾世德是村上锣鼓队队长。历史上村里就活跃着锣鼓队,时过境迁,这份爱热闹的基因传承至今。"村上连续办了三届灯谜会,一到正月十五下午,根本不用通知,村上的文艺积极分子自会操心这些事,主动跑到村委会办公室找演出服装穿。锣鼓一响,村民都围上来观看。"曾世德说。

火红日子民心暖

党的政策好、农村有奔头、农民有盼头

习近平总书记 2015 年 2 月 14 日下午来照金村考察时的情景,曾世德至今历历在目。"习近平总书记热情地向大家问好,询问村民们年货办了吗、孩子上学方便不方便、还有什么困难,村民们回答党的政策好、农村有奔头、农民有盼头。总书记祝乡亲们春节愉快,祝老

区人民生活越来越好。"坚定的回答,始于老区人民"敢教日月换新天"的情怀和魄力,更多答案荡漾在晨跑轻盈的脚步里,广场舞飞扬的裙摆里,红军小学上课前的嗒嗒军号声中……

过往,在照金人心中定格成一张张黑白照;今朝,奋斗的精气神滋长出无限希望。

南鹏,在老街道上玩泥巴长大的"80后",至今打量周遭,还会愣神片刻,恍惚间,一张张斑驳的黑白照,从时光隧道中穿梭而来,一点一点着色。

"20世纪90年代,村上三分之一的人养牲口。老乡牵着牛上山吃草,人和牛在老街上并排走。老街道满是新鲜牛粪味儿,爷爷爱吓唬我,'你要不上学就打牛屁股去!'"南鹏在脑海中飞快检索着,"照金水土太硬,朋友来我家吃上一顿饭,三天感觉不到饿。有些人水土不服,一直拉肚子。"

那时,照金人戏称汽车是"屎巴牛""屎壳郎"。提车型,照金人没有概念,汽车品牌更是不识几个。毕竟,"三个月也见不了一辆小汽车"。

现在,基本上家家户户有车。"我家不仅买上了车,还换了好几辆。"冯俊莉感慨道,"没想到,车位变得很紧张,晚上回小区迟一点,就得到处找车位了。"

在村卫生室,村医朱战民在玻璃房里,为前来看病的村民开方子、抓药。36年行医经历,朱战民受过不少恓惶。过去,居民居住分散,上一户距下一户就有四五里路。朱战民骑着摩托车下乡诊疗,背着馒头和水,翻沟越岭逐户寻访,一干就是一整天。

"现在,村民搬到小区,来村卫生室很便捷。能治好的头疼脑热,我全力以赴,对需要转送上级医院治疗的,我及时告知病人。"朱战民说,"照金医院拥有十几个科室,三辆救护车,可满足当地群众需要，附近的耀州区小丘中心卫生院也晋升为国家二级乙等综合医院。"

朱战民所不知道的另一项利好是，来自铜川市人民医院的"第一村医"最近就要来村上报到了。届时，"第一村医"忽海洋将和朱战民一起，成为村上百姓健康的有力守护者。

2015年2月14日，习近平总书记在照金村考察时，曾询问村里的孩子上学方便不方便、还有什么困难。"习近平总书记对照金红军小学关心关怀，加上2018年他又给照金北梁红军小学回信，让我倍感振奋和鼓舞。"照金红军小学教师李伟荣说，"我想告诉习近平总书记，村上的小学不比城里差。我们每个教室都配备了电子白板，老师人手一台电脑，还住上了周转房。孩子们冬季也能在供暖的教室、宿舍里学习、生活。"

王怡宁是中央和国家机关第24批青年支教帮扶队照金支队队员。来照金之前，她查阅了相关资料，心生向往。

来到照金红军小学，王怡宁注意到，学校校风校训是以照金精神

照金红军小学（陕西日报记者赵杨博 摄）

为核心确定下来的。学生到操场的路上会唱红歌,上下课时能听到嗒嗒的军号声,学校还有"小红星"讲解员社团……

"这些细节都是照金精神在红军小学的具象化表达。"王怡宁说,"孩子们成长在这片热土上,平常玩耍的地方都是红色场馆,耳濡目染。我相信闪闪的红星就是他们心中的种子。"

为了更好托起明天的太阳,支教帮扶队队员们倡导建立长效机制,通过召开德育班会,敦促孩子们养成良好的学习和生活习惯,让其受益终身。同时,充分发挥特长,开设钢琴和电子琴社团、英语口语社团、太极拳社团、跆拳道社团等,助力孩子发展兴趣。此外,多方联系捐赠衣物、书包等物品,并联系开设科学家心理讲座、作文讲座,还在运动会之前邀请奥运会冠军为孩子们加油打气。

小康不小康,关键看老乡。"村党支部和村委会的干部团结一心,把乡亲们的事情办好。"照金村党支部书记梁万营说。

梁万营的爷爷是老红军。小时候,爷爷常对他讲:"共产党领导的红军是人民的军队,人们都愿意跟着共产党走。"当选照金村党支部书记后,梁万营深知:群众工作不是在办公室做的,要多跑;群众遇上疑难问题,不能拖上几天再办。"你对我好,你为我付出,群众的心里如明镜般亮堂。"

曾在照金村任大学生村官的路旭辉于 2021 年 7 月"二回照金",担任照金镇社会事务管理办公室主任。"2015 年 2 月 14 日习近平总书记来照金考察时看望大家的情景,至今仍激励着这里的党员干部和群众。大家更加爱护照金,珍惜声誉。"路旭辉这次回来,感到照金村在产业等多个领域对外辐射能力更强了。

近年来,照金村充分发挥党支部战斗堡垒和党员先锋模范作用,在新型城镇化建设、红色基因传承、产业转型升级、建设革命老区的实践中守初心、担使命。依托陕甘边革命根据地照金纪念馆、陈家坡

2018年6月1日，照金北梁红军小学校长何新春和孩子们一起认真学习习近平总书记的回信（陕西日报记者戴吉坤 摄）

会议旧址等红色资源，通过重温入党誓词、开展主题党日活动等，扎实开展"不忘初心、牢记使命"主题教育，打造红色印记鲜明的基层战斗堡垒。

乡风淳，乡村兴。照金村深入推进"诚孝勤俭和"新民风建设，积极培育文明乡风、良好家风和淳朴民风，不断筑强老区群众精神家园，依托新时代文明实践站成立红色文化宣传队，宣讲党的政策，培育践行社会主义核心价值观，开展志愿服务活动。组建广场舞队、秧歌队、锣鼓队、自乐班等群众组织，不断丰富群众文化生活，多次为市、区、镇各级活动助兴演出，连年举办社火闹新春、闹元宵等活动，举办了照金村首届"平安杯"篮球赛，每季度组织爱国影片放映下乡活动，每年至少邀请区剧团两次到村进行演出，每年都开展评选"十星级文明户""好媳妇""好婆婆""最美家庭"等活动，优中择优，向上级推荐，让向善之风吹遍村内每个角落，形成健康文明的生活方式和向上向好的社会风气。

同时,照金村注重优化社会治理模式,打造新时代共建、共治、共享的社会治理格局,针对城镇建设、脱贫攻坚、项目建设方面出现的矛盾纠纷,完善和强化调解委员会的功能,发挥治安中心户长、红袖章巡逻队等的作用,及时收集民情民意,维护辖区平安和谐。围绕乡村治理中的痛点、难点、堵点,大力实施网格化治理,强化党建引领、自治基础、法治保障、德治教化、智治支撑、信治引导作用,通过实施"六网一治"治理模式,打通服务老区群众的"最后一公里",努力走出一条现代化的乡村治理之路。

任凭时代如何变迁,村上如何变化,"照金人顽强拼搏、开拓进取的精气神始终没有变,党员干部从实际出发、密切联系群众的工作作风始终没有变!"梁万营斩钉截铁地说道。

走进群山环抱的照金村,在绿水青山间、欢声笑语里,感受幸福生活。

照金村,没有成为一颗被遗忘的明珠,老区人民艰苦奋斗,用好盘活红色资源,加速脱贫奔小康,过上了曾经难以企及的城镇化生活,让明珠更加璀璨耀眼。

如今,照金镇已成为中国特色小镇、中国美丽宜居小镇,那些村民们看得见、摸得着、感受得到的幸福点滴,深刻诠释着万水千山不忘来时路的初心使命,以及我们党推动老区加快发展步伐,使老区人民共享改革发展成果的庄严承诺。

陕西日报记者／赵杨博

淘"金"记

——纪录商洛市柞水县金米村小康工程

金米村很小。

位于柞水县小岭镇东北角,占地只有 17 平方公里的它,在苍苍莽莽的秦岭纵横中,如一叶小舟,承载着 493 户 1740 人的日出日落。要是再把镜头拉远,在 960 万平方公里的广袤山河间,在几十万个恣意铺陈、形态各异的村落中,金米村普通得如同一颗米粒,微小到在地图上只用一个点标记。

金米村又很大。

金米村党群服务中心(陕西日报记者陶玉琼 摄)

因为一次来访、一朵小小的木耳、一场特殊的直播，一夜之间，它的名字被 14 亿中国人知晓，它的触角跨过陕西、跨出中国，伸展向全世界。现在的金米村，不再只是陕南的一个小村子，它作为千千万万个沐浴着春风焕发生机的普通村庄的代表，在滚滚的时代浪潮中，在中华民族勇敢逐梦的史册上，闪耀着光芒，映射出一处处乡村的发展变迁、一个个群体的命运转折、一片片土地的沧桑巨变，映射出一个蓬勃又可爱的中国。

初春时节，万物萌发。踏着春光，记者来到金米村，探寻一个小乡村的发展轨迹，也探寻中国乡村振兴的幸福密码。

幸　福

走进金米村，第一眼看到的，是山。

碧蓝如洗的天空下，两道绵延的青山如臂膀般环抱，春风卷起透亮如水的阳光，吹动山上的草木。

在枝叶窸窣和阵阵鸟鸣间，春天的金米村，如同熟睡的婴孩，安静，却又蓬勃着无限的生机。

第二眼，便望见了木耳。

宽阔整洁的村道旁，一排排完成消毒杀菌的现代化木耳种植大棚闪着银光，等待新一轮木耳进棚，连片的露天地栽木耳基地里，已有农户忙碌的身影。

"最近正在晾晒、养菌，再过一个礼拜，新一茬的木耳种植就要开始了。"指着一根根被整齐码放在大棚里"休养生息"的木耳菌袋，金米村党支部书记李正森话语里洋溢着幸福。

不只李正森，如今，你问任何一个金米村人：幸福是什么？他们

淘"金"记

的答案，肯定离不开一个词——木耳。

没有抢眼的外表，也并非多么名贵的食材，黑黢黢的小木耳，为何会成为一个村的人不言而喻却又无比笃定的幸福载体呢？

这，还得从两年前的那个春天讲起。

2020年4月20日，习近平总书记来到金米村考察脱贫攻坚情况。总书记踏着金米村整洁的村道，走进村培训中心、智能联栋木耳大棚，详细了解木耳品种和种植流程，认真询问木耳价格、销路和村民收入等，并亲切地与村民交谈，夸奖他们把小木耳办成了大产业。

总书记的到来，极大地增强了金米村人进一步发展的动力，给1700余名金米村人留下长久的感动和牵念。

"总书记问我们一天能采多少木耳，还问我们能挣多少钱，我都一一告诉了总书记。"虽然过去两年了，可村民肖青松回想起当天的

金米村培训中心是游客们"打卡"参观的第一站。图为村培训中心一角（陕西日报记者陶玉琼 摄）

情景，依旧激动不已。

"总书记就站在我跟前，他拿起我胳膊上篾笼里刚采下的一朵木耳问我，棚里的木耳一共能采几茬？我用手给总书记比画着说，能采六茬。总书记笑着对我说，那好、那挺好。"村民李泽云年近古稀，时常忘事，但唯独总书记来金米村的场景，一字一句、一举一动都刻在他脑海里。"现在想起来，还是激动得不行。这可是金米村啊，不是北京不是上海，咱一个一辈子都窝在山里的人，竟然能在家门口见到总书记。"

……

无数个清晰的记忆，无数句激动的讲述，共同标记着那个闪闪发光的日子。

金米村村民肖青松、何小燕夫妇在大棚里采摘新鲜木耳（陕西日报记者母家亮 摄）

淘"金"记

那一天,永远地烙刻在每个金米村人心上,因为总书记的到来,也因为在党的好政策领导、扶持下,一个小山村发生了天翻地覆的变化。

188 户 553 名贫困群众整体脱贫摘帽,人均年收入达到 1.1 万元,小木耳办成大产业带动全村人增收致富,路宽了,房新了,休闲长廊里各类娱乐设施一应俱全,翻新修缮后的村庄大变样……现在的金米村,产业兴了,群众富了,村庄美了,人们的日子一天比一天红火。

再不见一丝因"九山半水半分田"的贫瘠带来的穷苦模样。青山绿水间,一朵朵木耳在汗水浇灌下拥簇着生长,丰收和幸福如期而至。

中国美丽休闲乡村、全国乡村旅游重点村、淘宝直播第一村、村级党组织标准化示范村、全国生态文化村、全国先进基层党组织……金米村的一个个头衔荣誉,吸引着全国各地的游客纷至沓来。

"总书记考察完金米村的第二天晚上,我们的木耳在网上直播售卖,结果不到 10 分钟卖出了 8 万单,24 吨木耳被一抢而空。你们可能不了解,这相当于我们全县 4 个月的线上销量。"3 月 1 日,村上讲解员刘露带领着一批从陕西省泾阳县慕名来学习"金米经验"的游客,沿着总书记走过的路线参观村培训中心和木耳大棚,参观途中,她给大家分享的这个小插曲,让一行人不禁咋舌感叹。

其实,大家心里都明白,总书记金米村之行带来的客观效果,不仅是大山里木耳产业的蓬勃发展,也是社会各界对山区群众的深情厚爱,更是当地干部群众努力摆脱贫困的决心和信心。

"以前叫'金米',其实无金也无米。现在,有了党的好政策,金米村不光有金有米,还有美好无比的未来!"走到金米村史馆门口,指着两侧"党恩泽金米,浓情润万家"的对联,刘露的言语里满是自豪。

惊　雷

是啊，怎能不自豪！

就在短短几年前，金米村还是个灰头土脸的贫困村。

2015年，金米村贫困发生率达21.85%。那时，对很多金米村人来说，幸福还是个太过虚无缥缈的词。

"一身力气百身汗"——当时，每个人都在为了生计疲于奔命。附近的银矿是他们养家糊口的经济来源……

好似一声晴天霹雳。

"明天真不用去矿上了？"

"嗯。"

……

2014年11月的一个傍晚，在几百号人嘴里发酵了半年多的"谣言"，变成了一张白纸黑字的"放假"通知——陕西银矿矿业有限公司因尾矿库容量达到限值，决定停工3年，待新的尾矿库建好后再开工。轰轰隆隆的机器静默了，令人心惊的通知让身上还带着汗渍的人们无所适从。

"停工3年？那我们上哪儿寻活去？""我不信！咋个能停嘛！""我看不是放假，是停了！几年前就说银矿要被采没了"……

金米村村民江长宏当时是正值壮年的好劳力，2005年进了银矿后，近10年他都以矿为家辛勤劳作，眼瞅着自己的条件马上要够着银矿的转正要求了，银矿竟然"放假"了。他只觉得眼前一黑，从头凉到脚。一肚子话堵在嗓子眼里吐不出来，他离开乱糟糟的采矿场，带着疲惫和沉默回到家。

淘"金"记

"你不是马上就要转正了吗？真停工了？""不去矿上也好，再找个不让人揪心的活儿吧。"……

江长宏仰躺在床上，在妻子连珠炮似的提问里陷入深思。

他想起通过内招后和陕西银矿签合同的那份狂喜，想起第一天上工时的不知所措，想起矿道里潮湿的味道，想起领到第一个月工资后心里的踏实，想起那张刚拿到不久的高级特种作业操作证……他边想边在心里安慰自己：歇歇也好，等再开工了加把力好好干，就能转正了。何况一个村的男人都指着银矿养家糊口呢，凡事还有个大家。

时代变迁中，一个被迫"清闲"的山里男人，还能干什么呢？

"靠山吃山，得认命。"

镶嵌在秦岭腹地山峁间的金米村，人多地少，九山半水半分田，人均耕地不足6分。年景不好的时候，"巴掌田"里瘦弱的庄稼只够村民一天喝一顿稀米汤，村里因此有一条巷子叫"米汤街"。村名里的"金米"，是期待，是渴盼，是沧桑怅然的父辈留给将继续在深山远路上为一口饱饭奔命的子孙的一点慰藉和嘱托。

据金米村村史记载，1987年，陕西银矿投资1.1亿元在金米村建厂，一年60吨的矿石处理量让那片青山曾翻腾过一阵子。

"还以为，银矿就是生活的靠山。"

世代被困在大山里的金米村人，早已习惯了从石缝中刨食的辛劳与无奈。所以当年，陕西银矿轰轰烈烈落地，开始在青山上采石凿矿时，他们是把银矿看成了一块新田、一条新路，抱着"只要有好日子吃点苦算什么"的心态，进了矿山、下了矿洞。

"矿上的活儿可不轻，但工资不赖，一些特殊作业的熟练工一个月能拿5000元呢。"2022年3月1日，江长宏回忆起自己那段矿工生涯时，情绪复杂。

当时，对于金米村的男人来讲，要么翻山越岭跑出去讨生活，要么就下矿井，只要能挣到钱。27岁的江长宏，因为哥哥在矿上工作的原因被内招进矿上上班，从事井巷运输，一个月能挣1000多元。为此，一家人高兴了很久。

"当时觉得幸福啊，还想着一辈子当个矿工也挺好。"陕西银矿，为金米村的男人们带来在当时看来不菲的收入，也为村子带来了好长一段时间的热闹与生机。江长宏一度相信陕西银矿就是金米村的那碗"金米"。

可是，谁也没想到，这碗"金米"端到手里没几年，竟不灵光了。

"现在想想，矿停了，一巴掌拍醒了习惯吃自在饭的金米村人，也给了金米村一个绝好的机会。好啊！"一旁的金米村老支书樊德朝萦绕在心头的感叹脱口而出。

其实，在银矿停产之前，村上也曾尝试着发展过魔芋、药用牡丹等产业，但因为有矿上挣钱的门路，大家不肯在土地里费心思花时间，积极性不高，后劲儿不足，几次下来，产业夭折了，大家也不再自己想出路，认定要靠着银矿过日子。

但是，与不少地方发生的类似情况一样，单纯靠着自然资源消耗赚钱的路子，没有长久过。

结果没有出乎大多数人的意料，陕西银矿没有如期复工。

2017年春天，江长宏和两个堂兄一起，去当地的西川考察种木耳的营生。

受启发、动心思的人越来越多。大家也纷纷开始寻找新的致富路子。

"当时县上刚开始发展木耳产业，我们出去看的时候，还是以地栽木耳为主，产量虽不如现在，但看完还是很受启发——得学技术、使巧劲。"江长宏说，那次考察虽然没有立即促成自己种植木耳，但

淘"金"记

实实在在让他们看到了"土里真能生金"的希望。

银矿的停产，顺应着新时代的绿色发展理念。

"自己想出路"，成为金米村发展中的抉择。

破　冰

靠种木耳，就能换来幸福生活？

这样的疑惑，曾困扰着金米村每户人家。

疑惑，不是因为他们不了解木耳，恰是因为他们过于"了解"木耳。

金米村所在的柞水县以盛产柞树而得名。柞树又叫"耳树"，顾名思义，就是生长木耳的树。柞树上生长的木耳味鲜、肉厚，品质高，也很珍贵，当地群众一直有种植黑木耳的习惯。早在明清时期，这片土地上就有"万山丛树多，土人伐木生耳"的记载。

但，从没有人因木耳而富。

"不认字的时候就认识木耳了。"

"从小吃到大，山里种不出啥好菜，木耳就在山里长着，娃子们上山里玩就能采回来一大碗。"

……

吃木耳、种木耳，在金米村人看来，木耳和白菜、萝卜一样普通，普通到让大家没法相信有一天能靠木耳致富。

"卖钱换几个糍粑吃没问题，但要养活一家人，难哦。"

"不敢弄。白费了力气，还糟蹋地，还是种上几亩苞谷安稳些。"

……

村民们的担心不无道理。当时，柞水县也是处于"一县一品"发展木耳产业的初期。

2017年开始，柞水县提出"立足资源、面向市场、科技支撑、政策扶持、党建引领、主体参与"的思路，制定了产业发展规划，计划发展木耳1万亩、1亿袋，实现产量5000吨、产值3亿元，要将"小木耳"做成贫困群众增收致富的"大产业"。

有条件，有前景。但是起步晚、基础弱、产业链条短，先进技术、专业人才、规模种植经验都很欠缺，木耳产业发展之初，面临重重困难。

然而，随着国家脱贫攻坚战役的推进和苏陕协作不断深入，这些问题迎刃而解。

柞水县联系吉林农业大学李玉院士团队，选育适生能力强、种植产量高、推广前景好的木耳菌种，并成功培育出玉木耳、金木耳、羊肚菌、竹荪等珍稀食用菌，不仅提升了产品价值，也让柞水木耳声名鹊起。

在此基础上，县上通过有效发挥现代信息技术对传统产业的支撑作用，不断提升产业管理水平，并且通过研发木耳脆片、木耳益生菌等产品，提升木耳附加值，让不断延长的产业链足以带动更多群众持续稳定增收。

借着这股产业发展的"东风"，自然条件十分适合木耳生长的金米村开始跃跃欲试——小木耳与金米村相遇了。

当时，村集体经济组织流转了43亩地建起木耳产业基地，搭建起52个种植大棚，推行"借袋还耳、借棚还耳"的木耳种植模式。

说白了，就是群众与村集体经济组织签订"借袋还耳、借棚还耳"的"两借两还"协议后，村集体给农户免费提供大棚和木耳菌袋，并进行技术指导，农户自己进行打孔、挂袋、采耳、晾晒等种植活动。待木耳晒干后，村集体经济组织以每斤30元的保底价统一收购进行销售,再从销售收入中扣除借袋、借棚成本后返还农户。

政策不好吗?好!

优惠不够吗?一分钱不花就能种木耳!

但是,2019年春季,村里第一茬木耳要开种的时候,金米村的群众却并不买账。

大家顾虑多、没底气,都不愿意当"第一个吃螃蟹的人"。甚至,还有人谣传说县上最早发展木耳的村子亏本了,木耳大棚空置大半年了。

其实那时候,柞水县的木耳产业已初具规模。所以,当群众举棋不定时,扶贫干部和村委班子成员心里是有底气的。

"不能退缩,一定要在金米村把木耳种出个名堂,不敢再让穷日子把人困住!"李正森是个有"野心"的年轻人。

2012年,他大学毕业后返乡创业。2018年村"两委"换届时,他因带富能力强、群众基础好,当选为村党支部书记。

如今,说起李正森,金米村群众都夸他脑子灵、胆子大、敢谋事,也夸他心眼实、靠得住。但上任伊始,村民并不信任这个看起来大大咧咧的"80后"小伙。李正森明白,自己必须"背水一战"。

"金米村要种好木耳,毋庸置疑,得靠国家脱贫攻坚政策和各级政府出台的优惠政策浸润,但更要靠咱们党员干部把人心攒起来,让好政策好产业扎扎实实落地生根。"李正森告诉记者,当时村委班子还在内部协商,如果真的没有群众愿意种,他们5个人就准备兜底。

"党员干部是什么,就是旗帜啊,乡亲们不相信木耳能挣钱,咱就给大家打个样。"李正森笑着说,"现在想起当时的情形,还觉得有点'悲壮'呢。"

但大家心里都明白,群众最是眼明心亮、通情达理的,只要党员干部拿出真心、付出努力,把政策讲明白,把工作做到前头,就能得到大家的支持。

党员成为连接群众的纽带，党组织成了托起产业的架子。一户一户跑、一家一家说，白天开会宣讲政策，晚上促膝分析效益，把"木耳账"掰开揉碎了给群众讲。

事在人为。一些群众开始抛下顾虑，在协议上按下了红手印。当季，52个棚被顺利承包。

一朵朵小木耳，开始在金米村的土地上发芽。

转　变

令人振奋！

2019年春季，金米村迎来木耳大丰收，一个菌棒平均产量近1两，承包了12个棚的邹军发一口气就赚了11万元。

小木耳，在金米村完成了惊艳亮相。

赚到钱的群众扬眉吐气，看到邻里丰收致富的其他群众也纷纷开始转变观念。

当年秋季，在村集体经济又开拓了70亩地栽基地的情况下，木耳菌棒供不应求。

陈庆海，就是在那个时候搭上"木耳号"幸福车的。

说起陈庆海，他可是金米村的"明星"。

"可不得了，种木耳种得好！两茬木耳下来，就全款买了一辆小轿车。"

"人勤快又肯学，是村里的致富能人，照片都挂到村史馆了。"

"自己当主播卖木耳，洋气！"

……

在大家的艳羡里，只有陈庆海自己知道，他的成功，是被党员干部"催"出来的。

"每天晚上到我家里跟我谈心，讲道理，说谋划，把文件拿出来给我看政策，拍着胸脯给我做保证。现在想想，要不是当时第一书记和党员干部们推我一把，我咋会有今天的好日子啊！"说这话的陈庆海，清瘦的面庞被一身藏青色西服衬托得神采奕奕，右侧腰带上挂着的一把车钥匙很是惹眼。回忆起当年不肯回村的固执，他不好意思地挠了挠头。

可以前的陈庆海不是这样。妻子患有类风湿性关节炎，不能干重活，家里有3个需要读书的孩子，再加上要供养自己父母和年迈未成家的叔叔3位老人，一人撑着一个大家的陈庆海自然也选择了下矿卖力气。可是一个肩膀终究还是单薄的，家里的日子始终紧紧巴巴。

2016年，陈庆海一家被认定为贫困户。

阳光，一点点照进陈庆海的生活。

"脱贫政策把我这快散架的家给绑结实了。孩子上学不收学费还补助生活费，妻子吃药看病国家给咱报销，3个老人养老也有补贴，开支一下子少了。后来，又给咱换了小楼房。"陈庆海端详了一阵挂在墙上那幅习近平总书记进棚考察木耳的照片，和照片旁写着"好好干"3个大字的牌匾，万分感慨地说道，"哎呀，你说我这个脑壳当初咋就转不过弯来呢！"

因为穷惯了，穷怕了。一代代的山里人，除了求温饱，没有谁敢生出过幸福日子的"痴心妄想"。

2019年年底，陈庆海终于在扶贫干部的动员和第一茬木耳丰收带来的影响下，回乡种植木耳。几年下来，他成为金米村木耳产业发展的带头人，2020年还荣获了"商洛市脱贫攻坚先进个人"称号。

在总书记考察金米村点赞柞水木耳并强调电商大有可为后，精明的陈庆海有了新想法。他主动参加了县上举办的网络销售培训，开始当"网红"。

"有次直播，我20分钟就卖出了2000单木耳。"陈庆海说。听总书记的话，相信党和政府——这是金米村人亲身试验后的生活信条。

"还是要相信党，相信政府啊！"望着田地里拔地而起的一座座现代化大棚和木耳种植园区不断添置的新设施，听着年轻人嘴里的新玩意儿，瞿明信笑着说，"侍弄了一辈子庄稼，家里也种过木耳，但这老了老了竟然看不懂地里的名堂了。这'睁眼瞎'，我当得舒心！"

瞿明信今年80多岁了，灰白的头发和蔓延的皱纹，讲述着他和金米村长久相伴的历史。几十年前，瞿明信是金米村能耕能种的一把好手，可即便他再精明再有力气，贫瘠的田地也长不出好日子。

所以，当村里最开始发展木耳产业时，瞿明信曾给子孙辈说："从我太爷爷那代人起，木耳就在咱这地方长着，可从没见过谁靠木耳翻了身的。"

后来听到村里有人承包了十几亩地种木耳后，瞿明信更是一个劲儿摇头："得赔喽，木耳咋能变金子嘛。"

但是，到了木耳丰收的时候，瞅着别人棚里菌棒上一朵朵胖乎乎的黑木耳，瞿明信是有喜有愁啊。他喜的是：多少年了，村子里终于弥漫起丰收的气息了，好日子有指望了；但他也在愁：自己不开窍错过了第一茬，还当着大家的面说风凉话，下一季想承包木耳，村干部能同意吗？

怎么能不同意呢？村上不仅让他承包了两个木耳大棚，还手把手教他种木耳。

如今，在全国市场有了名气的金米村木耳产业，已然度过了需要外力推动的阶段，政策雨露和党员干部的初心温度，催生了群众的底气，那底气让一个小村庄奔向幸福的脚步又稳又快。

淘"金"记

安　家

　　小木耳在金米村安了家。

　　在金米村安家的，还有杜宝全。

　　杜宝全是金米村的木耳技术员，来自东北的哈尔滨。这几日，春阳一日暖似一日，他忙得几乎脚不沾地。一辆开足马力的枣红色电动车，载着他穿梭于各个木耳基地和大棚之间。

　　"这段时间菌棒刚进棚，该怎么晾晒，啥时候刺孔，棚里消杀做到位了没，等等，都会影响后期木耳的品质。"见到杜宝全时，他正在卢传财家的木耳棚里。聊起木耳的管理技术，杜宝全打开了话匣子。

　　年过花甲的卢传财是村里第一个承包木耳棚的农户，2022年他又承包了9万袋木耳。因为靠着种木耳彻底脱贫摘帽奔小康，他对待木耳就像对待自己的小孙子一样，百般小心。即便棚里一切正常，卢传财也一定要让杜宝全来看一眼，只有杜宝全说没问题，他心里才能踏实。"不管啥时候，只要我们有木耳种植方面的技术需要或问题，第一个想到的就是找杜师傅。"

　　卢传财告诉记者，不论是理论解答，还是操作演示，杜宝全早已在村民心中树起了一块金字招牌，他就是大家的"定心丸"。

　　杜宝全一开始来柞水接触木耳管理时，并没有长期驻扎的打算，而是想着帮忙救个急就回家去。谁料想，柞水的木耳产业一年比一年好，自己也就一年比一年忙。忙着忙着，"救急"竟成了持久战。

　　小木耳变成大产业，出乎意料，但也势在必得。

　　近年来，柞水县将木耳产业作为巩固脱贫成果、衔接乡村振兴的首要产业，按照"区域化布局、规模化发展、标准化生产、产业化开发、品牌化营销"的发展思路，举全县之力，集全民之智，着力让全域经济高质量发展。

特别是2020年4月20日，习近平总书记在柞水县考察时点赞"小木耳、大产业"后，县上专门设立了木耳产业发展中心，推动木耳产业规模化、标准化、产业化、品牌化发展并取得明显成效。截至目前，全县累计发展木耳专业村46个、木耳生产基地60个、万袋以上木耳种植户3900余户，引进木耳龙头企业7家，建成年产2000万袋木耳菌包厂5家，累计生产木耳3.77亿袋，产出干木耳1.8万吨，实现总产值30.8亿元，带动耳农户均增收7000元以上。

而金米村，就是柞水县将"小木耳"做成巩固脱贫成果、支撑乡村振兴"大产业"的缩影。

"国家重视，政策扶持，企业带动，再加上村干部、党员、技术人员和群众的努力，金米村这几年的发展，才能取得这么多成绩。"李正森坦言，木耳产业要想做好做大做强，就和种植木耳一样，需要灌溉滋润，需要灭菌除害，需要精细化管理。

想要"地里种出黄金"，就要摒弃传统种植模式，用科技加持。

如今，金米村里最显眼的建筑，就是金米村人说起来最骄傲的"玻璃房"——村培训中心和4座气派的智能联栋木耳大棚。

2020年4月20日，习近平总书记来到金米村，察看村容村貌，并走进村培训中心、智能联栋木耳大棚，了解木耳品种和种植流程，询问木耳价格、销路和村民收入等，夸奖他们把小木耳办成了大产业。

"小木耳蕴含着大科技，随着对木耳品种不断进行更新优化，种植设施也在加速升级，目前村里的智能联栋木耳大棚能对木耳生长状况进行实时监测，农户一部手机就可进行自动给木耳菌棒喷淋、升降大棚卷帘等操作,对大棚温度、湿度、光照、通风等进行自动控制,节省人力效果明显。"李正森介绍,在县上政策扶持和村集体经济的努力下,金米村的木耳产业发展规模不断扩大,目前有132座钢构大棚和4座智能联栋大棚,还发展了70亩地栽木耳,村上参与木耳经营的群众达到127户。

世代靠苦力换口粮的金米村人谁也不相信小小的木耳会给村里带来天翻地覆的变化。

"想要村民增收致富,就必须创新模式,壮大产业。"李正森介绍,为了让小木耳发挥更大作用,金米村引进农业龙头企业5家,建成木耳大数据中心、年产2000万袋的木耳菌包生产厂和1000吨的木耳分拣包装生产线。

同时,村集体经济引进旅游企业2家,建设水杂果采摘体验园60亩,新发展农家乐13家,在此基础上做活林下经济,把林下经济

2019年11月建成的集展示、培训和销售于一体的金米村培训中心(柞水县委宣传部供图)

金米村村民正在采摘木耳（陕西日报记者王婕妤 摄）

作为木耳产业的有效补充，村里发展中药材和早园竹套种120亩，并计划新建一座40亩的农业休闲观光园，坚持发展乡村旅游和培育新生业态。

时代在更迭，科技在发展，夹在两座高山间的那块土地未曾变，可金米村再不是从前的模样了。如同一片片鲜嫩的木耳不断从耳基上冒出、伸展，拥簇成一团，金米村人的幸福感也在一项项新举措和新改变中集聚、放大。

习近平总书记指出，脱贫摘帽不是终点，而是新生活、新奋斗的起点。金米村富了，村民的眼界也打开了，一个个正在紧锣密鼓推进着的乡村旅游和民宿农家乐项目，正乘着新时代的春风，孕育出前所未有的生机。

"咱这'木耳大厨房'火爆的时候，一中午就要接待十几桌客人，收入很可观。我和小燕最近正准备再研究几道可口的特色菜，迎接今年的旅游季。"村民肖青松说。

踩在春意萌动的土地上，望得见青山绿水和美好前景，一颗颗温热的心找到了归宿。"我把东北老家的门店转出去了,车也卖了,没准儿以后金米村得从'第二故乡'转正成'故乡'呢。"47岁的杜保全2022年还没出正月就驻扎到了金米村,他和金米村的木耳产业一样,已经牢牢扎根在这片绿水青山间了。

丰 收

先是细细的菌丝,然后一个个小小的耳片冒出来,再后来,越来越多的耳片伸展、簇拥成一朵朵胖乎乎、黑黝黝的"木耳花"——丰收了。

而丰收带来的,是饱满的幸福和真诚的感谢。

58岁的金米村村民王极东最喜欢的地方,是自己家两层小楼前的那个石凳。坐在那儿,平平望过去,是整齐排列在田地里的两排现代化智能木耳种植大棚和木耳晾晒场,其中离得最近的那座棚,正是习近平总书记2020年来金米村考察时和耳农们亲切交谈的那座"网红棚";抬起头,刚好可以看到金米村党群服务中心楼前那面高高飘扬的五星红旗,和那如绿色屏风一般延绵望不见尽头的青山。

"幸福!"2022年3月3日,在晴暖的春光里,像往常一样坐在石凳上看风景的王极东满脸喜色,他回头瞅了瞅自己的两层小楼,又将目光温和地延伸到眼前的木耳大棚和已隐隐透出春绿的青山上,脱口而出这两个字。

几年前,王极东还是村里的贫困户,住着两间土房子,妻子患有肺癌,而他自己也查出肝硬化,两个人的医疗费用,几乎花光了家里所有的积蓄。村干部说,曾有很长一段时间,王极东的脸上看不到丝毫笑容。

"那个时候站在这儿,往前看那山,感觉山在走,一步一步向人逼过来,压得人喘不过气儿来。所以,我几乎都低着头走路,不敢看也不想看那山。"讲述这些的王极东早已摆脱了那些记忆里的苦日子。

"现在好了,不愁吃不愁住,一年下来还能攒下钱。"王极东笑了,将脸迎向阳光,眯起眼说。

"何止是不愁,快好上天了!"一旁的堂弟王极华接过王极东的话茬说道。

"确实,简直像在做梦。我现在别无他求,就想着牢记总书记的嘱托,好好种木耳,好好奋斗。"王极东抬手指着对面山腰处说,"喏,你看,我还在山里种了3亩板栗,一年下来也会是好收成。政策好,也得人勤快呢!"

2016年,王极东被认定为贫困户,在国家合作医疗政策下,他跟妻子医药费的80%都能报销,而且村上还给他分配了一个公益护林员的岗位,各种补贴加上每个月600元的固定收入,让一家人的生活宽裕了不少。

"多亏了党的好政策啊!"——在金米村,这句话不光是王极东一个人的感慨。

产业链条延长了,小木耳的价值得到更多元的彰显,木耳种出来的是真金白银的富足,也是新的生活方式,更是美的享受。

"以前村里环境很不好,大家习惯把柴火等一些杂物随意堆放在门口,村道又窄又乱,现在你看,家家门口都是小花园。等过两天路边的樱花开了,村子就跟以前过年时挂的画里那样漂亮呢!"35岁的村民冯有术一副典型的陕南妹子模样,长得温柔清丽。她告诉记者,干部们带着大家打扫卫生、种花种草,大家的生活习惯都发生了变化,每个人都自觉变成了金米村的"美容师"。

家家庭前有花影,户户屋后见绿树——作为陕南的村庄,金米村

2020年4月20日,金米村村民王极东正在晾晒采摘下来的木耳(商洛日报记者方立 摄)

本身就有得天独厚的自然条件。为了让村庄更美,金米村按照原生态保护、原始性开发、原特色利用的原则,挖掘乡韵、打造乡态、体现乡趣、再现乡愁,对整个村子的山、水、林、田、路、桥、堤、房、厕实施了综合整治提升,修建水渠3公里、河堤5公里,拓宽道路8公里,绿化栽植10万平方米,改造提升民居庭院248户,完成了旅游环线建设,沿河休闲长廊、观光步道、骑行车道等建设。目前,村上卫生室、养老院、文化广场、生态停车场、休闲长廊、电商扶贫体验基地等公共服务配套一应俱全,而且通过大力开展"五美庭院"建设,全面实施"厕所革命",村容村貌焕然一新,实现了一步一景、景随步移、处处是景、时时有景。

碧蓝的天空下,行走在金米村干净整洁的村道中,仿佛徜徉在一幅美丽的画卷里——"中国美丽休闲乡村""全国乡村旅游重点村"

金米村金木耳煞是喜人（陕西日报记者杨小玲 摄）

的荣誉实至名归。

眼下，金米村美丽的风景亦不仅仅是幸福生活的代名词，还成为富民的新能量。

"村口的游客中心今年就能投用了，再等到园区的球形大棚等配套设施完工，来旅游的人肯定会更多。那时候，金米村每个村民都能分享到青山绿水和木耳产业带来的经济收益和幸福体验。"李正森对金米村的未来满怀信心。

现下的金米村，早已丢掉了贫困的羁绊，青山绿水显露出温柔的模样，人们在新时代里，对于生活有了新的期待和解读。

其实，很多时候，群众生活的变化和幸福体验，不只记录在各种图表上一串串数字的变更中，而且明明白白地写在绿树鲜花映衬下的美好村容里，写在一张张神采飞扬的笑脸上，写在一份份动人的生活小情调里。

"我现在就在村里菌包厂上班,旅游旺季去'木耳大厨房'当服务员,一个月平均下来有 2000 多元的收入呢。"在冯有术收拾整洁的堂屋里,一朵朵、一簇簇用纸折成的小花竞相绽放,恰如她脸上藏不住的喜悦。

"有钱也有闲了,日子里就有了更多盼头。"说这话时,冯有术的手指正在一块十字绣上翻转飞舞,她指尖牵引着的那根丝线,正交织出一棵大树繁茂翠绿的枝叶。

希　望

山里的春天原比别处来得迟,但如今,阳光下的青山,永远春意盎然。

产业全面升级,生产方式踏着科技的步子;乡村全面发展,村里人家有了精致的样子;农民全面进步,千家万户过上幸福的日子……金米村变了模样。

可是,新的金米村,有了更多的新"问题"。

眼下最让李正森头疼的,就是新一季木耳种植的分配问题。

"以前发愁没人种,现在发愁让谁种。为这事,我这两天接电话接得耳朵都起茧子了。"李正森说,尝到了甜头,想种木耳的群众一季比一季多,原料供不应求。2022 年春,村上准备种植 350 万袋木耳,目前 200 多万袋已被符合条件的群众认购,剩下的承包情况迟迟定不下来。

"得让产业带动需要带动的群众,得保障产业红利公平公正地覆盖到每一个群众身上,让大家心服口服。"为了这个目标,李正森带领村委专门制定了木耳承包告知书和承诺书,还民主协商敲定出"四个优先"和"四个取消"的承包种植资格筛选标准。

"小木耳大产业,这是总书记对我们的嘱托,也是金米村未来所在,党组织一定要发挥好堡垒作用。这一次,我们不仅想让木耳种植更规范更有序,同时通过设定门槛,借助群众对木耳产业的热情,促进乡风文明建设。"李正森说。

产业发展,重在群众受益,难在持续稳定。眼前的问题解决了,李正森的烦心事还有很多。

"金米村就这么大,地就这么多,要想让木耳产业发展得更好,不能单纯依靠规模的扩大,要深挖、要优化,进行有机拓展。你看,咱的木耳都开始吊袋,实现立体化种植了,村子发展也要立体化。可是,咋样才能让金米村真正发展成'样板'呢?"

就在几天前,李正森在小岭镇党委书记陈永富的带领下,专门去了趟湖南省花垣县的十八洞村。

"很受鼓舞,看到了希望,但也觉得担子更重了。"参观学习后,那些长久藏在李正森心里的思忖,开始有了清晰的影像,但是也更让他煎熬。

怎么盘活现有资源?怎么实现一、二、三产业有机融合?村子的下一步规划设计怎么进行?……

从十八洞村回来后,李正森第一时间联系此前他邀请来金米村做过调研的西安科技大学的教授,咨询对金米村未来发展规划的意见。

"村子发展和木耳种植一样,要科学谋划,做长远打算。总之,我们要做的工作还很多呀!"李正森告诉记者,他看见的是现在的金米村,心里想的却是村子30年以后的模样。

"第二个百年目标实现时,这一批金米村人就老了,村子发展需要新的血液。"李正森将目光看向村小学的方向。

只要有人,就有希望。

金米村塔架木耳基地（柞水县委宣传部供图）

2022年3月6日上午，温暖的阳光从环绕着的群山漫下来，在金米村黄龙山小学操场边树枝上一盏盏火红的小灯笼上摇曳，在20个穿着校服的孩子天真烂漫的眼神里流动，而后在摆放于操场边的崭新的书包文具和一摞摞图书上停落，明晃晃的，耀人的眼。

"今天，我们村一个很厉害的叔叔从西安给大家送来了礼物，我们在欢迎他。"6岁的周梓悦是黄龙山小学学前班的学生，她扑闪着一双如玻璃珠一样漆黑闪亮的眼睛，奶声奶气地告诉我们一个孩子对一场捐赠仪式的理解。

周梓悦嘴里那个厉害的叔叔叫江长军，是走出去创业且闯出了名堂的金米村人，也是为金米村发展建言献策微信群里的成员。他为孩子们精心准备了丰富的物资和图书，还给学校捐了15万元的发展资金。

"这所已经60多年的学校承载着我的童年记忆,也见证了金米村的岁月变迁,之前因为生源流失曾停了一段时间,2021年在村上各级干部的努力下又开学了,村上的孩子们又能在家门口上学了,这是个大好事。而我,就是想为学校发展做点力所能及的事,让它能为金米村的发展培养出更多优秀的人。"江长军说。

捐赠仪式很简单,但给学校和孩子们带来了莫大的欢喜。

"金米村要想发展好,村里必须得有个学校,有学校才有希望和未来。"李正森这句话说得缓慢却极为坚定。

陕西银矿停产后,村里很多人开始外出务工,年轻的父母们寻找生计,也带走了村小学的孩子。学生越来越少,再加上国家教育资源整合的政策,黄龙山小学关门了。

但这几年,随着金米村变得越来越好,很多人打算回家发展,但打听到孩子上学不方便,便有了顾虑。于是,李正森带领村班子和驻村的干部们商量,并且给金米村在外创业工作的"能人"们建了个群,让大家给村子发展提意见想办法。

"得有学校!"意见达成一致。

几经波折后,黄龙山小学开学的申请被通过了。

很多村里人带着孩子回到了这里,山坳间有了久违的读书声,村子里也有了新的生机。

"操场里一片狼藉,破旧的校舍,已经无法正常使用的教学设施,不夸张地说,你现在看到的学校,是我们从草堆里扒出来的。"环顾如今整洁漂亮的校园,黄龙山小学校长焦浩洋笑着说。

"学校的存在,让孩子们上学更方便,让一个个小家凝聚起来。只有这样,农村才能真正成为宜居宜业的乐园。"学校开学了,李正森的心安了一半。

淘"金"记

在金米村黄龙山小学,孩子们正在"品尝"新书的"滋味"(陕西日报记者陶玉琼 摄)

"我喜欢在金米村读书,习爷爷说我们这里是'小木耳大产业',很好。""我也喜欢,因为回家只需要走路10分钟就可以了。""爸爸妈妈爷爷奶奶都在家,放学了还能到山里玩。""妈妈再也不用大冬天骑着车送我了,她的腿不会再疼了。"……洒满阳光的操场上,孩子们围着记者,七嘴八舌地表达着对这所藏身于山梁间的学校的喜欢,而他们开心的脸庞,让一旁的李正森红了眼眶。

"你看,孩子们在村里读书,就会对村子有感情,他们的根才会扎在这里。"李正森顿了顿,接着说,"那些跑断腿的日子,值了!"

阳光更明媚了,在那所青山映照着的小小的学校里,一群如春林间的鸟雀一般叽叽喳喳叫嚷嬉戏的孩子们,唤来了山里的春天。

"我以后也要变成一个厉害的人,赚很多钱,然后回来种更多更好的木耳,让金米村更美丽!"快要离开学校时,捧着一本新书的周

青山相对、美景如画的金米村门户区（柞水县委宣传部供图）

梓悦跑过来和我们说再见，小人儿嘴里说出的"大人话"让李正森"破防"了，一行热泪从他枣红色的坚毅面庞流下。

"好！好！好！"再没有其他的话了。

许久，李正森的眼睛从孩子身上挪开，望向远方一重又一重的山，问："今年的春天，是不是比往年来得早？"

人间三月天，春光正当时。

从历史性解决绝对贫困，在中华大地上全面建成小康社会，到一项项重大民生工程、民心工程落地见效，人民群众获得感、幸福感、安全感显著增强……时代的进步恰似一场润物无声的细雨，在这片古老的土地上遍洒绿色希望，催开幸福之花。

山还是那座山，地还是那片地，金米村却不是那个金米村了。

十年沧桑巨变，所有的答案都在眼下这明媚的春光里……

陕西日报记者/李蕊　陶玉琼

锦绣屏峦　福气绵绵
——纪录安康市平利县锦屏社区小康工程

阳春三月，陕南的春天如期而至。驱车从安康城东沿着安平（安康—平利）高速行驶，群山连绵，草木葳蕤，山崖上桃花灼灼，簇簇争艳，缓坡上油菜花开，畦畦金黄。穿过女娲山隧道，数排白墙灰瓦的徽派建筑赫然映入眼帘，这一切提醒着我们位于平利老县镇的锦屏社区快到了。

锦屏社区鸟瞰（陕西日报记者陈嘉 摄）

83

锦绣屏峦新天地

老县镇是一个名不见经传的偏远集镇,过去它一直是平利县治所,直到清嘉庆十年(1805年),才将县城迁往现在平利县城所在地城关镇。彼时,老县也不叫老县,而是有一个充满田园诗意的名字——稻草街。县河穿城而过,河道两边分布着良田,居民多以种植水稻为生。加之路两边仄仄斜斜高高矮矮分布着稻草房,稻草街由此得名。

那时候,沟通稻草街与外界的唯一一条公路,是始建于民国时期的汉白公路。据镇上的老人说,汉白公路其实是一条石子路,在那个汽车都很稀少的年代,若是能搭乘汽车上一趟平利县、下一次安康城,都足以炫耀好一阵子。如今,在狗脊关的山里一路向西,树木掩映下,最初的汉白公路早已鲜有车辆通行。站在山上俯瞰,安平高速公路上汽车飞驰,高速、国道已然成为山区现代交通的主力军。

秦巴山区多雨水,每到汛期,地质灾害频发,遇上泥石流、滑坡等地质灾害,对于当地群众来说,不仅衣食住行等正常生产生活会受到影响,而且生命安全也会受到威胁。从2011年开始,老县镇为解决避灾搬迁群众以及"十三五"期间特别是脱贫攻坚中易地搬迁群众的住房问题,规划和建起一些搬迁安置点,一批一批的6层小楼房相继在县河两岸拔地而起。对此安置点以社区为单位进行管理,其中规模最大的当数锦屏社区。

在平利县有一个很有趣的现象,这里很多村镇都以吉祥美好的文字命名,锦屏亦是如此。过去,锦屏乡属于老县区下辖四个乡之一,因为地处巴山腹地,满目苍翠,风光旖旎,乡名便取"锦绣屏峦"中的"锦"和"屏"两字，寄托人们对家乡的喜爱及对美好幸福生活的期盼。后来，撤区并乡后，锦屏乡虽然不复存在，却以另一种形式留在了老县镇的发展进程中。现在，锦屏社区拔地而起，周围11个村的搬迁群众都居住在这里。他们从四面八方聚集在此，成为新家园的主人。

他们中有经历过2010年"7·18"特大水灾的人们，有参与过脱贫攻坚硬仗的人们；有在晚年终于住上宽敞房子的老人，有外出务工多年终于不再与妻子分开的汉子，有站在电商风口挣得"第一桶金"的返乡者……他们都曾经历过温饱不足、节衣缩食的年代，如今都在锦屏社区扎下了根，开启了幸福生活的新篇章。

今年60岁的魏远垠说："小时候，最憧憬最羡慕的事莫过于坐车了。虽然家离公路只有不足5公里的路程，但坐车对于我们孩子而言，只能是幸福的梦境。那个时候听见汽车喇叭响就激动得久久不能平静。"

42岁的张运弟说："过去最怕雨天，外面下大雨，屋里下小雨。那时候总在想，要是能够住上宽敞明亮、不漏雨不停电的大房子，那是多幸福的事啊！"

35岁的汪敏说："住在山里的时候，最幸福的事情就是接到在外面打工的丈夫打来的电话，最开始在村上小商店接电话，后来买了手机，不过每次都要去信号塔附近找信号。我也常常在想，要是一家人能在一起该多好呀。"

44岁的江慧丽说："每个人都在变化，社区每天都在变。过去勒紧裤腰带过日子，现在致富门路也多了，吃好穿暖，孩子上学、老人养老，就医就业，啥都有了保障。幸福是啥？就是家的安心、踏实与稳定。"

……

我们常常在讨论幸福的打开方式,而锦屏社区干群口中的变迁叙述正是透视幸福的切入点。从稻草街的历史沿革到新社区工厂的遍地开花,从肩挑背扛到朝发夕至,从节衣缩食到衣食无忧……时序更替,辞旧迎新,锦屏社区的人们用自己的辛勤奋斗把曾视作遥不可及的生活憧憬变成了触手可及的生活享受,幸福从未像今天这般清晰、真切。

如今,过上好日子的锦屏社区群众仍在踔厉奋发,他们说,这里不仅仅是安居的家园,更是奋斗的起点;奋斗本身就是一种幸福,是一方好水土的给养,更是勤劳之道的馈赠。

草木蔓发,春山可望,这里在变,将来会变得更好。

打造便捷生活圈

春日里的锦屏社区风光正好,徽派民居错落有致,平坦的水泥路交错纵横,繁忙的社区工厂井然有序,老人们在小区里悠闲散步,医院、学校、超市、公交站点、银行网点布设在社区周边……

锦屏社区位于老县镇政府机关所在地,总面积7.27平方公里,核心区建成面积4.09平方公里。目前,锦屏社区累计安置搬迁贫困群众1346户4173人。汪显海曾居住在太山庙村。那里山大沟深,出行不便,想出来买东西都很困难。"在干旱的年份,种地几乎没什么收入,是一种听天由命的状态。"汪显海说。

过去,吃水是汪显海家想方设法要解决的头等大事。原来在山上居住时,几乎家家户户都挖水窖,用来储存一些地下水与雨水。天气干旱时,水窖里没有水,每天都得去远处挑两次水,每次都要走一公里多的崎岖山路。

挑水很累，但有时候水仍然不够用，汪显海就得拿着桶去邻居那里借水。下雨天汪显海就不用操心吃水的问题，但是没办法出门走动。有时下雨天真要出去，汪显海不得不深一脚浅一脚地走着泥路，那些泥点，成了他裤脚上的"常客"。

在汪显海的老家附近，还住着20多户村民，这里是太山庙村最偏僻的地方。坐在家门口看着高山，汪显海时不时会有点丧气："下山买东西，往返都要花上一天时间。孩子想去找朋友玩，也得走很远。"

现在汪显海一家搬到锦屏社区住进新家已经两年多了。在他看来，住在社区不管办什么事都方便。吃水、买东西、孩子上学，一切跟以前大不相同。

刚住进新家，汪显海的孩子总是在笑。现在一个孩子在上初中，另一个上小学二年级。从锦屏社区到最近的学校，也不过十几分钟路程。搬进新家后，和他相伴十多年的背篓终于被扔掉了。

以前的土房子已经拆除，汪显海山上的田地里栽种着柿子树，每年还能领上退耕还林补贴。"我平时做点零工，也能照顾好孩子。这里水、电、交通都很方便，我还有自己的小菜园呢。"汪显海说。

汪显海所说的小菜园，是锦屏社区探索建设的"十小工程"之一。锦屏社区的党员干部通过精细化服务帮助搬迁群众快速融入新环境：为大家分配小菜园，在社区周边建立"安心菜园"80亩，对有种菜需求、种植能力的搬迁户，经申请、抽签后按户均0.1亩免费分配，解决群众吃菜难的问题；社区干部还努力当好"小管家"，建立起老年人日间照料中心、儿童托管中心、亲情连线室等服务中心，并组织20名社区志愿者开展常态化服务，解决老弱妇幼日间无人照管问题；开办"小课堂"，有针对性地开展创业就业、文明礼仪、平安法治培训，解决搬迁群众素质提升问题……

锦屏社区居民的小菜园（陕西日报记者陈嘉 摄）

过去，成定琴虽然也算是汪显海的邻居，但两家隔着一个大山梁。平时出行，成定琴常坐汪显海的摩托车。当时他还自己掏钱在家门口修了一段水泥路，连通到村里修的主路上。平时这段路就只有他们一家人在走。

搬进社区，走在锦屏社区宽阔的水泥路上，成定琴总会不时想起当时家门口的那段水泥路。刚住进社区的头两三个月，成定琴还不大适应。"大家现在素质都提高了，整体环境也在改善，我也觉得舒畅多了。每天我主要是带孙子。早晨将孙子送到学校，下午再接回来。"成定琴说。

来到成定琴家门口，地面铺的有"出入平安"四个字的红色垫子引人注目。推开门来到屋内，液晶电视、空调和装修好的白色吊顶映入眼帘。三室两厅的房间两面向阳，此时阳光正好。客厅摆放的电暖桌四周围着帘子，这是冬季用来取暖的物件。在陕南地区，许多村民家中都用这种方式取暖。冬季寒冷时将腿脚伸进帘子内,打开开关,暖意升腾。

一个房间内放着双层的实木架子床,这是孩子们的房间。现在从家里去学校只要十几分钟。"原来下午四点多就得去接孩子,现在落实'双减'政策,学校提供课后延时服务,五点多才接孩子回来。"成定琴说。

汪显海与成定琴,是锦屏社区居住的众多群众的缩影。告别旧屋,搬进新家,好生活也随之而来。

"2011年这里开始建设安置房,2018年成立锦屏社区。刚开始时只建了1至15号楼,包括广场这一块。你看现在的规模多大啊!"为了让社区变得更好,锦屏社区党支部书记江慧丽有自己的打算,"下一步做好服务,特别要针对安置群众的就业问题。同时准备设立房屋的大修基金,让大家在这里安居后实现乐业,过上更好的生活。"

老县镇中心小学里的趣味课堂(陕西日报记者陈嘉 摄)

远眺蒋家坪村凤凰茶山（陕西日报记者陈嘉 摄）

家门口就能把钱挣

2022年3月3日，过了傍晚6点，万艳检查完检验室里的仪器设备，换下工作服，准备去停车场和丈夫一起开车回家。

万艳一家曾居住在七里沟村的山坡上，2013年搬进山下的锦屏社区，夫妻俩工作的单位离家并不很远，每天上班只需20分钟的车程，下班后还能吃上老人做的热乎饭。

这家单位主要生产硫酸钡等化工原材料。目前，企业有300名员工，大部分来自锦屏社区和附近农村。万艳在品质部做产品检验工作已经有5年的时间，每月能拿到4000元的工资。在此之前，她和众多留守在家的妇女一样，住在山上的土坯房里，照顾孩子和老人。丈夫常年在山西的煤矿上做着繁重的体力活，这种夫妻异地的生活她过了整整12年。如今，万艳的儿子顺利地考上了大学，欠下的外债也全部还清。她说现在是这一辈子最轻松最幸福的时候。

与万艳的情况一样，今年42岁的张运弟过去住在万福山村，那里山高路远，日常出行极为不便。丈夫外出务工，她在家照顾三个孩子和婆婆。

"那时候生活很难，一年忙到头，也没什么积蓄，日子总是紧巴巴，想给孩子、婆婆添件新衣服的钱都没有，更别提大大方方给孩子点零花钱。"张运弟坦言。

脱贫攻坚开始后，张运弟的生活有了转机。一家人搬进新家。张运弟和丈夫在新社区的工厂里谋得了一份工作，两口子成了名副其实的双职工。

像万艳和张运弟这样的双职工家庭，在锦屏社区还有很多，他们或多或少都有过相似的生活经历，在经过了一场声势浩大的脱贫攻坚战后，他们的命运发生了彻底改变：贫困的帽子脱掉了，致富的门路更广了，手中有闲钱了，日子更有奔头了。

不论是农家妇女有了收入，还是男人们不再背井离乡谋生，这些变化的背后恰恰是乡村产业的振兴。

现在，4家新工厂在锦屏社区附近扎下了根，1000多名留守妇女在家门口实现了就业；在不远处的蒋家坪村2750亩的茶园里，种茶的茶农，务工的村民，络绎不绝的观光客，一年四季好不热闹。随着各项帮扶政策的落实，多类产业项目的落地，锦屏社区及附近不仅传统产业实现了长足发展，而且创新创业的浪潮也风起云涌。

2022年3月4日清晨6时，还有些许寒意，46岁的冯厚星起了个大早，将200枚煮熟的鸽子蛋打包装好，等着宁陕客商过来取货。时间刚过7点，他就朝锦屏社区广场的电子商务服务中心走去。"电商服务中心是2016年成立的，我也算是老县镇第一个做电商的人吧。目前主要负责老县镇电商销售技术培训的组织工作，农产品代卖批发、网络代购、快递收发、便民信息发布、代购火车票、代充话费等业务。"冯厚星自豪地说。

电商服务中心的货架上整齐陈列着一排排各类农副产品,木耳、茶叶、绞股蓝、土蜂蜜、土鸡蛋、腊肉等应有尽有。据了解,这些农副产品都是周边村民自家的。为了确保货源稳定,冯厚星还会与一些农户签订长期收购协议并登记在册。从农户那里收购来的农副产品,冯厚星会第一时间检验货物质量,确保无假货、无腐烂、无损坏。

说话间,冯厚星拿起货架上一袋木耳,扫了扫外包装的二维码,产地、生产者信息、质检信息等一目了然。"现在大家生活好了,对于吃的东西也有了更高要求,我们的农产品能让客户放心购、安心吃。"通过线上线下的方式,冯厚星把平利特产卖到了全国。"在老县镇这里还有4个分店,2021年年销售额达到500万元。而且在我们的带动下,周边有1000多人参与到产业的上下游,户均增收达到3000元左右。"冯厚星说。

在家门口的社区工厂就能上班(陕西日报记者方敬尧 摄)

在冯厚星的带动下,他的同学马吉祥也经营了一家社区小超市。马吉祥过去住在凤桥村,在外务工期间因为事故落下了身体残疾,从此一家人的生计成了问题。冯厚星看在眼里,记在心上。他找到老马,合计着帮他做点什么。不久,老马的便民超市就在锦屏社区顺利开业,从米面粮油到烟酒副食,从地膜种子到生活用品,种类齐全。"开这个小超市,社区给了极大帮助,店面三年免费,水电也不贵,而且来来往往的都是熟人,大家也都很照顾,生意一直也还不错。"马吉祥言语间充满感激。

对于冯厚星而言,能够让更多的群众尝到新业态带来的甜头,也是自己回报桑梓的方式。现在他还会定期举办电商培训大会,邀请有意愿、有想法的村民来听听课。在这个山区社区里,电商服务切切实实为不少群众打开了新生活的大门。

现在社区里像冯厚星这样回到家乡进行创业的人越来越多。他们有的办起了合作社,发展特色养殖;有的做起了网络直播,逐浪电商;还有的回乡开办民宿,让家乡的山山水水成为农民财富的发源地。

治理一小步　幸福一大步

近来,陈敬翠家里添了小孙女,她明显比以前更加忙碌。不过在这份甜蜜之外,她依然还要兼顾锦屏社区舞蹈队的工作,给姐妹们排练舞蹈。正如陈敬翠所言:"里里外外都是自己喜欢的事情,虽然累点,但还是发自内心地感到幸福。"据了解,镇上正在筹备一场开春后的大型文艺会演,她们的舞蹈是一个重头节目。

每到夜幕降临,锦屏社区的平安法治广场热闹非凡,路灯亮、音乐起,孩子嬉戏、老人下棋、妇女起舞,一派祥和。

陈敬翠有个习惯，每天吃罢晚饭，就会去广场和街坊四邻拉拉家常，跳跳舞。住进锦屏社区的这几年里，陈敬翠不仅适应了新生活，还结交了不少志趣相投的朋友。"现在居住环境真是太好了，下楼就是超市、老年活动服务中心、小孩子日间照料场所，而且从镇上到平利每隔半小时就有一趟公交车，出门采购办事什么的都非常方便，我们住得踏实、安心。"陈敬翠说。

和陈敬翠同在舞蹈队的刘治琴今年59岁。她不仅性格开朗，人缘也不错，在锦屏社区担任二级网格长，管理着5栋楼的日常事务。据了解，锦屏社区目前有24栋楼房，共居住着1246户4137人。按照统一规划要求，锦屏社区被划分为三级网格。党支部书记担任一级网格长，负责整个锦屏社区；二级网格长分片区负责相邻楼栋；每一个单元楼为三级网格，由党员、人大代表、楼长担任网格员。

这样，锦屏社区建立起的覆盖全域的三级网格化管理服务体系，就成为群众各类矛盾纠纷及时化解上报的"第一探头"。

刘治琴每天都会在楼里转转，路灯不亮、垃圾乱扔等家长里短的问题，她都热心地帮助解决。为了方便收集群众诉求，每栋楼都建了微信群。她每天都翻看群里消息，及时留意居民在群里反映的问题。"一般小问题都能在楼长那里得到化解，如果楼长处理不了，就会反馈给我，大家一起协调处理。"刘治琴说。

易地搬迁社区最大的特点就是打破了原来村与村之间的行政界线，大家从四面八方来到同一个社区。常言道："百里不同风，千里不同俗。"社区群众日常生活、你来我往中难免出现一些摩擦纠纷，如何处理好这些问题，让群众更好地融入社区生活？为此，锦屏社区以"支部+党群服务中心+物业公司+网格长"的小管家式管理方式，用党建引领物业，聚焦小问题，帮助群众更好更快地适应社区生活。同时，充分发挥群众的自主性和参与性，在共享共治中逐渐培养良好的生活习惯、营造良好的社会风气。

"最初,搬迁下来的群众中确实也存在一些不适应社区生活的问题,有的直接把垃圾从楼上往街道上扔,有的邻里间抢着捡废品,有的楼栋因为楼道路灯缴费问题争执不下……这些问题听上去都是小事,但处理不好就会影响群众的生活质量和基层社会稳定。"锦屏社区党支部书记江慧丽告诉记者。

网格化管理让群众小事不出组、大事不出村、难事不出镇,真正体现了为民办实事的宗旨。不仅如此,新民风建设也是锦屏社区自成立以来常抓不懈的一项工作。

开春后,冉从宝每天赶早就会去离家不远的小菜园翻地除草,进行春播前的准备工作。这个小菜园作为社区重点打造的"十小工程"之一,让很多有劳动能力的老人进了社区后也有农活干,增加了他们对新家的归属感。

冉从宝是个地地道道的农民,一辈子跟土地打交道。即便现在搬进了社区,住上了楼房,但是对于土地的感情一点也没减少。冉从宝也是个勤快人,从前还住在太山庙村时,就因为手艺活出众成为远近闻名的猪把式、蜂达人……正所谓技多不压身,冉从宝好像从来都不觉得累,浑身上下有使不完的劲儿。如今,他在老家的山里种植了花椒、茶叶,又开了烤酒作坊,甜秆酒、木瓜酒、拐枣酒都有供应,有时走亲访友时他也带上自家烤的酒作为礼物。

一年四季,冉从宝几乎都是早出晚归。春天,他要早早张罗春耕备耕,打理茶园。春繁的时候,他每天傍晚都要给蜂群饲喂一次。夏天则是作物看护管理的重要时期,防治病虫害他也要亲自参与。秋天,又到农忙时节,他得一边忙着收获,一边对茶园进行新一轮的管护。冬天,作为远近闻名的猪把式,请他主刀杀年猪的农户很多,有时一天下来能跑四五家。

搬进了锦屏社区后,妻子因为有做菜的好手艺,被镇上机关食堂聘为厨师。夫妻俩勤劳朴实、不怕吃苦的品格不仅改变了曾经贫苦的家庭面貌,也深深感染教育了女儿。"父母都是农民,为了这个家为了我还在不辞辛劳干活,我也要把这样的好家风传承下去,不负他们的期待。"正在备考研究生的女儿冉娟说。

2018年,冉从宝被评为勤劳致富标兵。表彰大会上,冉从宝胸前佩戴大红花大步走向发言席,特别自豪地讲述了自己的感受:一个普通农民唯有奋斗才能变得不普通。

实际上,在锦屏社区还有很多像冉从宝这样的普通农民,他们不等不靠、自力更生,靠自己的双手摘掉了贫困的帽子。这一方面得益于国家帮扶政策的惠及,让他们发展产业有资金、创业有门路。另一方面,也与当地不遗余力地推行以"诚孝俭勤和"为主要内容的新民风建设有关,它通过教育引导和树立典型来发挥志智双扶的作用。

"我们围绕道德评议、移风易俗、文化传播、文明创建、诚信建设、依法治理六大主题,评选表彰一批'身边好人''好媳妇''好婆婆'、道德模范、勤劳致富典型,广泛树立诚实守信、孝老爱亲、勤劳苦干、自强自立的社会风气;我们还组织签订《弘扬新民风、拒绝'升学宴'承诺书》,集中举办'升学礼',表扬勤奋好学的莘莘学子,教育和引导广大搬迁群众讲文明、树新风,自觉抵制不良风气,营造积极向上的社会氛围,让文明新风真正沁润新家园。"江慧丽说。

为幸福"加码"

在锦屏社区,居民生活质量的提升,反映在许多微小的细节上。

一家洗衣店，就折射出了这里生活的变迁。

"刚过来时没想到社区里还有家洗衣店，价位也还可以。我当天下午就将衣服拿来清洗，觉得达到了自己的心理预期。"在社区挂职锻炼的干部刘家瑞说。

与刘家瑞感觉相同的社区居民也有很多。社区里的洗衣店取了"衣洗洁洗衣"这个名字。之所以取这个名字，是因为在老板周燕看来，一个顺着念和倒着念都一样的名字更容易让大家记住。

走进社区内的这家洗衣店，屋里挂满了各种已经清洗干净的衣物。"2016年冬天开店，刚开始，顾客大多是中老年人。而现在，消费群体有所改变，年轻人越来越多。最初洗衣店的经营情况一般，后来慢慢地，来这里洗衣服的人越来越多。"周燕说，"来洗衣店洗衣服是一种带动性消费，没有开店的话，可能大家也不会想着将衣服拿到洗衣店来做清洗。"

许多在锦屏社区居住的居民，在这里洗完衣服后，还会回去告诉身边的亲戚朋友，一传十、十传百，洗衣店的生意也就慢慢好了起来。2021年腊月时，每天店里都要清洗30多件衣物。

现在周燕能明显感觉到衣物的种类在变多，原来最多的是羽绒服这类衣物，后来有皮革、皮草、真丝，有的衣物还属于奢侈品。

"第一年的时候没怎么盈利，那时大家的生活水平没有现在好，值得来洗衣店内清洗的衣物也比较少。现在客户稳定了，大家也能接受专业洗衣服的价格，经营情况也就可以了。下一步我准备去大贵镇再开分店。"周燕说。

洗衣店旁是一家快递站点，不时有社区居民前来取快递或寄快递，屋内的几排铁架子上摆满了待收取的快递包裹。"现在大家网购的商品种类很多，快递量也比以前大很多。刚开始的时候一天只有100多件快递，现在每天有200多件，几乎比以前多了一倍。"快递站点的负责人石武花说。

比以前更忙的人除了石武花，还有吴锦鹏。作为老县镇中心小学的校长，学校的建设要抓，素质教育要推进，孩子们的体育锻炼也不能少。现在，包括锦屏社区在内的附近集镇上的学生都来此上学，远的学生坐校车回家，要是学生家距离学校远，还可以在学校住宿。

走进老县镇中心小学，操场上体育老师正在教学生打军体拳，孩子们稚嫩的喊声在校园里回荡。据介绍，现在校内有智慧体育设施，孩子们在课余时间能来此进行体能训练。所有学生通过刷脸来验证身份，接着可以选择想锻炼的项目。

吴锦鹏 2015 年来这里当校长，现在全校共有 520 名学生，锦屏社区的孩子们多在这里上学。"双减"政策落地后，老县镇中心小学按要求每班每周开设 4 节体育课，扎实开展体育课教学，提高体育课堂教学效率。按照"两课三操"设置，每天学生到校后有 20 分钟晨练活动，每天有 1 次大课间操和 2 次眼保健操，保证了学生每天在校锻炼不少于 1 小时。同时学校还注重学生体育特长的培养，开设了足球、武术、篮球、乒乓球、田径等多个体育社团，每周安排有三节课的训练时间。"现在我们还组织学生去社区工厂感受劳动氛围，还带大家去蒋家坪凤凰茶山接受红色教育，提高学生的综合素质。"吴锦鹏说。

放学后，校园内仍有嘹亮的号声，学校操场上不时有乐器在"歌唱"，小号、长号、萨克斯等乐器的练习和演奏，丰富了学生们的课余生活。

放学后，美术教室里学生们正在画画，他们在纸上用画笔涂抹出一道道斑斓的色彩。在音乐舞蹈教室，"一、二、三、四，点头……"随着老师们打的节拍，学生们有节奏地跳起舞蹈，像一个个舞动的小百灵鸟。

锦绣屏峦　福气绵绵

小孩的教育问题就近妥善解决后，社区居民的医疗保障如何？走进老县镇中心卫生院，这里有许多锦屏社区的居民前来挂号，老中医余贻德一早便来此坐诊。"一般都是当地社区居民来看病，我在这里工作了40多年了，家里好几代人都是中医。"余贻德说。

多年的中医医师经历，让余贻德颇有感触。他发现，现在生活质量提高了，大家吃的东西比以前好多了，因此现在患糖尿病的病人比较多，他也在想办法为大家提供更优质的医疗服务。

原来在山上住时，去给群众看病，余贻德得走几十里山路，来回得一天。余贻德当过蒋家坪村的赤脚医生，他包联了4个偏远山村，和他打交道最多的是崎岖的山路、晃荡的药箱。"常常晚上打着火把去村民家里为大家看病。那时太苦了，打针的东西都带着下村去。有的地方没有路，只能硬走。现在好了，大家居住条件变好，距离医院也更近了，一切都方便了很多。"余贻德说。

老县镇中心小学的学生观摩优秀的美术作品（陕西日报记者方敬尧　摄）

陈涛是老县镇中心卫生院副院长，他负责全科门诊这一块。5岁的任雅丽在家长陪同下来找他看病，从社区出发走10分钟左右就能到医院，十分方便。"原来小孩发烧，只能用一些降温的土办法。山路太崎岖，晚上又黑，想打电话，有的地方都没信号。"陈涛说。

现在再也不用这样折腾了，居民在家门口的医院就能看病。老县镇中心卫生院每年针对65岁以上的老年人组织免费体检。还有家庭医生签约，卧床在家的病人由医生上门体检。老县镇中心卫生院积极与更高级别的医院开展远程医疗，让老年人不用跑远路就能享受到更优质的医疗服务，得到更专业的诊断结果。在陕南这样一个多山的地区，不同级别的医院共同合作开展远程医疗是一个普遍的情况，这让基本医疗卫生服务均等化的理念得以更好地贯彻落实。

"上门去老年人家里问诊，一季度至少去一次，平时打个电话，我们随叫随到。下一步，我们还要开展更多宣传活动与义诊活动，提高大家的医疗卫生知识。"陈涛说。

"我们会把这里建设得更好"

2020年4月21日，习近平总书记来到锦屏社区考察脱贫攻坚情况。离开锦屏社区时，总书记与前来送行的群众话别："衷心希望，我们的父老乡亲们的生活啊，真像我们城市的名字：安康、平利，平安顺利。希望我们奔小康的路上一个也不少，都能够顺利地脱贫，确保小康。祝大家幸福安康。"

"当时听到总书记对我们勉励的话语，我内心涌动着阵阵暖流，就想着通过我们社区干部的不断努力，一定要把社区建设得更好，决不能辜负总书记的嘱托和期望。"江慧丽说。

锦绣屏峦　福气绵绵

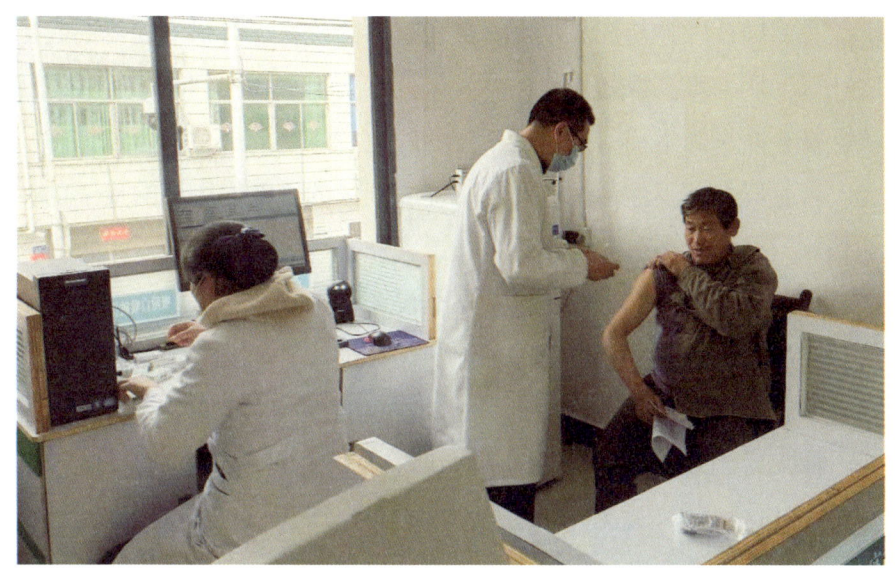

社区居民正在老县镇中心卫生院接种疫苗（陕西日报记者方敬尧 摄）

"东风好作阳和使，逢草逢花报发生。"美好的春光催人奋进，对此，锦屏社区居民汪显平深有感触。见到汪显平时，他正穿着蓝色工作服在用喷水枪清洗地面。"上班的时候我才穿这个工作服。现在我周内正常上班，周末轮流值班。搬下来后，我在平利县供电分公司老县供电营业厅工作，大家来营业厅交电费我负责收。"汪显平说。

从前的艰难生活，汪显平还历历在目。当时他还住在山上，出行得走崎岖的土路，在镇上买好了肥料还得自己往山上搬。汪显平用一根扁担挑着两个口袋，晃晃悠悠地将肥料挑到山里。这些东西压得他肩膀生疼，更疼进他心里。"但是没办法，那时候想过上好的生活，就得狠下一把力气。"汪显平说。

想过上好日子，唯有奋斗。努力生活，用心工作，汪显平是这么想的，也是这么做的。除了日常工作外，他还在管护5亩茶园。"现在我要好好干工作，继续奋斗，过好自己的小日子，让自己与家人能过得更加幸福。"汪显平说。

在锦屏社区,与汪显平一样努力奋斗的群众还有很多。他们或是去社区工厂上班,或是外出务工。条件好了,总能找到改善生活的办法。奋斗而来的幸福,是这里不变的底色、最足的成色。

看着群众马不停蹄地往前赶,锦屏社区的干部们脚下的步子也在加快。"你还年轻,在这里要好好干。"2021年9月,锦屏社区上一任驻村第一书记肖玉凯对龙俊文这么说,肖玉凯在这里已经工作5年了。接过前人的担子,新任锦屏社区驻村第一书记龙俊文虽然心中不免有些忐忑,但是他工作的步伐还是稳实的。

他来后,人居环境整治、矛盾纠纷调解、社区治理、惠民政策落实……社区里的样样工作都去抓,件件大事亲自干。"我就是太山庙村的人,从小在这里长大,也想为家乡的发展出一份力。因此我感到有压力,但也有更大的动力。"龙俊文说。

使命在肩,初心如磐,龙俊文是驻村第一书记,江慧丽是锦屏社区党支部书记,他们带着社区干部群众,在巩固脱贫攻坚成果的同

在社区工厂,务工人员正在加工外贸电子元器件(陕西日报记者母家亮 摄)

时，结合乡村振兴的进程为群众办实事，将大事办好，将小事落细，立志将锦屏社区建设得更加美好。

接续奋斗，就是要巩固好之前的发展成果，同时想群众之所想，急群众之所急，为群众解决一些急难愁盼问题。对社区干部在这方面的表现，社区居民刘治喜颇有感触。

刘治喜原来住在小梅花沟，2021年天降大雨，他的房屋受损。锦屏社区的干部先为他落实了临时安全住所，后来又让他享受上了政策优惠。作为因灾致贫的突发严重困难户，他还住进了锦屏社区的新房。"大家都操心我，特别是龙书记，帮我落实了政策，对我帮助很大。2021年年底我将房屋装修好了后，社区又为我落实了低保政策，还帮我谋到了护河员这一公益性岗位。以后我会继续努力奋斗，力争过上更美好的生活。"谈到未来，刘治喜很有信心。

之前，锦屏社区引进了社区工厂，让搬迁下来的群众实现了搬得出和就近就业。面向未来如何让群众的幸福生活再上个台阶，对此

在社区工厂认真工作的务工人员（陕西日报记者方敬尧 摄）

社区的新楼拔地而起（陕西日报记者赵晨 摄）

锦绣屏峦　福气绵绵

龙俊文的想法是："下来我们计划依托蒋家坪景区来做特色乡村旅游，同时引进更多返乡能人，引进劳务公司，扩大乡亲们的就业渠道，让大家能就近务工，也能外出就业。相信在干部群众的共同努力下，我们锦屏社区一定能实现大发展，乡亲们一定能过上更好的生活。"

春日微风和煦，干群干劲儿正足。人居环境的提升、新民风建设的推进、产业发展的兴旺，锦屏社区发生的美丽蝶变，都和社区干部群众的接续奋斗密不可分。江慧丽满怀热情地说："在做好巩固发展脱贫攻坚成果的基础上，下一步我们社区干部要把每一户居民的诉求需求当作'指挥棒'，精细解决、精准答复、精心总结，从产业就业到社会保障，从外围环境到倾情服务，从单一的基层治理到多元多向、多方参与的精细化管理和服务迈进，逐步建立完善'横向到边，纵向到底'的治理、服务体系，确保社区居民'搬得出、稳得住、快融入、逐步能致富'。"和煦的阳光照在江慧丽的脸上，也洒满了社区的角角落落，让人觉得满心温暖、幸福充盈。

处于巴山腹地的锦屏社区，时时澎湃着信心，处处涌流着干劲儿，处处都是圆梦之地，干群皆为追梦之人，一幅乡村振兴的美丽画卷正在这里缓缓绘就。

陕西日报记者／陈嘉　方敬尧

幸福的颜色是绿色

——纪录榆林市米脂县高西沟村小康工程

幸福是什么?

是绿被子?硬票子?还是吃穿不愁的好日子?

"哎呀呀,哪里敢想那么多?能填饱肚子就行……"曾经的榆林市米脂县高西沟村人,回答起这个问题时总是不愿多想。可如今的高西沟村人在回答前却要思索一番,绿被子是幸福,由它带来的硬票

高西沟村社区服务中心(陕西日报记者李旭佳 摄)

子、好日子更是幸福。

如果再追问，假如幸福有颜色，会是什么？那么高西沟村人一定会告诉你，幸福的颜色就是绿色。

黄土高坡褶皱里的生态明珠

2022年3月初，黄土高原丘陵沟壑区还是一片冬季景色，寒风催树，新芽未生。连绵起伏的黄土之上，绿色不常见到。但迎着寒风依然挺拔的褐色树干，正孕育着即将到来的绿色。

来到今日的高西沟村，眼前的景象会让以往熟悉黄土高原的人惊叹——

驱车进入村庄地界，只见沿路满是高大挺拔的白杨树，山坡上梯田环绕，半山腰到处是错落有致的窑洞，低头瞧，山间水库里的冰还没化开，晶莹剔透，倒映着高山上连绵不断的松柏林……

这哪里还像陕北的模样？

半个世纪前，你若曾来过这个到处裸露着土地的小村庄，如今就一定会好奇地问：这满山的树从何而来？这盘山梯田从何而来？村里的40座山头和21条沟咋就变了样？

"这都是我们几代人遵循自然规律，用艰苦奋斗换来的。"高西沟村党支部书记姜良彪说。在一片黄土中求"绿"，该有多难？高西沟村人深有体会。

曾经，榆林北边为风沙肆虐发愁，南边为水土流失所累。高西沟村就坐落在无定河东岸金鸡河流域内的一条小山沟里，位于米脂县城东北20公里处。

"雨涝留泥浆，冲成万条沟，肥土顺水走，籽苗连根丢。""早上汤，中午糠，晚上碗里照月亮。""有女不嫁高西沟。"……多少年来流传的顺口溜，就是高西沟村曾经的真实写照，老乡的日子更是苦得没法说。

信不信命？不信！怕不怕苦？不怕！弄不弄？弄！

在那个"要粮要田"的激情年代，高西沟村党支部大胆实践，四任班子三代人，以遵循自然规律的科学态度，治山治沟治水，主动退耕还林还草，将生态环境脆弱、植被稀疏、水土流失严重的穷困山村，变成了今日的"陕北江南"，摸索出一条生态与经济协调发展的致富之路，一坚持就是半个多世纪……

据姜良彪讲述，1951年，高西沟的第一任村党支部书记高祖玉带领党员上山修梯田，修建了高西沟村大营山沟第一座淤地坝，"拍崖畔、筑地埂、挖水沟，老一辈高西沟人受的苦是常人无法想象的"。

究竟应该怎样保持水土？无论如何，先把泥和水拦住再说！

从互助组到初级社，从高级社到人民公社……20世纪50年代，党领导农民走集体化道路，实行土地连片、劳力集中，恰好为高西沟村的治理创造了良好的社会条件。

"没明没黑地干了3年多，但结果还是一些沟坝多次被洪水冲得支离破碎。当时村里人都说吃糠咽菜可能就是高西沟人的命。"姜良彪悻悻地告诉记者，初期治理过程中缺乏经验，沟坝始终不敌暴雨，"水是一条龙，它在山上走，治沟不治坡，还是一场空。"

后来大家慢慢总结出新经验，那就上山修坡式梯田，打埝窝……

"山的坡度没改变，洪水冲刷后多数梯田还是垮塌了。"姜良彪回忆，老支书高祖玉从不认命，他背着干粮去榆林水利水保局请专家来村里"会诊"，还制定了十年水土保持发展规划，明确了以治理坡面为主，修水平台阶式梯田，同时在沟道节节筑坝、层层拦蓄，淤地种植。

每道梁，治理！每面坡，治理！每条沟，治理！

1958年年初，不怕苦不怕累的高西沟人在孙家梁打坝，镢头把抡圆，架子车装满，小山沟沟里一派热火朝天的景象。"修一亩、成一亩、用一亩，我们因地就势修建水平梯田、打坝淤地，梯田外缘增修了地边埂。"姜良彪说，当年便实现了粮食增产。

在高西沟村整山治水过程中，有"二十个闯将""六十条好汉"，今年82岁的"铁嗓子"姬秀珍便是其中一位。

"当时把榆树皮拿回来碎成粉末兑着糠吃，就觉得老美气，哪还晓得个累？你瞧那对面的树，都是我们当年种的……"每天下午，姬秀珍都会坐在窗户前隔着玻璃凝视着对面的青山。

坐累了，姬秀珍便蹒跚着走到院子里的玉米堆边一屁股坐下，依然还是望着对面的青山。她的手严重变形，关节粗大像老榆树疙瘩，左手大拇指已经移了位，从窑里出院子坐会儿，都得戴个手套才行，不然疼得厉害。

喊姬秀珍是"铁嗓子"，是因为她一嫁到高西沟村便投入到修田、打坝劳动中。当年，她带领8个姐妹成立"女子打夯队"，一副好嗓门喊得"铁姑娘"们士气大振，成绩斐然。

"沟底打了坝，天旱地不怕，淤积一寸泥，可顶百担肥。每次我们小队都打得最好，嗓子哑了也不怕。"回忆过往，姬秀珍老人精神满满，还不由得自问，"打夯是把苦受了，现在的日子是真幸福！哎哟，一个夯80多斤，我当时怎提起来的？"

1963年，全国成为一个开荒造地的巨大工地。高西沟人却继续走自己的老路。

"假设高西沟现在把所有的树砍掉，把所有的草拔掉，我根本不用打赌——明年你来看高西沟，肯定和别的地方没有两样。"姜良彪说，"我们这里的环境太脆弱了。"

1963年至1972年，高西沟村认真实施十年水土保持发展规划，农、林、牧得到全面发展。

粮食增加了，可是肥从哪来？牲畜吃啥？

"山上缓坡修梯田，沟底淤地打坝堾，高山远山种林木，近山阳坡建果园，弃耕坡地种牧草，荒坡陡坬种柠条。"经过20多年的探索，高西沟粮、林、草地"三三制"格局初步形成。

姜良彪兴奋地介绍："全村土地三分之一种植粮食，三分之一植树造林，三分之一种草养畜，以林固土、以草养牧、以牧肥田。"

"那是一个只讲贡献的年代。"1973年至1980年，引水上山、山地喷灌、推土机填土……当时的高西沟村农业技术较为先进，逐步实现了泥不下山、洪不出沟，山青水绿，旱涝保收，今年72岁的村民高治有感触颇深。

"娃娃呀，你可晓得当时我们全村男女老少200多人大战庙梁山，苦干十天十夜，最终把25亩山头平整成平坦的人造小平原！"1975年的"会战庙梁山"给高治有留下了深刻的印象，他记忆清晰，"脑袋、头发、裤腿上都是冰碴子，拼命干！使劲干！"

谈话间，满院的苹果干散发着沁人的芳香，飘进窑洞里，高治有70岁的爱人仁莲芳热情地招呼着我们。

年轻时的高治有被安排在机械队，讲到当年撒柠条籽的模样，他不由得演示起来，"大家用绳子把我挂在半山腰10米处，我就在空中撒柠条籽。"

"爷，当时把你吊在半空中怕不怕？不怕挂在树上？"

"怕甚哩，当时一心就想把柠条籽撒下去，把地给造了。"一担一担的水挑上去，往往一棵树要种好几次，"以前害怕树活不了栽得密，哪能想到现在连把锄头都放不进去。"

1972年至1977年，艰苦奋斗的高西沟人"与天斗""与地斗"，

趁着阳光正好，72岁的村民高治有和婆姨仁莲芳在自家小院里晒苹果干，飘来阵阵沁人芳香（陕西日报记者李旭佳 摄）

在马鞍梁、神山梁栽植660余亩油松，这才有了现在"松柏上高山，绿染两架梁"的美好景色。

1978年秋，山洪将后沟水窖淤塞，当时的"娘子军"妇女突击队负责挖泥清淤这项任务，高增亮的爱人常秀英就是其中一个。

"我婆姨带头跳进冰冷刺骨的泥水中，咬牙苦干了20天，指甲盖都移位了。"高增亮心疼地说。手脚天天泡在冷水里干活，长时间超负荷的劳动，让常秀英的腿骨和手指骨关节严重变形。

常秀英这个名字，在高西沟村也是一个传奇。她曾是高西沟村妇女主任，两次获评全国三八红旗手。无论是修田打坝还是用架子车运土，常秀英下的苦总是最重的，她干的活总比别人多。

常秀英结婚的第二天回娘家,第三天回高西沟村后就上了山。高增亮眼神暗淡,"活干不完,她一晚上都难合眼。"

隔壁的窑洞里亮堂,高增亮都用来放婆姨的老照片和荣誉证书,自己就住在隔壁老窑里,炕上放着电视机,墙上贴着儿女的电话号码。他苦笑着,"我负责养羊、养娃和做饭,年轻时也是个好后生来着。"

常秀英脾气温和,但心劲儿大。每当高增亮生气的时候,常秀英总会笑眯眯地安慰:"只有努力,才能改变咱村里穷困落后的面貌。别生气,以后日子一定会好起来。"高增亮满足地说:"你看她说得准不?我现在真的享福了。"

"创业难守业更难,植树造林千日难,毁林灭草百年苦。"20世纪80年代以来,随着农村经济体制改革,计划经济转向社会主义市场经济,家庭承包责任制的实行,分林砍草思潮逐渐抬头,高西沟"三三制"用地原则受到巨大冲击。

"林不能分,树不能砸,草不能毁!"为了留住来之不易的成果,1996年至2004年,高西沟人坚持"因地制宜、合理用地、宜粮则粮、宜牧则牧"的原则,实现土地利用由农业经济型向生态经济型转化,不仅解决了吃饭问题,也极大地改善了生态环境。

据不完全统计,1965年至2004年,高西沟村总拦泥156万吨,为黄河下游节省清淤投资156万元。

改革开放以来,高西沟人不断开拓创新,总结经验,形成林、牧、农用地"三二一"新生态产业结构,即三份林地、二份草地、一份田地,走上生态与经济协调发展、人与自然和谐共存的良性循环路子。

他们先后治理40座山峁、21道沟岔,建成耕地4553亩、生态林2300亩、经济林1000亩、淤地坝126座……半个世纪以来,高西沟村党支部带领村民积累了殷实的"家底",也解开了黄土高原水土流失治理的一道难题,"山上不仅有松、柏、槐、榆、杨、柠条,还有苹果树、枣树、杏树……"

如今,高西沟村林草覆盖率达到70%,野兔满山跑。"环境好了,兔子就多了。咱村四季都有美景,啥时来耍都不亏!"姜良彪脸上掩不住骄傲的神情,"我们正在深入学习贯彻习近平总书记来陕考察重要讲话重要指示精神,加快生态治理样板村建设,把生态优势转化为发展优势,通过发展特色农业和生态旅游等,壮大集体经济,不断提高村民的获得感、幸福感。"

黄土高原上薪火相传的战斗堡垒

"领头羊"高祖玉、全国三八红旗手常秀英、"铁嗓子"姬秀珍、"铁肩膀"高锦廉、"爬山虎"常锦栋……当年征山治水的"二十个闯将"和"六十条好汉"的名字,高西沟人都印在了心窝里。

每个名字背后,都有一个传奇的故事,随便走进哪家小院,老乡们都能为此和你坐在炕上拉半天话。

高西沟村变了吗?变了。但不变的,是"水土保持是山区生产的生命线"的共识,是半个多世纪薪火相传的战斗堡垒。

说到底,高西沟的发展离不开党,也离不开高西沟人民。

"老书记高祖玉精明强干,说话算话,从不说虚话。当时他在全国农业大会上介绍我们村经验时也就30来岁。"在苹果园里忙了一天,高锦仁的身上沾满灰,进门把帽子往桌上一撇,扳着指头娓娓道来。

高锦仁1966年参加工作,先后担任高西沟村民兵连连长、团支部书记、村主任等，在他家里，至今珍藏着厚厚几沓工作笔记。

2004年2月6日，全村落实"母亲水窖"工程到户；2007年10月19日，谷家梁打树坑，12个人打了560个坑，晚上开会研究困难户的补助；2009年10月21日，来林业局开会，落实林权改革政策……翻开工作笔记，略显潦草的字迹让我们有些认不全，高锦仁便耐心解释。

"那么多革命先烈不顾个人为了国家牺牲，我们打个坝填个坑算什么苦？不苦！"高锦仁从小就喜欢看书，《红岩》《黄继光》等红色书籍他更是爱不释手，也给了他源源不断的能量。

在工作中，高锦仁原则性很强，从不偏袒亲友，有一次甚至还得罪了老丈人。1973年，村里的林木被偷伐。经调查，偷窃者正是高锦仁老丈人村里的一个村民，也是自己的亲戚。

"我们的树都是用命换来的，偷窃行为决不放过！"当时，不少亲友为偷窃者说情，高锦仁毫不动摇，召开村民大会对他进行了批评教育。每当提起这起偷盗事件，高锦仁还是会恨得牙痒痒。

"高西沟村几代人务实的作风是党员干部带出来的，我们艰苦奋斗的创业精神也是实践中得出来的。"高锦仁意味深长地说，党员凝聚着高西沟人民的力量，以前的老书记是，如今的姜良彪也是。

从高祖玉到姜良彪，党支部、共产党员始终与村里的发展紧紧捆绑在一起。

你可能无法想象，在这样一个偏远的小山村，入党是高西沟村很多村民的追求和梦想，同样，也有着严格的要求。

为啥要入党？入党的目的是啥？在高西沟，要入党，必须要种树，成活率还得高，这是铁规矩。

全国农业学大寨时期，高西沟人坚持沟坡兼治、林草齐上，山上造林修梯田，沟掌打坝来保持水土，实现粮食增产；"大跃进"时期，高西沟人保证修一亩、成一亩、丰产一亩；家庭联产承包时，高西沟人把1660亩生态林留归集体管理，使这片生态林完好无损地保留至今……姜良彪他们在全国提出新农村建设的前三年，就提出"五新"村建设目标，带领全村党员群众实现发展新跨越。

"干部必须要走在前头，不能怕苦，不能怕累，最难的就要留给自己。"姜良彪告诉记者，谁想入党就要先上山栽100棵树再说，久而久之，村里形成了"好人才能当干部，好人才能当党员"的共识。

咬定青山不放松，一代接着一代干。

从20世纪50年代初退耕还林还草开始，高西沟村逐步进入了林草覆盖率逐年提高、水土流失逐年减少、粮食产量逐年增加的良性循环。

"三年经济困难时期，我们村大多数人能吃饱肚子，大灾之年不要救济粮、救济款、救济物，还超额完成了公购粮任务。"姜良彪说，一代又一代人的坚持，兑现了"不向黄河流一点泥沙"的承诺。

多年来，在高西沟村，"群众的事群众定、大家的事大家议"已成为一条铁律。

1963年水土流失治理办法出台，1983年土地承包方式确定，1987年用"数豆豆"方式选举出村主任……"村里喇叭一响大家就都来了，在党员干部的影响带动下，村上很多事容易达成共识。"姜良彪说，民主让村民脸上的笑容真实而灿烂。

高西沟村"80后"党支部副书记高利东最喜欢和村里的老人们拉话，每次拉话，他都能从老一辈身上汲取力量，"爱听他们讲以前的故事，村里的老人都是我的榜样。"

为了能够顺利入党，高利东每次在山上打鱼鳞坑时都非常卖力，挑选树苗时，也总选最大最重的油松、侧柏，他笑着说："这样的树苗成活率肯定高。"

老镢头握得时间长了，高利东手上被磨得全是水泡，忍不住撕破几个，第二天疼得握不住农具却仍在咬牙坚持，"我爸每天都嘱咐我认认真真种树，把每棵树都得栽好。"

2014年7月1日，高利东光荣地成为一名共产党员。只要没事，他就跑到谷家梁上的"党员林"看看，林子里苍松翠柏，鸟儿不时飞过。

"我晓得，让我们坚持种树，就是要提醒我们年轻人不能忘本，要把老党员治山治沟、植树造林时吃苦耐劳的精神传承下去，时时刻刻提醒自己要保持老一辈的优良作风。"高利东说，除新发展党员入党时植树外，村党支部还定期组织党员上山植树。

高锦卫和高利东父子俩，是村里出了名的"父子兵"，在老党员父亲高锦卫心里，高利东的努力还"远远不够格"。

"我们都是小心翼翼把一棵棵小树苗'端'上山的，像对待娃娃一样，现在满山都是我们的宝贝疙瘩，我咋能让父辈们白流血流汗。"村里对划定的林地、草地等实施封山禁牧，坚持保护优先、封育结合，作为村里的护林员，高锦卫守护着习近平总书记视察来过的龙头山。

记者晚上见到他时，高锦卫刚从果园里上完培训课回到窑洞。还没来得及烧炕，窑里冷飕飕的。"树枝要去强留弱，我今天收获可大哩。"他兴奋地和记者分享。

"感党恩、听党话、跟党走"是高锦卫的口头禅，走到哪儿他说到哪儿，这也是他对自己的要求。

一天下午，远远瞧见山顶上一团黑，高锦卫开着三轮车，拿着铁锹赶紧跑上山，等他满头大汗跑上去才发现是一块黑压压的云。

"多跑几趟没事，我最操心的就是山上着火。"每次出去巡山，高锦卫都需要两个多小时。他告诉记者，当年害怕树长不活，村民把树栽得非常紧密，他担心有生人在林区迷路，巡山时总是格外注意。

每天从山上回来，高锦卫都会认真记录巡山日记，巡查时间、天气、地块、线路情况都写得清清楚楚。"遇上清明、农历十月一有需要上坟的，我就等他们上完坟再下山。"

"能人"高锦卫还是村里的电工，一次爬到杆上给村里换电表，长时间的暴晒把他下巴都晒红了，拿手一搓，一块皮竟然掉下来了，到现在还依然有明显的印记，"我是一名党员，掉这点皮算啥。"

高锦卫总是很忙，婆姨总是抱怨他为了公家事付出一切，不管家里事，有一次赌气还把他锁在了门外面。"肯定是公家事当紧。"在高锦卫看来，公家事办好了，自家事也就顺理成章好办了。

当前，高西沟村大人小孩人人都是"护林员"。高锦卫说，希望下一代人永远记着上一代人的付出，薪火相传。

"高万贵、高锦玉、高增良、高锦亮、高祖圣、高治昌、高锦仁、高万富、高增德……"在高西沟村的奋斗史上，这些曾冲锋陷阵的共产党员，历史永远会记住他们的名字。

特色产业让村民搭上"致富快车"

"今天羊羔精神好多了，我终于放心了。"2022年3月4日，太阳一早爬上山头，在高西沟村顺发种羊养殖专业合作社石槽边，46岁的"新手羊倌"刘海玲正拿着奶壶给生病的小羊羔喂奶，还不时地抚摸着它的背。

羊圈里，羊儿懒散地凑在一起晒太阳，羊圈外头堆满的秸秆，都是刘海玲夫妻俩上山一捆捆地背回来的。

"我每天给它们测体温，打针，就怕照顾不周到。"说话间刘海

幸福的颜色是绿色

46岁的"新手羊倌"刘海玲拿着奶瓶给生病的小羊羔喂奶,不时地抚摸着它
(陕西日报记者李旭佳 摄)

玲将怀里的羊羔抱到母羊跟前,瞧着它们亲昵地互舔,自己也微微一笑。

刘海玲是高西沟村隔壁马蹄洼村人,翻个山头就能回家。

刘海玲和丈夫跟着高西沟村"羊老板"高乃柱学养羊,"每次喂羊后,我都会认真观察羊子吃得好不好,有没有啥毛病,白天我在羊圈里看,晚上我就躺在炕上在监控里看,满脑子都是羊。"

前几天,有一场白事需要 7 只羊,可把刘海玲和丈夫忙坏了。

"一只羊就卖了 2100 元,价格卖得特别好。"刘海玲高兴地告诉记者,当天下午她就去买了辆农用车。

"白绒山羊一年能产两只羊羔,都是我的金疙瘩。"最近,刘海玲学会了在快手、抖音等平台上"晒"羊,"每天都有人问我怎么把羊养得这么好,以后的日子太有盼头了。"

瞧着徒弟"入了门",今年 59 岁的高乃柱满是欣慰。

年轻时的高乃柱在外经商,27 年后才回到村子创业养羊。"2008 年至 2012 年生意特别好,天天杀羊。"因为还倒腾些花生生意,一年下来,他最多赚过 25 万元,这是村里很多人想都不敢想的数字。

贩水果、贩蔬菜……以前在外打工吃了不少苦,每次想家,高乃柱就把枕头底下媳妇寄的信看上好几遍,泪珠子不停地往下淌,他苦笑:"每次往家里带钱,总有人问我是不是抢银行去了,怎能赚这么多。"

"有的人种了一辈子地,也攒不下几个钱,因此必须要改变思路。"在外头跑得多了,他思想超前点子多。办羊场时,村里不好的玉米他买回来当饲料,有些农户没有养殖白绒山羊的经验,他就高价收回来自己养。

常年在外奔波,村里就数高乃柱门路多,找他帮忙的村民也不少。今天给这家去集市上卖洋芋种子,明天给那家卖玉米,他的电话铃声总不间断,"村里老人年纪大了,咱 50 多岁就是村里的年轻人,要相互照料才行。"

"我给娃娃们把房子都买了,现在儿孙满堂,你说我还求啥哩?今年咱这个羊场要改造升级……"能够安稳睡觉,每天乐观开朗,就是高乃柱对自己的要求。

正说着,高乃柱的电话又响了,原来,是村民约着他去剥玉米。

道道沟壑被治理了,条条山梁被染绿了,曾经的"烂杆村"变成了"泥不下山、洪不出沟,不向黄河输送一点泥沙"的生态治理样板村。

当前,高西沟村果园有 1000 亩,2020 年通过"村集体经济合作社＋个体果农"的模式,吸纳村里 78 户果农个体经营户,由合作社实行技术统一培训、规格统一分选、包装统一制作、销售统一运转的经营模式。

依靠家门口的经济林,66 岁的村民姜良文也尝到了甜头,"2021 年光果子就收入 6 万元,还获得村里'最佳果农奖'哩。"姜良文和妻子种植了 17 亩苹果树,能过上这样的好日子,夫妻俩以前连想都不敢想。

"白面、猪肉咱现在都不稀罕,日子好得顶天嘞!"以前的苦日子,姜良文夫妻俩记忆犹新,现在的好日子让他们干劲儿满满。

如今,村里建起了松柏生态沐浴林、盘山梯田观光点等景观景点,不少游客慕名而来,住陕北窑洞、吃陕北农家饭、扭陕北大秧歌,体验厚重的黄土风情。而这,正是良好生态为高西沟村带来的"红利"。

2000 年起,高西沟村把生态旅游确定为本村的主要发展方向。"村民普遍支持搞旅游产业,但在如何发展旅游业,永葆高西沟金招牌上,大伙却意见不一。最后还是大伙坐下来开会议事,解决难题。"

如今的高西沟村,已成为"梯田层层盘山头,金秋果香飘满沟,高山松柏连成片,陡坡牧草绿油油,水库碧澈映青山,平展坝地喜丰收"的"塞上小江南"(陕西日报记者李旭佳 摄)

曾任高西沟村村委会主任的高治斌回忆,"围绕村里提出的方案,大家讨论得非常热烈,包括旅游接待和收入分配等问题。"

民主决策让高西沟村人心往一处想,劲往一处使。凝心聚力办成的好事,也让村民们再次尝到了生活的甜头。对此,村民高锦武感触极深。趁着中午阳光正好,高锦武正在冰窖里给洋芋套袋。"我把两孔窑洞拿出来做了农家乐,在家门口就把钱赚了,我家农家乐可火哩,需要提前一天预约准备食材哩。"跟随高锦武走进院落,只

幸福的颜色是绿色

见四孔窑洞崭新敞亮,庭院干净整洁。

当年开农家乐时,高锦武最担心的就是游客吃不惯农村饭,当时只在院里摆了三桌。没想到生意还不错,就把窑洞外的库房拆了,新修成厨房和餐厅,高锦武说:"这样刮风下雨就不怕了,最多的时候我们一次性接待过130多人,所有食材都是我们自己种的。"

开了多年农家乐,高锦武从没挂过牌子,只因有门好手艺。

"春天吃洋芋擦擦、杂粮丸子,夏天吃玉米、黄瓜、凉粉,到了冬天,就给客人们吃枣糕、油馍馍、油糕。"高锦武笑着介绍,婆姨的拿手菜是软糜子做的油囵囵、油糕等,自己主要是炒菜。

"习近平总书记来咱村时就提到软糜子和硬糜子的区别。现在一吃油囵囵,我就想起总书记,甜咧。"高锦武告诉记者,婆姨的油囵囵很畅销。

四川的,山西的,广东深圳的……现在,高锦武的微信朋友圈影响力不断扩大,不少人成了他家农家饭的忠实粉丝,隔三岔五就有人订餐。

"当时去外头学习了农家乐的管理办法,晓得食品质量很重要,每道菜我都是自己经手。"高锦武告诉记者,他们的姜书记一有空就

全面建成小康社会 陕西变迁志

67岁的农民高治周看着谷子长势,喜笑颜开(陕西日报记者李旭佳 摄)

来他家讲旅游接待案例,帮助他不断提高服务质量。

近年来,为了升级农家乐的环境设施,高锦武没有养牛、养羊,害怕有异味。餐厅里摆上了十张桌子,还配备了消毒柜。

"开农家乐,不仅要环保,还要讲卫生,要让客人舒服呢。"陕北风大,他和爱人每天都会把角角落落打扫得干干净净,生意最好的时候,一年赚了8万元。

近年来,高锦武还和旅行社、科教馆等合作搞起了"研学"。

一次,40多个小学生来到高锦武的农家乐。"我给娃娃们教种玉米、种谷子、刨洋芋、摘苹果,教他们辨认五谷杂粮……"高锦武乐呵呵地说,"从没想到我一个农民还能当老师呢。"

日子越过越红火,高锦武也成为村里的"金牌厨师",他的院子里,自己打的井水甘洌,也是生意好的一个秘诀。每当别人夸他手艺好的时候,他总是不好意思地挠挠头,心里暗自窃喜。

"今天收入咋样?"

"这个数!"

"哎呀,好嘛,咱把菜创新一下,看以后能不能再多赚点……"每次忙活完,高锦武夫妻俩就坐在炕上说说悄悄话,盘算着下一步打算。

幸福生活都是奋斗出来的

71岁的高治才每天早上起床第一件事,就是把窑里的太阳能灯拿到院子里晒太阳"吸能量"。

"这个小玩意儿晒一晒就能用一晚上,不用掏电费,既环保又省钱。"高治才戴着眼镜盘腿坐在炕上说,年轻时在山里头干活,夜里把煤油倒在棉花上，往土里一插就能照明，晚上回家都是摸着黑上炕。

冬天里，干完活回家后脚冻得暖不过来，烤一烤又痒得睡不着。

"那时候的高西沟村女人，苦重得很。干完活回来得赶紧做饭，然后担着罐罐去给坝地里的男人们送饭。"用手拍拍自己不太灵活的腿，高治才的老伴常玉香无奈地说，"我个子矮也能担8到9个罐罐，重啊！"

直到现在，常玉香家里还珍藏着这些有历史印记的罐罐。

常玉香年轻的时候，是跟着常秀英的队伍干活的，别的队伍晚上9点回家，她的队伍最早也得晚上10点才能回家。"一开始总抱怨，实在太受罪，娃娃在家里号，我在山里号，还要连夜给娃娃缝衣服。"

年轻时的高治才，是机械队里的推崖取土能人。"土的性质、软硬，要不要再掏一下，都是我用8年的经验品出来的。"当年为了填沟，只能"向山要土"，高治才的任务尤其危险，只要稍不注意，顷刻间就会被顺崖而下的土块淹埋。

"那时候要的幸福，就是吃饱就行，现在可不得了，活在天堂里咧。"高治才说。

近些年，高西沟村实行"整村推进"工程，硬化扩宽了村级道路，农户实现庭院改造，家家户户安装太阳能热水器、太阳能路灯，村容村貌得到极大改善。

路通了，网通了，水电来了，漂亮的广场也修起来了，高治才老两口实在想不出还想要啥。每到夜里，他与老伴常会忆苦思甜一番，想孙子了就拿起手机打开视频，画面里可以看到老两口常用的铺盖，上面绣着"幸福"两个字。

乐观开朗的高治才在家门口当起了清洁工，一年下来能挣1万多元。他说："大家都说我这条路段收拾得最整洁，我觉得自己一边锻炼着,一边还把钱挣了,你看这多好!"

日子越过越红火,高西沟人的脸上,笑容越来越多。

从山顶俯视,一座漂亮的农家小院里金黄色的玉米粒铺了一院,52岁的村民高治茂正和儿子高耀装袋准备售卖,婆姨忙着收拾家务,88岁的老母亲朱维连就坐在干净整洁的窑洞里朝外瞧。

"你瞧我的玉米颗粒多饱满!咱种在坝上,干旱也没受影响,能卖个好价钱!"高治茂边招呼着,边把一袋袋玉米搬上收购商的车,笑得合不拢嘴。

高治茂是村里人人夸赞的孝子,在外头跑运输多年。2009年他回到高西沟村照顾老娘朱维连,2019年翻新了窑洞,"装彩钢房顶村里还给咱补了6000元呢,党的政策是越来越好!"

71岁时,朱维连才停止在山上种树。回想起以前的岁月,老人

52岁的村民高治茂在小院子里装玉米,虽然2021年天旱,但是他家的玉米因为长在坝地并未受影响,颗颗饱满(陕西日报记者李旭佳 摄)

生活发生了翻天覆地的变化，88岁的朱维连迷上了短视频，操作很是熟练（陕西日报记者李旭佳 摄）

直言："那时候给娃娃们喂上一口奶就得跑上山，现在想想，那时候太难了。"

老人身体很好，从50多岁时就坚持每天锻炼，扭秧歌、跳操啥都会，闲下来时，她最喜欢刷短视频看热闹，"咱现在过上了好日子，可不能给娃娃们添麻烦。"

朱维连很爱干净，屋子里收拾得整整齐齐。每到中午，她就去屋外的太阳灶上烧一壶水，她神采奕奕地介绍道："太阳灶加热快、环保，方便又省钱，我当年花60元买的，真是赚大咧。"

天气越来越暖和，远处的山坳里已见新绿。

高西沟村文化广场上，已经有不少游人拍照"打卡"。"这个广场原来就是沟壑，都是我们填起来的。苦是苦了，但一切都值得。"朱维连语重心长地说。

幸福的颜色是绿色

"苹果大户"高治前正在给苹果树剪枝（陕西日报记者李旭佳 摄）

虎年春节的高西沟村,锣鼓喧天。龙舞起来了,秧歌跳起来了,快板说起来了……回村过年的大学生高耀也主动参与进来。

"奶奶总嘱咐我说不能浪费粮食,我们村的好山好水是一代代人艰苦奋斗来的。"高耀说,"作为一名新时代的大学生,我一定会把高西沟人奋斗的故事讲给更多人听。"

在高西沟村水保生态展览馆,有这样一张照片:一群妇女围在果园里,正在为外贸挑选苹果。其中笑得最灿烂的,就是高西沟村村委会主任高治前的母亲。

小时候,母亲总喜欢把做好的衣裳拿到镇子上染成蓝色,再给高治前穿。一下雨,高治前就变成了"小蓝人"。

高治前现在还担任着村水库看护员,每次只要一下雨,即使三更半夜他也得去龙头山水库看一圈才安心,"这是几代人努力换来的,责任重大。"

因为家庭贫穷,几十年来,他和爱人张改萍一直和老人住在一起,高治前说:"我去山里干活时,我婆姨不嫌脏累,独自背着我瘫痪的父亲去院子里上厕所,直到他去世,我真的很感激她。"

"年轻人要自己努力,自己奋斗,要干一行爱一行。来,你们说说各自今年的变化……"每逢过年开家庭会议时,高治前开场白后,大家就你一句我一句,酒喝完了,掏心窝的话也聊完了。

从小听父亲的叮嘱,高治前的三个孩子凭借自己的双手在城里买了房,没要家里一分钱,还给高治前宽心:"爸爸你啥都不用管,你要相信我们。"

2021年,和谐幸福的高治前家被评为村里的"最佳文明户"。高治前说:"当前,我的10亩果园一半进入盛果期。每次团聚时,孩子们在做饭,孙子们在打闹,婆姨在跟前笑,这就是满满的幸福。"

树林、果园和牧草，把高西沟村装扮得郁郁葱葱，宛如一幅美丽的生态画卷（陕西日报记者李旭佳 摄）

"把高西沟村这面红旗扛下去"

今年42岁的白慧是2019年来高西沟村当村医的，她还有个特殊的身份——高西沟村的"儿媳妇"。

村子老人多，平日里来测血压和血糖的人比较多，白慧她们每年都会组织老年人体检。白慧说："有些老人出不了门，我们也会上门服务。"

"以前都是找'赤脚医生'，现在不出村就能买到药，还能报销多一半，太方便了！"好政策让高西沟人在家门口享受到了便捷，平时感冒、发烧、拉肚子等小毛病都不用操心。

"村民对我很热情，苹果熟了送苹果，蔬菜绿了送蔬菜，有时候来不及吃饭，他们就把饭给我端来。"淳朴的高西沟村民让有过10多年基层经验的白慧非常暖心，也让她下定决心站好这班岗。

村里医疗条件的改善，69岁的村民王素芬感受颇深，她就是当年高西沟村的"赤脚医生"，仅20世纪70年代，她就接生了200多个娃娃。

当时的王素芬人走到哪儿药箱就背到哪儿。"如今，我们村通了公交车，30分钟就到县城，要是以前有这么好的条件该多好。"王素芬不由得感叹。

党的十八大以来，高西沟村在村党支部的带领下，利用村内的水库、经济林、生态林、梯田、淤地坝等资源大力发展休闲农业，不断提升村级基础设施，目前已有景观景点15处、农家乐5户、接待户39户，村内年接待游客量4万余人。拓宽旅游道路1.5公里，硬化环山公路8公里，修建文化广场1个、停车场2个，成立村集体经济合作社，新建图书室、村卫生室、红白理事中心等基础设施……眼看着"红旗村"村庄风貌逐渐改善、村风文明持续向好，驻村10年的高西沟村第一书记常静很是欣慰。

"老一辈高西沟人11年大干苦干，成效显著。进入新时代，我们更要一心扑在村庄发展上。"常静说。2021年，高西沟村集体经济收入突破16.8万元，人均纯收入达18851元，成为远近闻名的生态旅游示范村。

29岁的朱宇霞是2021年9月1日来高西沟村当驻村干部的，第一次下基层，她心里多少有些没谱。

谁家土炕上没有铺好乱七八糟，她就跑去铺床铺被子；谁家屋里不讲究卫生，她便跑去打扫；谁家的梨需要帮忙套袋，她麻溜跑去帮忙……和队友的一次次入户摸查中，朱宇霞彻底爱上了这个村子。

"我们的村民和别处村民不一样，能上山的都上山了，绝不会留在窑里打麻将，你瞧家家户户门大开着，都放心着哩。"因为村里接待任务繁重，朱宇霞还是展馆中的一名讲解员。

每次听到别人夸赞的声音，朱宇霞就会充满活力。"作为新时代的女性，我们应该像她一样勤劳、勤奋，把优良的品质传递下去。"每每在高西沟水保生态展览馆里讲起常秀英那双有故事的手，朱宇霞总会不由得感慨，"基层是锻炼我们的好平台。我们一定会相互鼓励、相互扶持，一起为乡村振兴助力，建设好小家的同时，一起为大家而奋斗。"

基层工作贴近民生、反映民意，与老百姓息息相关、血肉相连，要干好真不容易。"文东，你怎么又晒黑了？"2021年，作为包片领导，米脂县银州街道办事处主任周文东无论走到哪儿，熟悉的人都会多问一句。

"为了发展高西沟，脱层皮没啥。"在乡镇工作了20多年，周文东了解老百姓的"急难愁盼"，并全力解决。当果农们正为苹果的销路发愁时，周文东前来告诉他们3500箱苹果已经被预订出去了，群众立即喜形于色。"多亏了政府协调对接，多少年都没有这么好的销路了！"分红当天，果农高祖国喜滋滋地领取了1万多元。

在周文东心中，67岁的姜良彪就是个"铁人"，"2021年时姜书记住院，最终在病床上敲定了今年春季苹果发展方案。"

2021年9月，习近平总书记在榆林市考察时来到高西沟村。在高西沟村龙头山山顶，习近平总书记听取了陕西省生态文明建设和高西沟村探索黄土丘陵沟壑区综合治理情况介绍。总书记指出，高西沟村是黄土高原生态治理的一个样板，你们坚持不懈开展生态文明建设、与时俱进发展农村事业，路子走得是对的。要深入贯彻绿水青山就是金山银山的理念，把生态治理和发展特色产业有机结合起来，走出一条生态和经济协调发展、人与自然和谐共生之路。

什么是幸福？"我们最大的幸福，就是总书记肯定了我们的成绩，这表示我们走过的路子是对的！"下一步怎么走？前段时间，姜良彪

作为水土保持生态建设的先行者,如今的高西沟,"梯田层层盘山头,金秋果香飘满沟"(陕西日报记者李旭佳 摄)

到平利县蒋家坪村和柞水县金米村、牛背梁等地"取经",寻求高质量发展的"密码"。

村集体经济年收入要突破 50 万元,大力发展农产品加工、休闲农业、乡村旅游等新业态,引进发展光伏产业……在发展清单上,姜良彪记下了这些重点。

"先进不是白当的,要创新就要努力找准高西沟村的短板,然后下茬补足短板。"看着这个 4 平方公里的小村庄,姜良彪深情、坚定地说,"我一定会抓好班子,带好队伍,把高西沟村这面红旗扛下去……"

陕西日报记者/李旭佳　周明

向"第三个楷模"奋进

——纪录榆林市绥德县郝家桥村小康工程

郝家桥更新了,更美了,更热闹了。

开春后的村子,萌发着无限新意。整齐的窑洞,干净的村道,铺满灿烂阳光。硷畔的枣树,河边的草丛,枝叶开始冒绿。大棚里,果园里,处处是"人勤春来早"的景象……

2022年3月2日,绥德县张家砭镇郝家桥村。村党支部书记、村委会主任刘振喜满怀憧憬地谈起村子发展的三年计划和2022年要实施的九大项目。

"总书记来我们村,让我们郝家桥人倍感荣耀,备受鼓舞。我们村'两委'班子必须带头抓好落实,抢抓时间进度。"

"2022年计划建设的九大项目,这都是我们建设乡村振兴楷模的重要举措,也是让村民收入更高、生活更好的长远抓手。"

"我们村已经当过两个楷模,再夺第三个楷模,责无旁贷,很有信心!"

2021年9月14日下午,正在陕西考察的习近平总书记来到张家砭镇郝家桥村,实地调研乡村振兴,并同村民们亲切交谈。

那一天,这个陕北小村庄沸腾起来,村民们欢欣鼓舞,满满的幸福感无不绽放开来。

2021年9月以来,带着巨大的鼓舞和荣耀,带着巨大的责任和

郝家桥展室悬挂的"农村楷模"牌匾（陕西日报记者张鑫 摄）

使命，也带着各级的关心和支持，郝家桥村的干部群众认真学习贯彻习近平总书记来陕考察重要讲话重要指示精神，坚持将巩固拓展脱贫攻坚成果同乡村振兴有效衔接，扎实推动乡村振兴各项工作有序开展。

绥德县立足郝家桥资源禀赋，坚持"以点带面、辐射周边、因地制宜、全面振兴"的原则，将郝家桥作为绥德县乡村振兴的重要窗口，制定了《郝家桥村乡村振兴示范村创建工作方案》和《绥德县张家砭镇郝家桥村重点建设项目方案》，确定了"红色教育＋培训经济＋三产服务＋果蔬产业"的发展思路，及时启动了总体规划和村庄规划编制工作。郝家桥村庄规划列为全省村庄规划试点，融入乡村振兴总体规划。

郝家桥村珍惜荣誉，珍惜机会，正在用行动落实规划。按照规划，郝家桥村乡村振兴项目分为产业提升、生态宜居、乡风文明和治理服务等四大方面25个重点建设项目，其中，2022年计划实施重点建设项目共9个。村"两委"精细研究乡村振兴示范村方案和实施项目，逐一落实责任和进度，期待着2022年年内陆续就能见到成果。

"村村学习郝家桥"

郝家桥的红色历史，浓缩在村展室里。

2021年9月14日下午，习近平总书记来到这里参观，详细了解这个红色山村的革命历史以及革命传统传承情况。

"总书记对这段历史非常了解，参观过程中实际上很多处是在给我们做讲解。"刘振喜说。

郝家桥从来都是一所特殊的学校。

展室里，悬挂着一张村党组织成立时的画像。窑洞，油灯，鲜艳的党旗，头戴白羊肚手巾的几个汉子举起右拳，庄严宣誓。这是1927年春发生在郝家桥的真实一幕。

"郝家桥村曾是秘密红色联络点，刘志丹、谢子长等共产党人曾多次来到这里开展革命活动，群众革命热情高涨……"面对一批从绥德县城等地来的游客，郝家桥的"活历史"——老马热情地讲述那段历史。

老马大名马兴业，78岁，身体好，有文化，曾经当了多年村干部，了解村上的情况，退休后坚持发挥余热，当上村史讲解员。

"群众觉悟高，工作方便开展。"老马讲道。1943年春天，时值延安大生产运动掀起高潮，刚到任不久的绥德地委书记习仲勋，为了了解群众实际情况，带队住到郝家桥村，开展为期44天的蹲点

郝家桥村鸟瞰（群众新闻网记者刘宇欣 摄）

向"第三个楷模"奋进

调查。那时的郝家桥村，是陕甘宁边区绥德县沙滩坪区郝家桥第一乡政府驻地。

"习老住的就是我家的老窑洞。"老马说。如今有人来老窑洞参观时，老马也会兴致勃勃地讲上一段红色往事。

当年调查组来到郝家桥时，正是春耕时节。调查组成员看到村民在有限的土地上，不辞辛劳精耕细作，也跟着下到地里，跟群众一起干活、吃饭。他们白天调研，晚上就在窑洞里记笔记、写调查报告。"听父亲回忆，习老窑洞里的那盏麻油灯经常亮到深夜。"老马介绍，"在自然条件非常差的绥德地区，调查组看到了改善现状的希望。"

习仲勋还发现了个叫刘玉厚的村民。刘玉厚是个共产党员，特别能吃苦，种地极为细致，家庭也和睦，带动全村群众团结一致，发展了生产。后来，绥德地委授予刘玉厚"模范党员""劳动英雄"称号，还在绥德分区开展"村村学习郝家桥，人人学习刘玉厚"活动。而郝家桥，就成了周围村镇效仿学习的"标杆"，村上的先进故事更是激励着生长于此的后辈们。

在刘玉厚等模范带动下，绥德地区的大生产运动轰轰烈烈地开展起来，不仅增加了群众收入，还大大改变了人的精神风貌。

1944年7月，郝家桥村获得陕甘宁边区"农村楷模"称号。77年之后，2021年2月25日，作为郝家桥的"传承人"，村党支部书记刘振喜在北京人民大会堂，从习近平总书记手中接过了"全国脱贫攻坚楷模"的奖牌。

刘振喜站在展室的这幅画前说，从画上的老前辈算起，他们的后人在村上已经生活到第五代了。这就是红色力量的传承，也是老一辈革命家在郝家桥初心使命的延续。

"新支书"来了搞"冬训"

刘振喜从北京抱回来的奖牌,是全村人用几年时间拼回来的。

地处吕梁山区西缘的郝家桥村,由前桥、侯家坪、刘家渠和庙沟4个自然村组成,村民大多居住在村南北的半山坡上,呈带状分布。由于山高地薄、干旱少雨,加上大量劳动力外出打工,2014年全村建档立卡贫困人口达236户548人,贫困发生率30.7%。

怎样让"老模范村"焕发出新活力?

"咣当当……"

钻机作业的轰鸣声响彻这个黄土高原上的小山村。

5口大井相继喷涌出了水,"新支书"刘振喜的威望算是在村上立住了——在久居黄土高坡的村民们眼里,没有比吃水更重要的事了,也没有啥声比潺潺流水声更悦耳动听了。

"新支书"其实是"老干部"。从1984年起,刘振喜就进了村委班子。2015年,他当上村党支部书记后,村里用两年时间建了9口水井,给家家户户装了水泵,解决了群众吃水用水的难题。

"做好群众工作,村上事就好办。"刘振喜说,"党员干部要带好头,自身素质要过硬。要学习当年革命前辈的好作风,把红色基因传承好。"

刘振喜找到了一个抓手——"冬训"。每年冬闲时节,村上把村民分片集中起来,学习中央的大政方针,学习外地的先进经验,讨论郝家桥的发展方向,人人能言、人人参与。

从此,村上一个又一个发展项目实现了从无到有。

一场"风暴":"三变"改革

2018年5月,一场"风暴"来到了郝家桥:村上的"三变"改革启动了。

村上除了给村民每人留5分地的口粮田外,将村中的6400余亩土地流转,成立股份集体经济实体——郝家桥村股份经济合作社,集约化发展产业,逐步壮大集体经济,实现集体收益,惠及全体农民群众。

可很多群众并不买账,不少人挤到刘振喜办公室讨要说法。村民郝志奇气得吹胡子瞪眼:"我种了大半辈子的地,你凭啥要收走?"其他人也随声附和。

"群众不理解,不能硬着来。"刘振喜说,得慢慢让群众信服。

"我们就从党支部开始,到村委会,再召开党员大会、群众代表会,先统一党员干部思想,再逐步统一群众的思想。"村委会副主任刘国强介绍。

后来,他们拉着村民到名州镇赵家圪村参观学习,看着人家村上产业做大,听说人家每年分红不少,去参观的人当天有80%同意改革了。

群众签了字,按了手印,村党支部便迅速开始谋划产业,增强集体经济造血功能:按照"林果粮上山、设施农业到滩、规模养殖进沟"的绿色产业布局,引进陕西果业集团,建成山地苹果生态果园2000亩,建成设施农业日光温室大棚20座、拱棚40座,由村民自主承包;500千瓦的光伏产业、高标准养殖场等,保障了建档立卡贫困户有固定收入……

郝志奇2019年承包了村里的一座温室大棚，前半年种芝麻和香瓜，后半年种西红柿和黄瓜，当年就收入了两万多元。第二年，他又租了一个棚，不仅还了账，住进新窑洞，还给自己买了辆三轮车。

如今，郝志奇逢人就说这改革改得好。

要当"新式农民"

王绥兵也承包了两座拱棚，种葡萄。他看到来村里旅游的人日渐增多，就搞起了观光采摘。他还在村口专门立了个指示牌，吸引游客前去"打卡"。

2021年9月14日下午，习近平总书记来到村果蔬大棚基地，仔细了解该村产业规划发展情况，其间走进王绥兵的大棚。总书记看到满棚的葡萄果实饱满、长势喜人，非常高兴，详细询问了王绥兵的葡萄种植和销售情况。

实际上，在此之前，王绥兵和他的葡萄"出名"时间并不长。2021年7月，有记者来大棚采访后，在网上发了个短视频，吸引前来采摘的人比以前翻了一番，还有不少县城里住的人让王绥兵送货上门。王绥兵不禁赞叹："效果好得出奇！预计2022年纯收入能有6万到8万元。"

这让王绥兵对互联网有了新看法："要卖货就一定要突破小农思维，改变销售方式，打出品牌，当'新式农民'。"

在郝家桥，不少"新式农民"在出现。

23岁的刘俣辛从杨凌职业技术学院畜牧专业毕业后，回到父亲开办的万丰养殖场当起了技术场长，有2000多头生猪的猪场被他打理得井井有条。

全面建成小康社会 陕西变迁志

郝家桥村村民王绥兵种植的大棚葡萄喜获丰收(陕西日报记者孙鹏 摄)

28岁的王硕大学毕业后放弃留在西安的机会，来到陕果集团绥德公司，负责郝家桥村山地苹果园项目，一干就是三年多。他说："我把这些果树当成了自己的娃娃。一些树今年就开始挂果了，我太期待了。"

产业到位了，村民更有盼头了。

但是，刘振喜觉得还不够。"我们要学习各地的路子，将适合我们村的产业引进来，扎扎实实推进乡村振兴。"刘振喜说。

一次偶然的机会，他结识了渭南市蒲城县尧山镇闫家村党总支书记王春颜，听说他们村子发展金银花产业，亩均年收入6000元以上。

"我们村能不能种？我们这旱地不图挣那么多，哪怕一亩挣上3000元，也是一笔不小的收入。"刘振喜谋划着。

2021年，这一南一北两个村的党支部开始了密集的支部联建活动，推动金银花项目在郝家桥村落地，谋划了5亩试验田，闫家村定期派技术人员来郝家桥村指导。

2021年8月初，榆林大旱。为了应对干旱，刘振喜和村干部们拉着管子给金银花试验田浇水，昼夜不停连续作战。他们说："吃点苦受点累都没啥，一定要把这5亩试验田保住，这是村民们开拓新产业的希望所在、信心所在。"

"能人"回村承包果园

谁都没想到，55岁的郝长雄竟然跟荒山较起了劲。

郝长雄戴个眼镜，上过职高，学的是农林专业，后来一直在绥德县城打拼，干过保险，开过汽修公司，这些年把日子过起来了，成了别人口中的"能人"。可在郝长雄心里，自己就是个农民，一辈子就想把地里的事弄好。年轻时照顾家庭脱不开身，如今孩子长大了，生意有了托付，就决定回到郝家桥开发撂荒林地搞种植。

2021年9月，现场见证了习近平总书记来村里视察，聆听了总书记的殷切希望，郝长雄坚定了返乡创业、带动乡亲们致富的决心。9月下旬，他便来到村部，与村"两委"班子谈自己的想法。

郝长雄打算承包村上的500余亩山地——国家退耕还林政策实施以后，郝家桥北边千亩荒山成了林地，这两年，有关部门在此栽种了一些山杏、松柏等，其中有个品种叫巴杏，在郝长雄看来很有商业

回村创业的郝长雄在郝家桥村村后的承包地里介绍种植计划（陕西日报记者张鑫 摄）

价值。

巴杏是陕北地方品种,有70多年栽培历史,杏肉香甜,杏仁饱满,营养丰富。据郝长雄介绍,绥德县名州镇老万村有个后生叫霍康红,小名叫"康康",就是个栽植巴杏的行家,这几年靠着在家乡栽巴杏致了富,还带动十几户困难群众就业。

郝长雄驱车前往老万村,和小自己近20岁的康康交了朋友,隔三岔五前去康康家地里"拜师学艺",了解了一些关键技术,认真做好记录。综合自己掌握的农林知识和多年的务农经验,郝长雄有了很大的信心。

"我就是想把剩下的力气,全部使在郝家桥的土地里,这种劲头可能是'遗传'的。"郝长雄笑着说。

他介绍,父亲郝思新是当年村里评的"拦羊英雄",受老英雄刘玉厚影响,一辈子爱种地、肯下苦,也成天教育娃娃们要"耕读传家",要知农民苦,要用自己的汗水改变农村面貌。

与父亲不同,郝长雄接受过科学教育,他希望打破传统粗耕粗种模式,让机械上山,搞现代化农业。

村股份经济合作社经过股东商定后,在2022年1月6日,与郝长雄签订土地承包合同,同意将520亩山地承包给郝长雄,期限为15年。考虑到前期投资数额较大,同意自合同签订之日起前6年不收租赁费,第7到15年每亩承包费90元。巴杏能活五六十年,剩下那几十年的收益归合作社所有。

有了土地,郝长雄便注册了农业科技公司,名字就叫长雄农业科技发展有限公司。很快,郝长雄购买了植保、灌溉、除草及挖沟等机械,开始进行品种改良、行距规范、除草补种等作业。

"机械上山,规范管理,不仅能节约人力物力,更能够确保果子质量,这是未来农业发展的必然趋势。"郝长雄介绍。

此外，郝长雄还与村里的养羊场、养猪场签订了合同，购买羊粪、猪粪当果树的天然肥料。"现在都讲究绿色、循环农业，我敢保证，坚持用生物肥，果子将来口感会更好！"郝长雄介绍，光这一项，每年就得十几万元。

两个月时间，近百万元的花销，家人想不通，朋友更是劝他："这就是个大'窟窿'，你不敢再往进跳了！"

而在郝长雄看来，地无三尺平的郝家桥，农业资源很有限，且都开发得差不多了，要是不在荒山上想办法，就根本寻不到让大家增收致富的新路子。他咬着牙说："我得试一把，就算赔钱，也是把钱赔给郝家桥，我无怨无悔。这事情，我要做好了，就是给郝家桥的后辈人留下一山的绿色财富。"

村里也给予大力支持。为了方便取水，郝家桥村"两委"争取来了项目资金，计划不久后就能安装好引水上山的设备。还将荒山经济林项目纳入村中发展的长期规划。

"杏子 2025 年才能正式挂果，预计亩产超过 3000 斤，每亩销售额超过 1 万元，这是真正的富民产业。"郝长雄还计划着，这几年在杏树林套种西瓜、中药等，让脱贫群众一起参与进来。

"过几年，春季满山的杏花开放，五六月份红彤彤的果子挂满枝头，游人可以赏花、采摘，这将成为郝家桥旅游的又一张名片。"郝长雄满怀憧憬。

大厨回村办起农家乐

过完 2022 年春节，53 岁的郝长宏终于决定不走了，留在生养自己的家乡——郝家桥。

向"第三个楷模"奋进

20来岁出去打拼,辗转吴堡、清涧、榆阳,在企业或者工程队当厨子,从一个月挣几百元到四五千元,靠着"一把炒勺"把两个儿子养大成人,给大儿子完了婚,还要继续供19岁的小儿子念书。"谁都知道家里好,可在家种地没吃饭的门路呀!"

郝长宏手艺好,是远近闻名的大厨,做得一手好绥德菜,还把其他市县的特色饭菜也学会了。早在2021年年初,村上发展乡村旅游,鼓励大家办农家乐,希望来郝家桥旅游的人中午有个吃饭的地方。村干部们都想到了"大厨"郝长宏,让村支书刘振喜去做工作。刘振喜却犯了难,"长宏在外地干得好好的,咱凭甚让人家回来?"

郝长宏知道这事以后,也不禁嘀咕,左右拿不定主意。和老伴商量,老伴坚决不同意,"前期要投资不少,一年旅游季只有七八个月,生意好不好还不一定,你可别把给老二准备的结婚钱给糟蹋了!"

这事就在郝长宏心里压了近一年时间。2021年10月下旬,郝长宏返了乡,由于家里地势高,他每天出了窑就能看见村广场上来的一拨一拨旅游团,这时耳边总能响起刘振喜的话——弄个农家乐吧。

过大年吃年夜饭,郝长宏做了一大桌子菜后,端起酒杯,鼓起勇气给家里人说了年后办农家乐的想法。"爸,想弄就弄,我支持你。"孩子们的话让郝长宏坚定了信心。

村上也有了好政策。在开春的村民大会上,刘振喜向大家介绍了村上的规划,其中包括"采取村民自愿形式,在今年内办起来3家农家乐,符合标准的给予一定资金支持"。

郝长宏主动报了名,随后把几个兄长的窑洞借过来,以6孔相连的窑洞为基础,打造特色农家乐。村干部们也都积极过去帮忙拉货拉料,组织人员平整了村广场到郝长宏家的路面。

2022年3月2日,郝长宏家中已盖起了独立厨房和卫生厕所,购置了冷柜、燃气灶、桌椅,把窑的外墙面刷成了独特的"土色",

布置了花草摆件，还准备买上一排木灯笼，给窗户全部贴上窗花，墙上挂上玉米、红辣椒，营造让游客"记得住乡愁"的陕北农家小院。

一算账，郝长宏自己投资了1万元，政府各项补助近3万元。"这几个窑洞摆上方桌，这个窑洞加一张炕桌……能同时接待40到50人，按计划10天后就开业了，我再收拾收拾。"郝长宏笑着说。他对将来的生意很有信心，因为他对自己的厨艺有信心，更对郝家桥村现在的发展环境有信心。"农家乐的名字叫'郝家小厨'，这是我小儿子给起的。"郝长宏说。

为开办农家乐没少奔波的驻村第一书记常晋乾告诉记者，到时候会给郝长宏家门口、村口等地安装广告牌和指示牌，让游客一进村就能看见。

郝家桥的春天即将到来，便有了很多春天的"预告"，沟里的冰开化了，山上的苹果枝上冒起了"苞"，村文化广场上的游客多了起来。午后，郝长宏一家还在忙碌着。他们忙碌着迎接春天的到来，迎接游客踏进小院，迎接属于这个普通陕北人家的幸福新生活。

"家家户户过小康"

> 山沟沟里把温棚建，荒山一下变花果园。
> 修学校还有幼儿园，老年人有个幸福院……
> 两不愁三保障，家家户户过小康。
> 千年长来万年长，永远不忘共产党……

这是村民马兴业自编的顺口溜。字里行间，全是这几年村里给村

向"第三个楷模"奋进

郝家桥小学新貌(陕西日报记者张鑫 摄)

民办的幸福事。

村里盖新学校，要占用老党员侯志高家窑洞所在那一片地。当时，60多岁的侯志高为了给患癌症的儿子治病，把一辈子的积蓄都"砸"到医院，还欠下很多外账。

他"熬煎"了好一阵子，一狠心："搬！盖学校是'天大个民生工程'。"

他带着老伴和患病的儿子到亲戚家借住，一住就是两年。其他的拆迁户二话不说，纷纷投亲靠友，给学校让路。

2019年秋季，一所现代化的郝家桥小学建成了，娃娃再也不用去城里"赁窑"上学了。

侯志高当了学校的保安，娃娃们上学放学喊他"爷爷好""爷爷再见"，听得他又感动又高兴，"这是郝家桥的未来。我的老窑拆得值！"

有人带头，就有更多人跟上来；有人付出，就有更多人传扬、效仿。

于是，郝家桥的发展少了阻力，多了合力。

郝家桥村2014年建档立卡贫困人口有236户548人，贫困发生率30.7%。到2018年，贫困人口全部脱贫，郝家桥实现了贫困村整村脱贫出列。到2020年年底，郝家桥村集体收入达120余万元，按照人股、地股计算共向村民分红80余万元，村民人均可支配收入达到11543元，全村633户1661名村民喜滋滋地过上了小康生活。

侯志荣一家是郝家桥脱贫户的代表。他家曾经因病致贫，靠着各级帮扶和自身努力在2016年摆脱贫困。

2021年9月14日下午，习近平总书记来到侯志荣家。

"当时家里正在做饭，总书记就先去了厨房，看见我们锅里正在蒸着的肉馅包子，总书记很是高兴。"侯志荣告诉记者。

在房间坐定后,总书记便详细询问侯志荣的家庭生活情况,"总书记问得很细,我就扳着手指头一一回答。"

和总书记的聊天中,侯志荣不断重复一句话"党的政策好"。他说,收入多了,心情好了,身体也好转了。脱贫后,日子过得越来越好!

"光景更好过"

郝家桥村不仅一举甩掉了贫困帽子,还新建了学校、幸福院、卫生室、政务服务中心等,有效解决群众上学难、看病难、养老难等问题,民生保障和服务能力大大提升,村民的获得感与日俱增。

郝家桥村村民侯志荣是村里的"脱贫明星"。图为侯志荣夫妇查看收入(陕西日报记者孙鹏 摄)

用陕北人形容好日子的话说，就是"满窑烧酒气，光景更好过"。

从 2017 年村里租 3 孔窑洞办起"互助灶"，到如今宽敞整洁、设施完善的互助幸福院，郝家桥村独居老人吃饭问题早已不再是问题。村里 65 岁以上老人都可以选择来此吃可口实惠的饭。

在郝家桥村调研时，习近平总书记专程来到村互助幸福院，同这里的老人亲切交流。马兴业非常开心，他告诉总书记："在这儿吃得好、睡得好，每天两顿饭，只要 5 块钱，干净卫生，味道又好，符合老年人的口味！"

村中心卫生室，解决了村民日常的小病小痛问题。村医刘军亮回忆说："当天总书记也专门来了解村民看病就医情况。总书记问得很详细，不仅询问卫生室一位患者的血压情况，希望他养好身体，还问

郝家桥村卫生室实现了"小病、慢性病不出村，大病不耽搁"。图为村医刘军亮正在给村里老人测量血压（陕西日报记者孙鹏 摄）

我农民现在看病的报销比例。这让我由衷地感受到总书记对基层医疗的关心，对群众健康的重视。"

2020年年底，郝家桥村创建为国家AAA级旅游景区。2021年国庆节，村子的旅游更火了。

"10月1日当天来村里参观的有3000多人，国庆假期来的人每天都不少。"村委会副主任刘国强说，"村民们现在思想觉悟特别高，精气神特别好，整个村子生机勃勃，大家干劲儿十足。村干部们基本都不出村子，有啥事第一时间就可以解决。"

夜幕降临，郝家桥村文化广场上，照明灯瓦亮瓦亮的。

在这里，老年人是主角。20多名平均年龄60岁的婆姨，又开起了广场晚会，吸引了不少村民围观。几首歌后，在队长刘凤珍的指挥下，大家又拿起了花伞和扇子，扭起了秧歌。

变换的是队形，不变的是笑脸。

这位是王爱萍，60岁——

"我从小就喜欢剪纸、唱歌、跳舞，年轻时没闲时间，要养活几个娃娃，整天在地里刨食还不够，还得摘上苦菜天不亮就到城里去卖。如今孩子都有了稳定工作，我当了环卫工，负责郝家桥村道路清洁，每月挣3000元。生活好起来了，我就把当年的爱好捡起来。县上环卫所要办文艺演出，我还报名演小品了……"

这位是王爱芳，76岁——

"儿女不在身边，给我在村里幸福院交了伙食费，每天两顿只要5块钱。这半年吃幸福院的饭，我都胖了近10斤，赶紧过来锻炼锻炼。"

这位是侯志荣，70岁——

"村里往县城去的路都拓到10米宽了，还通了旅游专线，65岁以上免费坐。衣食住行样样都给我们考虑到了，我感觉我们跟城里没

郝家桥村村民王爱萍用民歌唱出幸福、用剪纸剪出幸福(陕西日报记者张鑫 摄)

啥区别了嘛!我和老伴生活丝毫不用愁,政府和村上都给管了。这生活以前想都不敢想呀!"

驻村第一书记学拉话

郝家桥村里,给村民忙前忙后的,除了刘振喜这样的本村干部,还有各级选派来的驻村干部,比如年轻的驻村第一书记常晋乾。

2021年6月,漫山遍野的枣树进入盛花期,村庄到处飘着淡淡清香。一日后晌,一辆小轿车拉着个戴眼镜的后生来到郝家桥村,他抱着铺盖,走进了村部一楼靠边的一间房子里。

这后生叫常晋乾,是榆林市生态环境局干部,派驻在郝家桥村的新任第一书记。当第一书记,今后吃、住都要在村上,对这个从小在城里长大、结婚不久的"90后"来说,有些挑战。

郝家桥村驻村第一书记常晋乾在工作中(陕西日报记者张鑫 摄)

常晋乾没想到，比起生活上遇到的挑战，工作给他带来的挑战更大。

上一任郝家桥村第一书记是高广军。来之前，常晋乾认真请教过高广军，了解了在村上的主要任务和要注意的事项，交接了具体工作，密密麻麻记了几页笔记；来到村上，他和村"两委"班子碰了头，详细交流了下一步重点工作计划。

"农村工作，就那么简单的几个事嘛。"自西安交通大学毕业的常晋乾自信满满地站在村子的广场上，期待着在第一书记任上能有所作为。

刚干了两三天，常晋乾便犯了难——长这么大，第一次觉得自己不会拉话。

上级要统计村民情况，常晋乾就打印好调查表，吃罢早饭，兴冲冲地到群众家中走访。

"家里的劳动力人数，就是有几个人挣钱。"

"3个。"

"家里全年总纯收入有多少？"

"我没算过。"

"村里打算弄的这几个项目，有啥意见建议？"

"好着呢。没啥。"

……

就这样一问一答，常晋乾走家串户忙了一整天，拿回了十几份除了基本信息不同外其他内容极其相似的调查表。他陷入了沉思。

常晋乾老家横山离绥德不远，群众讲的话，他能听懂；常晋乾讲的话，群众也都能搭上。可常晋乾老觉得与群众之间隔着什么——"拉话咋拉不进群众的心窝子里呀？"

"是我的方式方法不对？"

事情有了转机。那段时间，心存困惑的常晋乾学习了绥德以及郝家桥村的红色历史，尤其是认真了解了老一辈革命家在绥德提出的"把屁股端端地坐在老百姓的这一面"作风，他才恍然大悟。张家砭镇党委书记王腾龙也给常晋乾出主意："干农村的事，首先要把自己当成个农民。"

王文清老人家里要清理老窑，需要壮劳力，常晋乾就主动去帮着搬家具、扫房子；发现马富贵家水管老化了，常晋乾就联系来工人，一起帮忙把活干完，坐在窑前枣树下喝茶拉话。

打扫村民广场，挽起裤管给地里苗子浇水，帮腿脚不便的老人进城捎东西……渐渐地，常晋乾从在机关里写文件的小年轻，变成了啥事都能顶上去的"全能型"乡村干部。人们也发现，这个"秀才"娃娃身上的书卷气渐渐褪去，多了些泥土的味道。这种味道，郝家桥的乡亲们熟悉。

潜移默化中，大家"接纳"了常晋乾。"别人说他是市上来的'领导'，我倒觉得他就是我们村上的后生。"村民郝三娃笑着说。

有了群众基础，常晋乾的工作也好干了。不到一年时间，村上每户常晋乾都至少去过三次，与大家成了"老熟人"。很多政策，常晋乾在窑前跟群众拉话时就给普及了；群众的需求，他也在三言两语中了解到了。村上建饲料加工厂、搞致富技能培训、建设集中供暖项目，也在常晋乾的推动下，有序进行。此外，常晋乾还在很多困难群众家中留了电话号码，"有困难，找小常"成了大家的共识。

"小常"书记也乐意给群众帮忙，"共产党员，咱得知道为谁服务嘛！"常晋乾说。

2022年3月3日，陕北大地春寒料峭，常晋乾刚与镇上对接完一些项目规划的事，有个榆林的企业打来电话，与他商量起给村上残障人士捐赠羊毛裤的事情。

红色郝家桥吸引游客参观（陕西日报记者孙鹏 摄）

"今年春节之后，特别忙，基本没回过家。"常晋乾笑着说，"忙了好，忙了说明村上在发展。我来的时间不长，但这次农村工作对我来说意义重大。眼看着郝家桥朝着总书记叮嘱的'乡村振兴的楷模'目标不断向前，我心里特别高兴。"

"楷模故事"在延续

郝家桥人时时铭记着习近平总书记在村幸福院前的广场上与他们讲话的情景。每一个细节，每一句话，都蕴含着幸福与欣慰。

"总书记说，无论是革命战争年代的大生产运动，还是新时代的脱贫攻坚战，郝家桥人始终勤劳奋进、开拓创新。"

"总书记说，希望你们继续发扬优良传统，感党恩、听党话、跟党走。"

"总书记专门要求我们，敢为人先、奋力拼搏，努力把郝家桥村建设成为乡村振兴的楷模！"……

按照习近平总书记关于"努力把郝家桥村建设成为乡村振兴的楷模"指示精神，绥德县落实县、镇、村三级联动工作机制，统筹推进郝家桥乡村振兴示范村建设工作。立足郝家桥资源禀赋，坚持"以点带面、辐射周边、因地制宜、全面振兴"的原则，将郝家桥作为绥德县乡村振兴的重要窗口。

2022年春，在反复调研论证的基础上，绥德县提出了郝家桥"乡村振兴"示范村工作规划方案，其中明确提出，按照"产业兴旺、生态宜居、乡风文明、治理有效、生活富裕"的乡村振兴总体要求，全力把郝家桥打造成为黄土高原生态治理样板、陕西省红色革命教育基地、黄土高原丘陵区现代农业发展示范区。

崭新的规划方案为郝家桥制定了"红色教育＋培训经济＋三产服务＋果蔬产业"的发展思路。其中，按照"一轴四区"的初步规划布局，以道路主干道为轴，将村内区域规划为游客接待区、民宿商业区、展室核心区、干部培训区。

刘振喜和村干部的心思，现在几乎全用到2022年开工的九大项目上去了。

据刘振喜介绍，2022年郝家桥村计划实施重点建设项目共9个，总投资匡算1.66亿元。其中，重点包括游客接待服务区建设项目，可安排村内20人就业，实现运营净利润200万元左右；乡村振兴干部培训中心建设项目，可全面带动绥德红色教育产业发展，直接安排50余人就业，每年可为村集体带来380余万元的收入；陕北文化主题商业街区建设项目，可全面推动陕北黄土文化旅游业快速发展，实现村集体每年增加收入200万元，带动50多人就业；饲（草）料加工厂建设项目，可直接安排20多人就业，带动周边县域农产品和畜牧业销售，每年可为村集体增加 100 万元的收入；红白事服务中心建设项目，可彻底解决郝家桥村民举办红白事宴席地点及灶具的问题，减少污水乱排乱放等现象；小流域综合治理项目，将使全村人居环境更加优美舒适；大棚提升改造项目，可满足老龄化 30 人加入种植队伍，拓宽农民增收渠道，助推产业发展；以及天然气管网建设项目、旱作节水农业项目等。

关于未来三年同步推进的项目，包括 4 大类 18 个项目，刘振喜同样了解细致，充满期待。"一是计划实施特色产业提升项目 11 个，二是计划实施生态宜居项目 2 个，三是计划实施乡风文明建设项目 3 个，四是计划实施治理有效项目 2 个……"

在这些项目中，似乎一个接一个都将对未来的郝家桥起到全新的塑造作用。"比如智慧校园建设项目，开展数字化、智能化教学与服务设施改造。还有卫生室提升改造项目，家风家训研学培训教育基地建设项目……"

从陕甘宁边区"农村楷模"到"全国脱贫攻坚楷模"，这个村子里，有初心传承，有圆梦故事。

从"全国脱贫攻坚楷模"再到努力建设"乡村振兴楷模"，这个村子里，有奋斗传奇，有美好前景。

陕西日报记者 / 张鑫　孙鹏

嘉陵江畔的美丽变迁

——纪录汉中市略阳县徐家坪社区小康工程

在秦岭南麓西段的群山褶皱里,在嘉陵江蜿蜒的怀抱里,坐落着一个叫作徐家坪的城乡接合社区——徐家坪社区,它隶属汉中市略阳县徐家坪镇,也是徐家坪镇政府机关驻地。2015年,徐家坪社区由原来山上的徐家坪村和江边的徐家坪社区合并而成。徐家坪社区从历史中走来,一段段可歌可泣的故事把徐家坪带到了现在,也引向未来。

徐家坪镇全景航拍(朱立荣 摄)

嘉陵江畔新家园（朱立荣 摄）

公元170年，东汉武都太守李翕为方便当地百姓和往来商旅通行，在徐家坪以南的嘉陵江西岸析里砭凿石架桥、重修栈道，变危路为通途。当地百姓感恩李翕为民办事的功德，在摩崖上刻写了《郙阁颂》。《郙阁颂》日后也成为书法史上著名的"汉三颂"之一。1936年9月，中国工农红军第二方面军总指挥贺龙、政委任弼时率领的红六师十六团和十八团，于徐家坪街口伏击国民党军队，取得胜利。

2008年"5·12"汶川特大地震中，徐家坪村受到地震波及，几代人生活过的土坯房瞬间变成残垣断壁。2008年5月20日，时任中共中央政治局常委、中央书记处书记、国家副主席习近平冒着余震危险，来到徐家坪村上坪慰问受灾群众，给了他们重建家园的信心与决心。2018年5月，在"5·12"汶川特大地震10周年之际，习近平总书记向当年受灾严重的略阳县徐家坪群众表示诚挚问候，祝愿乡亲们在致富路上越走越稳，用勤劳双手把家园建设得更加美丽。

2019年2月，徐家坪社区被列为汉中市市级乡村振兴战略示范点。2020年9月，略阳县将徐家坪社区连同相邻的朱儿坝村、周家坝村、街口村、明水坝村整体规划为徐家坪乡村振兴示范区。2021年，汉中市进一步明晰了这一"1+4"组团式发展思路，确定将其打造成感恩奋进体现区、"两山"理念实践区、乡村振兴示范区，并出台了《关于支持略阳县建设徐家坪乡村振兴楷模的意见》。从徐家坪村到合并后的徐家坪社区，再到如今的徐家坪乡村振兴示范区，党带领徐家坪人民一路走来，攻坚克难。徐家坪经历了灾后重建、脱贫攻坚，并走上了乡村振兴的新征程，一代代徐家坪人也在矢志不渝、接续奋斗中收获了越来越强的幸福感。

条条大道出秦岭　群众不再行路难

2022年的初春，明媚的阳光洒在徐家坪社区的层层梯田上。梯田里栽植的桑树苗正孕育嫩芽，山间的草木逐渐返青，片片山林渐露生机。沿着山腰穿过一段水泥铺就的产业路，踩着石头砌成的一级级台阶，就能登上海拔700多米的小梁子。当地群众在这里新修了"关怀亭"，并栽植了景观树，要把这里打造成一个群众休闲和游客观光的新景点。小梁子居高临下，徐家坪社区周边的山形地势尽收眼底。

小梁子以东，宝成铁路穿山而过，蜿蜒的嘉陵江顺势流淌，江右岸是现代化的集镇，江左岸便是连接徐家坪与略阳县城的石（庄沟）马（蹄湾）公路。小梁子以西，山峦起伏，层层梯田逐级而上，上坪、中坪、下坪等多个村民小组点缀山间。

从江对岸远望徐家坪社区，就像是一个屹立于江边的"山城"。近年来，连接上坪下坪的村组路、穿越宝成铁路的涵洞、跨越嘉陵江的徐家坪大桥、通向县城的石马公路等逐渐修建完善，整个社区内部和外部相继连通，山里老百姓出行也越来越方便快捷。

全面建成小康社会 陕西变迁志

侯继星依旧记得小时候举着火把走山路去县城的情景。那时石马公路还没开通，到县城无论是卖炭、卖柴还是上学，都只能走狭窄的山路。朱儿坝村以南 500 米处的大白崖有一段古栈道遗址，那时都是必经的路。古栈道下临嘉陵江，侯继星经过时得十分小心。"早上天不亮打着火把就出门，去城里办完事回来天又黑了。那会儿是'两头不见天'。"如今已是朱儿坝村党支部书记的侯继星回忆说。

这样的山路侯继星走了十几年。直到 1993 年，石马公路动工，当地群众硬是从山间"掏"出一条土路。1996 年至 2004 年间，石马

宝成铁路略阳徐家坪段（曹君 摄）

公路又经过数次升级改造,从土路变成后来的水泥路、柏油路。如今从徐家坪到县城,开车不到一个小时就可以打个来回,公交车也在两地间定点行驶,这样的巨变多年以前是很难想象的。

码头和渡船也是老一辈徐家坪人难忘的记忆。在2007年徐家坪大桥建成通车之前,徐家坪人要在嘉陵江两岸之间往返,渡船是唯一的交通工具。王仲宏生于1967年,今年55岁。他20岁的时候,就开始在徐家坪大桥以南双马加油站下面的江边摆渡。徐家坪集镇在江对岸,镇政府机关、学校、医院等都在那里。每到三、六、九逢集时,集镇上尤其热闹。王仲宏的摆渡生意那时也最好。一天好几百人要坐渡船往返。"那时家里困难,村集体做了木船,没人来渡,我就接了手。早上天一亮就开始,到晚上看不见了才把渡船系到江边,摸黑回家。载一个人5分钱,一船能载20多人。除了载人,也运摩托车、运粮食。"王仲宏说,"后来木船换成了铁船,船票也从一个人5分钱逐渐涨到5毛钱。"

到2007年,王仲宏已摆渡了20年,从一个小伙子逐渐变成了中年大叔。当年"十一"前夕,在群众的欢笑声和阵阵鞭炮声中,几辆轿车、货车缓缓驶过徐家坪大桥。徐家坪和周边群众自此告别了两岸交通靠渡船摆渡的历史。王仲宏也由此"失业"了。此后,王仲宏做过几年粮食生意,后来又做装修,当起了粉刷匠。2010年后半年,他从山上搬下来,住进了集镇上的移民搬迁新区,开始了新的生活。

王仲宏站在双马加油站旁,面对嘉陵江,回忆着往事。临别时,他跨上摩托车,上衣和裤子上的白色油漆点格外显眼。他对着手机镜头自信地一笑,随后驶向石马公路。王仲宏渐渐消失的背影,就像那已经远去的摆渡时光。宽阔的石马公路,将他引向更加美好的生活。

灾后重建以及脱贫攻坚至今,徐家坪社区的内部交通得到持续提升改善。之前上坪、下坪之间是田间小路,晴天一身土,雨天一脚泥。2008年，上坪、下坪之间为了便于运输材料、修房，修通了一条泥土路。此后，泥土路逐渐升级为砂石路和水泥路。原先从集镇到上坪是一条水泥路，在2021年"白改黑"期间，水泥路升级为柏油路，并安装了路灯和护栏。

宝成铁路涵洞的打通，彻底解决了下坪48户群众的出行难问题。以前下坪群众要去集镇上，要么得绕道上坪，要么得穿过徐家坪车站扳道房旁特留的"口子"。但穿铁轨终究有安全隐患，群众卖粮食、买化肥、拉修房材料等也十分吃力。2020年年底，当地政府与铁路部门反复沟通协调，投资300多万元修建了一条下穿宝成铁路的涵洞。2021年，当地又给涵洞加了挡墙。"穿涵洞去集镇比绕道上坪要省1.5公里，不管是买东西、办事还是就医，都方便多了。"45岁的下坪群众王维民深有感触地说。

"农村遍地都是宝，没有公路等于草。"当地民谚如是说。脱贫攻坚期间，产业路也在徐家坪社区的梯田里不断蜿蜒向前。2019年6月，徐家坪修通了一条3公里长的产业路。这条路连着上坪安置点和养蚕大棚，村民运送物资不用再肩挑背扛，开着摩托车就可以"上班"。同一年，从上坪"感恩亭"到蹇家咀的产业路也开始动工，村民采摘桑叶更加方便。从2021年年底开始，为发展观光旅游，当地又计划将原先的砂石路改造为柏油路，同时美化路面、修复田坎、栽种绿植。目前此项工程正在进行中。

椅子圈、对面子、下沟渠、青冈湾……在此工作了10年的徐家坪社区党支部书记杨清海给记者细数当地的小地名。这是老百姓对山形地貌的形象描述，也折射了曾经的"行路难"。而如今，遍布的路网、跨江的大桥、穿越铁路的涵洞已将上坪、下坪与集镇连成一个环形，让群众轻轻松松出门，安安心心回家。

灾后重建住新居　移民搬迁惠民生

汽车驶过徐家坪大桥，沿上坡经过一段柏油路，三排带阁楼、晒台的白墙红瓦安置房就在眼前了。这里是徐家坪社区上坪安置点。每排都打了水泥路，安了路灯，家家户户门口围了小花园。走近一看，工人们正在安装污水集中处理管道，修砌化粪池。这项工程完工后，安置点的生活污水就能集中收集处理了。

徐家坪社区居委会原副主任高维军的家在上排第 4 户。走进家中，彩电、冰箱、沙发等家用电器和家具一应俱全。而在 14 年前的"5·12"汶川特大地震发生时，他家的土坯房倒塌，一家人还住在临时搭建的帐篷里。回想起这一切，高维军历历在目。

2008 年 5 月 12 日，一场特大地震让距离主震区直线距离不足 300 公里的略阳县遭受重创。徐家坪镇灾情十分严重，是全县重灾镇之一。尤其是徐家坪村上坪一片废墟，上坪的 35 户农户中，有 17 户房屋倒塌、6 户房屋成为重度危房、8 户房屋受损。

在受灾群众最不安的时候，2008 年 5 月 20 日，时任中共中央政治局常委、中央书记处书记、国家副主席习近平来到了徐家坪村上坪受灾群众的临时帐篷前，问安危、嘘冷暖，一句"请你们放心，党和政府会帮助你们渡过难关"，使党中央的亲切关怀深深植入受灾群众的心田。

响应党中央号召，天津市委、市政府立即启动对口支援略阳重灾区恢复重建工作，援建项目涉及医院、学校、农民建房、灾区群众集中安置点等 9 大类 174 个。上坪集中安置点作为天津援建"交钥匙"工程也在其中。

全面建成小康社会 陕西变迁志

上坪集中安置点于当年6月中旬破土动工,共建成安置房31套,受灾群众于当年11月底全部迁入新居。此外,安置点同步建设挡土墙8000余立方米,新建沼气池31口,架设人饮管道5公里、农电线路2公里,通信网络实现全覆盖,还建设了一个600平方米的文化广场。

地震发生后,在各级党委、政府和社会各界的大力支持下,借助灾后重建和脱贫攻坚,上坪受灾群众的生产生活发生了翻天覆地的变化,受灾群众住上了安全舒适的灾后重建安置房,人居环境显著改善,致富门路不断拓宽,人均纯收入大幅提高。

在上坪灾后重建的同时,另一项深刻塑造徐家坪社区面貌的工程也在推进。这就是沿嘉陵江畔建设的移民搬迁新区。高作智正是这片荒滩变集镇的见证人。

略阳县徐家坪社区工厂,王亚梅正在给缝纫工钟丽敏指导缝纫技术(陕西日报记者李旭佳 摄)

高作智生于1962年，今年就满60周岁了，长期在徐家坪镇工作，农业、文教、计生、党建等领域都经历过，被称为徐家坪的"活字典"。高作智从手机里翻出一张老照片，那是2008年以前的徐家坪嘉陵江畔：一片江边的荒滩，零星分布着几座低矮的楼房，其余则是密密的瓦房。变化也正始于那一年，一个移民搬迁新区的蓝图已经形成。周边山上的群众要搬下来，住上新房子，过上新生活。

修筑河堤、建安置楼、完善配套……从2009年到2017年，一期到五期，30栋安置楼拔地而起，并同时实施了危房改造、抗震改造等民生工程，配建了幼儿园、集镇污水处理设施、垃圾收集转运设施等。

为了让群众搬得出、稳得住、能致富，尤其是解决留守妇女的务工问题，2018年，移民搬迁新区落户了一家从事服装、鞋帽等加工制作的社区工厂。工厂共投放自动裁床1台、自动拉布机1台、缝纫机105台、吊挂流水线2条。

每天8时30分，社区工厂厂房内缝纫机工作的声音会准时响起。"我是最早进社区工厂的工人之一，从培训到上岗都很顺利，现在工厂订单稳定，收入有保障。工厂里还有职工之家，不用担心孩子放学后无人照顾的问题。"社区工厂生产组组长王亚梅说。

刘树平以前和家人在徐家坪镇刘家庄住。村庄沿河，但她老家在离村庄10多里的山上。山上务农收入有限，孩子上学、老人看病都不方便。如今她和丈夫、母亲、两个孩子住在移民搬迁新区100平方米的房子里。丈夫在外打工，她在社区工厂上班。"两个孩子都在集镇上的小学读书，母亲看病走几步路就到镇卫生院了。我上着班，又能照顾家里，方便多了。"刘树平说。

据了解，社区工厂目前有女工20余人，人均月工资4000余元。如今，驱车沿着江边公路行驶，一栋栋安置楼以及配套的农贸市场、幼儿园、社区工厂、文化广场、灯光球场等一字排开。560多户2200多名群众在这里生活。这里完全是一个现代化的集镇。

2018年4月17日,在"5·12"汶川特大地震10周年即将到来之际,徐家坪41户群众给习近平总书记写信,报告灾后重建家园情况,表达对习近平总书记的感激之情。总书记表示,得知大家克服困难、发展生产、重建家园,如今收入大幅增加,住进了安全宽敞的新房,用上了水、电和宽带网,日子过得红红火火,感到很欣慰。向大家表示诚挚的问候,祝愿乡亲们在致富路上越走越稳,用勤劳双手把家园建设得更加美丽。

牢记习近平总书记的谆谆嘱托,徐家坪持续发展特色产业,改善人居环境。村组间道路拓宽,社区排洪工程建成,观景长廊、公共厕所等建设完毕,社区供水站建成,自来水到户实现全覆盖,垃圾分类岗亭投放14处,家家户户门前挂上家风家训牌匾……闲暇时,村民散步、赏花、打篮球、下棋,过上了和城里人一样的生活。

蚕桑中药兴产业　　文旅融合促增收

徐家坪镇位于略阳县城西北18公里处,曾是略阳县的"西部粮仓"和重要的蚕桑基地。徐家坪群众既经历了略阳县蚕桑产业的兴衰,也积极抢抓机会窗口,因地制宜闯出一条产业新路子。

"坎上一排桑,每户两张蚕。"这是马秀英记忆里20世纪90年代的徐家坪。1993年,马秀英从略阳县白雀寺嫁到了徐家坪。那时徐家坪人吃穿用度都得依靠这两张蚕,作为嫁到徐家坪的媳妇,马秀英很快也熟练掌握了养蚕技术。

2005年,略阳桑园面积达到5.4万亩,年养蚕22000张,产鲜茧 850 吨，蚕桑产业发展达到了鼎盛时期，养蚕给群众带来了丰厚收入。

但 2008 年以来，受"5·12"汶川特大地震波及、国际金融危机与农村经济多元化影响，劳动力价格不断上涨，农村劳动力减少，蚕桑产业出现严重下滑。蚕桑企业因先天不足、负债较大，加之经营管理不善，亏损严重，相继倒闭。农民挖桑、毁桑、弃管现象严重，桑树已挖毁殆尽。

马秀英家以往用来养蚕的土坯房在地震中轰然倒塌，她也就此终止了经管十余年的蚕桑业。与此同时，徐家坪的很多养蚕户也做出了跟马秀英同样的选择，徐家坪的蚕桑产业衰败了。

2018 年，"东桑西移"战略的实施推进，特别是脱贫攻坚步伐加快和苏陕对口协作帮扶，给略阳蚕桑产业的发展带来了新机遇。通过与江苏省海安市对口协作交流，略阳县决定恢复蚕桑产业发展，按照"公司+基地+专业合作社+农户"的模式，大力推广小蚕共育和省力化养蚕新技术。

借着这股东风，2019 年年初，徐家坪社区引进陕西福瑞源实业有限公司（以下简称"福瑞源公司"）重振蚕桑产业。该公司董事长张雪花是土生土长的略阳人，她来到徐家坪社区之后，流转土地 260 余亩发展桑园，并带领徐家坪的农户种桑、养蚕，还用桑叶制茶，用桑葚酿酒。

"农闲的时候我就到养蚕车间务工，每天能挣 80 多元，一年下来收入就 2 万多元。"杨庆红说。她住在上坪，家里 11 亩土地流转给了福瑞源公司，每年租金 4000 多元。她的丈夫也在公司务工，一年下来全家收入有 5 万多元。

马秀英家的土地也流转给了福瑞源公司。如今马秀英除了拿土地租金外，还养了 20 箱蜂，丈夫则在外面务工。站在马秀英家门口远

福瑞源公司蚕桑基地进行春季管护（朱立荣 摄）

嘉陵江畔的美丽变迁

受益于农村饮水安全工程,徐家坪社区居民马秀英用上了干净安全的自来水(陕西日报记者王姿颐 摄)

眺对面的山坡,一排排桑树挺拔有力,坡上徐家坪的妇女们系着围裙除草、施肥,为新一年蚕桑产业大丰收做好准备。

2021年,福瑞源公司总共为徐家坪社区进园务工人员发放工资30多万元。福瑞源公司建设了徐家坪、谭家庄、岩房坝3处蚕桑示范基地,2021年共养蚕500余张。蚕茧、桑叶茶、桑葚酒等几大产品实现综合产值超过200万元。预计全部投产达效后,年养蚕可达1000张以上,产茧8.5吨以上,仅蚕茧实现收入就在200万元以上。

目前,徐家坪社区总共发展密植桑园620余亩,建成小蚕共育、技术培训、科研教学、养蚕工厂等场所;完成密植桑园套种蒲公英260亩,建设蒲公英茶、桑叶茶、桑葚酒加工车间600平方米,引进生产线3条;建设桑黄菌栽培大棚500平方米,栽培桑黄菌4000筒;建设蚕茧烘干厂房200平方米,生产线1条。

2022年3月初,经汉中市和略阳县科技局牵线搭桥,受北京中国科学院老专家技术中心汉中工作站邀请,中国科学院老专家技术中心和中国农业大学的两位专家到徐家坪社区就桑葚酒的新产品开发问题与张雪花进行技术对接,解决企业的相关技术难题。徐家坪社区的蚕桑产业正获得越来越多的关注与支持。

为进一步汇聚力量,示范带动略阳县全县蚕桑产业发展,徐家坪镇跨区域组建了上坪蚕桑产业联合党支部,把党支部建在产业链上。联合党支部可以统筹辖区内资源、项目、人才、技术等,推动各方面资源向蚕桑产业集聚,推进党建与蚕桑产业深入融合。联合党支部通过订单农业、产供销一体模式等,指导村级蚕桑产业发展,引导党员在发展一线带头致富增收,促使企业和合作社在产业链里发展壮大。

除了蚕桑产业外,徐家坪如今也在积极发展天麻、黄精等道地药材产业。2015 年,略阳黄精基地通过国家中药材 GAP 认证。2017 年,

蚕茧工艺品(陕西日报记者王姿颐 摄)

略阳黄精获得国家地理标志产品保护认证。

徐家坪社区居民杨建学看到了黄精产业的机遇。2020年，在略阳县科技局的支持下，杨建学争取到50万元专项资金，种植了105亩黄精。"黄精生长周期长，产业见效慢，每年的管护费用也大。有了政府的支持，我也更有闯劲了。我要打造略阳黄精无公害种植示范基地，带动更多农户致富增收。"他说。

目前，徐家坪已种植成品天麻6000窝，种植天麻花粉15000窝。为了让土地效益最大化，徐家坪社区积极对接县科技局、林业局争取项目，计划新建天麻智能大棚3680平方米。该项目已经开工建设。

在上坪"明理馆"旁，一个名为"上坪院子"的民宿项目也在加快建设，目前3栋房屋主体已封顶。该项目由徐家坪社区股份经济合作社与陕西金纬润达农业发展有限公司合作。高维军等3户人家将各自旧房所在土地进行流转，按签订的合同获得土地租金和经营分红。"我们计划充分利用徐家坪社区的自然生态条件和特色农业产业，结合上坪党史学习教育资源，延伸产业链，让一、二、三产业融合发展。"略阳县委常委、徐家坪镇党委书记陶智君说。

目前，徐家坪社区已开始形成以蚕桑产业为主导，中药材、干杂果为辅的产业格局，文旅产业也在蓬勃开局。徐家坪社区贫困户已于2019年全部脱贫，2021年社区人均纯收入达13288元。

医疗教育面貌新　看病上学两不愁

徐家坪社区是徐家坪镇政府机关驻地所在，镇级医疗、教育资源都在这里聚集。尤其是灾后重建、脱贫攻坚和乡村振兴以来，医疗、教育硬件条件不断提升，软件服务水平持续改善，社区居民上学、看病都不用愁。

"起初，徐家坪镇卫生院建在嘉陵江畔的河滩地上，只有几间房子，各方面条件都比较差。"徐家坪镇卫生院退休医师李勇说。那时，镇卫生院只有一间诊室、一间药房、一间注射室、一间收费室，不到5名医护人员。当地群众健康意识也较差，病情严重了才让家人到医院请大夫。妇女因为生育常识不足，很多人选择在家生产，每每听到有宝宝出生，大夫们才从医院赶到群众家中给新生儿做检查。

2008年"5·12"汶川特大地震后，徐家坪镇卫生院抓住灾后重建机遇，多渠道争取资金，陆续建成住院部、门诊楼、公共卫生楼和辅助用房，基本医疗和公共卫生服务逐渐开展。现在徐家坪镇卫生院承担14类54项基本医疗和公共卫生服务，在15个行政村（社区）全部设立村（社区）卫生室。

高正国2010年来到徐家坪社区卫生室工作。"起初卫生室没有固定地点，需要租房子，现在我们不光有了3间诊室，还配备了电脑和各类医用设备，条件越来越好，管理也越来越规范。"他说。

社区居民周凤莲常来卫生室找高正国看病，时间久了，对于老人的身体状况，高正国已经一清二楚。"社区卫生室的好处就在于医生对病人的情况都很熟悉，有些腿脚不方便的老人或者慢性病患者，打一个电话我就能上门去，十分方便。"他说。目前高正国一共管理着61名高血压患者、7名糖尿病患者，会定期给他们测量血压、血糖，做各类健康科普。

2007年开始，略阳县实施新型农村合作医疗，村民住院、门诊和慢性病就诊能得到一定比例报销，在村卫生室就可以看病拿药。尤其是从2011年开始，农民参加新农合个人缴纳款由政府埋单，个人零负担参加新农合。"政府优惠政策真好，农民参加新农合不用交钱，看病还给报销，还有什么比这更幸福的事情。以前家里人看病，我得带着他们去略阳县城，现在不用再来回折腾了。"徐家坪社区农民蹇丽娟感慨道。

药品实现零差价；每年对65周岁及以上农民进行免费健康体检，并为辖区内每户建立家庭健康档案；每季度医务人员要进村入户进行随访，送医送药，为群众义诊，开展健康教育活动……这一系列举措让群众看病有保障，也让群众的健康意识越来越强。

2022年，徐家坪镇卫生院还将在汉中市、略阳县两级政府的支持下，投入4500万元新建业务综合楼，进一步改善卫生院基础设施。同时，借助汉中市中心医院和略阳县医院对口帮扶的契机，进一步建立健全相关规章制度、规范医疗服务行为，进一步提高业务水平和服务能力，方便群众就医。

徐家坪镇是传统农业镇。2008年前，全镇学校分布零散，办学条件较差，多数校舍为砖瓦结构，操场为土操场，宿舍为大通铺，无师生食堂。借助灾后重建的契机，全镇各个校园的面貌和条件发生翻天覆地的变化。一栋栋砖混结构的安全校舍拔地而起，学生宿舍、食堂均配套建设。教室里空调、智慧黑板、课桌凳等，一点不比城里学校差。

在面积近2000平方米的徐家坪镇中心幼儿园里，140个孩子在这里快乐地学习成长。"近两年我们新添置了一批教学设备，加大了师资引进力度，成功创建为汉中市市级一类幼儿园。"徐家坪镇中心幼儿园园长程茜说。

幼儿园老师黎亚妮在汶川特大地震那年上小学六年级，如今已经成为一名受孩子们欢迎的班主任。"现在教学条件越来越好了，我要珍惜眼前的工作，关爱和教育好每一个孩子。"黎亚妮说。

2022年2月，汉中市教育局在徐家坪初级中学举办集团化办学授牌仪式。汉中市龙岗学校、汉中东辰外国语学校、汉中市幼儿园分别对口帮扶徐家坪初级中学、徐家坪镇中心小学、徐家坪镇中心幼儿园。汉中教育"天团"的到来将让徐家坪的教育走上高质量发展的快车道。

针对残障儿童不能正常入学的情况，略阳县教育体育局专门制定全县"送教上门"工作实施方案，把"送教上门"落实到学校党支部具体工作中，让残障儿童也能够享受义务教育、快乐成长。

徐家坪社区居民王秀兰的女儿悦悦从小就患上了小儿麻痹症，在孩子小的时候，王秀兰也曾带着孩子辗转多地求医，后来治疗效果并不理想。到了上学的年纪，悦悦并不能像同龄人一样融入校园生活，更多的时候都只能待在家里。随着孩子一天天长大，王秀兰发现悦悦越来越不喜欢出门，也不怎么喜欢跟人交流。

得知悦悦的情况，徐家坪镇中心小学开始"送教上门"。"送教上门"一般是三个老师为一组，根据学生的行动能力和智力水平，安排讲故事、识字数数、康复运动等教学内容。悦悦的班主任左彩灵如今每月都会来两次。在与人交流互动的过程中，悦悦的性格逐渐开朗起来，与人交流沟通的能力也逐渐增强。"送教上门"把"特别的爱给特别的你"，让"折翼天使"也能展翅飞翔。

乡贤文化树新风　　便民服务暖人心

钱袋子鼓了，新房子建了，是不是就意味着乡村振兴了？嘉陵江岸边，青山绿树环绕的徐家坪积极推进乡风文明建设，找寻乡贤在基层治理中的价值。

在上坪集中安置点旁，有一株千年树龄的黄连木。围绕这棵大树，徐家坪社区建起古树议事广场。农闲时候或傍晚时分，社区组织

徐家坪社区上坪安置点(朱立荣 摄)

或大家凑在一起，拉家常、谋发展、解难题。

"村里的事让村民自己商量着办。"周高贵在徐家坪镇工作了10年，对做好基层工作深有感触。2021年，他从徐家坪镇镇长转岗至县直部门。

在商量的过程中，就少不了乡贤的身影。张明华是徐家坪社区评选的乡贤，他在徐家坪财政所工作了30余年。退休之后，他一直住在徐家坪社区，并主动帮着社区工作人员做起政策宣讲工作。古树议事广场上，他是常客。

20世纪80年代，张明华退伍之后回到镇上。在那个需要走街串巷爬山路收农业税的年代，张明华就在徐家坪镇工作，因此对这里的角角落落都很熟悉。常年和群众打交道的他，讲起政策来也更能说到群众真正关心的地方。徐家坪为什么要修路？产业为什么要加快发展？个人利益跟集体利益冲突时又该怎么办？在一次次讲解政策、调解矛盾的过程中，乡邻也对他产生了更深的信任。

在已纳入徐家坪乡村振兴示范区"1+4"组团的明水坝村，其乡贤文化别有特色。在这个以高氏宗族为主的小山村村口，一面面"乡贤文化墙"，与翠竹青青的"乡贤林"、茅草加盖的"思贤亭"交相辉映，村子充满了思贤向贤的独特文化氛围。

73岁的老党员高照建因为"耕读传家、勤劳致富"，成为村里的乡贤。作为20世纪80年代汉中市的劳模，他曾担任过25年村干部。当年，高照建带领全村发展千亩良桑的事迹至今仍被人津津乐道。如今，年过七旬的他种着三亩地，养着两头猪，栽种管护着六亩核桃树。高照建的儿子也是村里有名的"产业大户"。

"干事的人多了，打牌闲逛的人就少了。"在高照建看来，通过乡贤文化促进会、乡贤大讲堂等载体，乡贤的优秀品质影响着许多年轻人。

感动了无数人的救火英雄高继垲就出生于明水坝村。高继垲曾任四川省凉山彝族自治州西昌森林消防大队四中队三班班长。2019年3月30日，凉山彝族自治州木里藏族自治县雅砻江镇立尔村发生森林火灾。3月31日，扑火人员在转场途中，受瞬间风力突变影响，突遇山火爆燃，包括高继垲在内的30名扑火队员牺牲。2019年4月4日，高继垲被评定为烈士，追记一等功。家乡人民以他为荣，思念他学习他，加快建设新步伐。

除了乡贤文化建设外，徐家坪社区在移民搬迁新区组建党群服务站，选聘工作人员3名，建强服务群众的"堡垒"。罗维红一家于2017年搬入移民搬迁新区，家中共有8口人，人口多、劳动力少。脱贫攻坚期间，党群服务站工作人员一直关心着罗维红一家人的生活。如今罗维红家靠着种植天麻、养牛已经有了稳定收入。关于老人、孩子的看病问题，党群服务站的干部也经常给他们讲解医保政策，尽量减少看病的自费开销。

为切实解决移民搬迁新区群众回原籍办事难、两头跑的问题，徐家坪镇党群服务行政审批中心以"我为群众办实事"实践活动为契机，在全县率先开展"镇街村居联审联办"试点工作。迁入徐家坪社区的群众，原本需要回原籍办理的审批、审核等事务，都可在镇党群服务行政审批中心办理。

移民搬迁新区居民段明军在家门口就办好了营业执照。"之前办营业执照要跑30多公里，到略阳县城去，来回要花一天时间，现在一个小时就办下来了。"段明军说。

徐家坪镇党群服务行政审批中心主任周竑含介绍说，户籍不在徐家坪的这些老百姓来办事，由工作人员收集资料，通过电话、微信等方式向原户籍所在地的镇街或村居进行资料核实确认。没有问题的，由中心加盖镇街或村居联审联办专用章，代原户籍地的镇街或村居做出结论。信息多跑路，群众少跑路，群众在家门口就能办理行政审批服务事项。

此外，徐家坪社区深化"法律六进"活动，搭建群众纠纷一站式服务平台，打通乡村法律援助"最后一公里"。社区扎实开展孝亲敬老户、邻里和睦户、致富能手户、诚信经营户等评选表彰活动，推动家规家训挂厅堂，培育良好家风。目前，累计制定并悬挂了179户个性化家风家训牌匾，评选了5户"十星级文明户"。社区还建立了红白理事会、禁毒禁赌协会，坚决遏制封建迷信、厚葬薄养、人情攀比、高价彩礼等陈规陋习，文明新风得到不断弘扬。

组团发展共富裕　乡村振兴谱新曲

徐家坪村本是远离集镇的小山村，经历地震和灾后重建，被并入新的徐家坪社区。无论产业定位还是人居环境，都迅速提档升级。打赢脱贫攻坚战后，徐家坪社区作为市级乡村振兴示范点，又拥有了新使命。徐家坪社区要将周边的朱儿坝村、周家坝村、街口村、明水坝村整体吸纳进来，构成"1+4"组团，着力打造徐家坪乡村振兴示范区，建设乡村振兴楷模。整合资源、补短强弱、先进带领后进、走向共同富裕，徐家坪的明天让人憧憬。

位于朱儿坝村的郧阁田园综合体项目，就是徐家坪乡村振兴建设落下的一个重要棋子。这个项目从朱儿坝村的沟口开始，一路沿斜坡向上布局。沟口是温泉酒店，向里是近万平方米的室内水上乐园，再向里推是康养楼和民宿。之后驱车向上就是这个田园综合体的真正腹地——凭借通达的村组道路构建的3000多亩枇杷、大樱桃、板栗、核桃采摘园。该项目核心区占地40余亩，总投资5.6亿元。如今，

徐家坪红叶（朱立荣 摄）

整个项目正在加紧施工。

外人很难想象在远离汉中市区甚至远离略阳县城的山沟沟里，会布局这样一个大型的休闲康养项目。这就要从该项目的投资人——朱儿坝村返乡创业人才侯荣海谈起。

侯荣海生于1966年，今年56岁。他小时候就住在朱儿坝村的大山里，长大后长期在村上任职。其间，他带着村里的年轻人一起去外面闯荡，做工程。致富不忘乡里，工程闲了，他就带着挖掘机回来给村里修路。"大家有钱出钱，有力出力，有技出技"，在侯荣海的带动和促成下，村里累计修了30多公里高标准村组道路。

2010年的时候，侯荣海萌生了一个想法：要治沟，给这个"三沟四梁五面坡"的朱儿坝填出更多平地来，之后不管是种菜、养殖都可以。没想到这沟就陆陆续续填到了2017年。那一年，一个偶然的契机，侯荣海发现地下有温泉，这让他意识到要好好策划一番，做个

徐家坪社区上坪航拍（朱立荣 摄）

旅游项目。之后又恰逢国家提倡建设田园综合体，一个宏大的休闲康养项目自此在他的脑中逐渐清晰起来。为此，侯荣海查资料学习，与团队成员去全国各地考察，研究借鉴游乐场和温泉运营的案例。其间，有很兴奋的时候，但受挫的时候也不少。侯荣海对工程细节了如指掌，知道哪些地方可能出错。室内水上乐园规模很大，他曾一再提醒大棚钢结构施工方和水上乐园设备供应方要沟通好，防止棚子建起来，设备却放不进去。没想到最后还是出了意外，导致返工，多花了100多万元，工期延迟两个多月。如今工程建设环节终于接近尾声，侯荣海又在琢磨如何做好营销，把这个"养在深闺人未识"的项目推出去。

在郦阁田园综合体项目工地上，干活的多是朱儿坝和徐家坪周边的村民，其中一些从年轻时候就开始跟着侯荣海在外面干工程，项目在哪儿，他们就跟到哪儿。朱儿坝村民马培新跟着侯荣海20多年，在这个工地上已经干了3年，每月收入5000元。虽然水上乐园还没营业，但他已禁不住憧憬以后的热闹场面了。"以后游客多了，不管是卖农产品还是搞餐饮住宿，都可以挣钱。孩子大了也不用再到外面打工，在家门口就有活儿干。"他说。

郙阁田园综合体项目，是游人进入徐家坪乡村振兴示范区的第一站。按照汉中市和略阳县的规划，最终要建设"一轴双环六园"（包括交通环线和特色采摘园）、讲好"三个故事"（总书记亲切关怀故事、红军街口伏击战故事、《郙阁颂》勤政为民故事）、打造"三区"（感恩奋进体现区、"两山"理念实践区、乡村振兴示范区）。为使规划落地，徐家坪乡村振兴示范区包装了91个项目，总投资7.7亿元，前期已完成项目17个；2022年新开工项目40个，完成投资5100万元。

"推进乡村振兴，产业是基础，人才是支撑。我们要让产业和人才深入互动、发挥合力。"时任略阳县委副书记袁蕊说。为此，略阳县成立徐家坪"1+4"组团联合党委，以更好地整合资源，让更多人才投入产业发展和基层治理，助力乡村振兴楷模建设。

经略阳县科技局牵头，在徐家坪成立了乡村振兴人才服务团，下设蔬菜作物组、蚕桑作物组、中药材组、林果组。"我们下沉一线，通过技术培训和示范带动，让徐家坪乃至略阳的蚕桑产业发展规模更大、技术水平更高、效益更好。"略阳县蚕桑产业发展中心主任、徐家坪乡村振兴人才服务团蚕桑作物组组长万祎敏说。

选聘"周末书记"也是徐家坪在整合人才资源方面的重要探索。"我是明水坝村人，选聘我当明水坝村的'周末书记'，我也高兴，可以为老家发展尽一份力。通过周末返乡、日常调研或电话交流，我可以为明水坝村发展出谋划策、排忧解难。"略阳县委编办主任高正武说。

"存入"绿水青山,"取出"金山银山。在汉中市全面推进"两山银行"布局的背景下,徐家坪"两山银行"办事处也在2021年8月挂牌。在保护当地优越自然生态环境的同时,通过"两山银行"平台,徐家坪也真正实现了绿色发展。据初步摸排,徐家坪乡村振兴示范区所属村集体共有经营性资产650万元,可开发利用生态资源资产11个,其中包括上坪民宿资源、明水坝村文化旅游整村开发资源等A类资源2个。借助"两山银行"+金融服务模式,福瑞源公司以上坪420亩土地经营权获得贷款300万元,进一步实现生态产品价值转化。

下一步,徐家坪乡村振兴示范区将深入贯彻乡村振兴"二十字"方针,践行"两山"理念,坚持"三产联动""三生融合",突出抓好产业发展、基础设施提升、人居环境整治、乡村有效治理、生态资源价值转化,积极进行项目谋划包装落地,让乡村振兴建设持续发力,不断续写徐家坪老百姓的幸福志。

陕西日报记者／高振博　王姿颐

董岭花开幸福来

——纪录西安市蓝田县董岭村小康工程

走进西安市蓝田县小寨镇董岭村，一幅绿意盎然、悠闲自得的乡村生活画卷映入眼帘，主次干道绿树掩映，沥青道路宽阔畅通，潺潺流淌的小河从村边蜿蜒而过，新建的休憩廊亭与环绕的绿树互相映衬，构成了一幅美丽的田园风景画。一路走来，恬淡舒静的田园风光和古朴典雅的元素尽现眼前。走进村子中心，房舍错落有致，小凉亭、农耕雕塑洋溢着乡愁，小菜园、小花园渲染着农家风味。一排充

蓝田县小寨镇董岭村新貌（陕西日报记者李妮 摄）

董岭村社区综合服务中心（蓝田县委宣传部供图）

满田园韵味的民宿沿河坐落在村道旁，透过玻璃幕墙，可以看到室内的木桌椅和精致饰品。

谁能想到这个小村庄，经历了从"山上田薄苗稀，出行羊肠小道，整年辛苦劳作，唯求三餐能饱"到"山上绿色覆盖，山下旅游休闲，户户小车洋房，家家富裕安康"的美丽蝶变！而这些改变正是董岭人敢为人先、艰苦创业结出的累累硕果。如今的董岭村，已成为关中环线上最耀眼的富裕新社区、幸福新社区。

一个人与一条路

"我生活在董岭村大半辈子，现在是我感到最幸福的日子，我还想要再多活几年享享福呢！"今年已经80多岁的董岭村村民刘桂英的话，说出了该村村民的心声。

"我们现在的美好生活,多亏了党和政府的好政策,也得益于村上选了位好书记,建了一个好班子,定下了适合董岭村发展的好路子。"董岭村村民杨岳峰说。

杨岳峰说的好书记,是指董岭村党支部书记李田利,如今也是小寨镇副镇长。这个董岭村的"领路人"历经周折,带领乡亲们共同致富,让昔日贫穷的小乡村变成了全国有名的文明村。董岭村的发展,离不开2008年12月关中环线贯通的加持。而李田利与自小生活的这个村子的不解之缘,也是因为路。

时光轴拨回到20世纪80年代中期,那时董岭村村民的生活艰苦贫穷。因为地处老虎沟深处,几乎是个被遗忘的角落,全村连一条像样的出行道路都没有。村民购置农具化肥,别的村可以用架子车拉回来,可董岭村的村民却因为村中的路连架子车都进不去,只能用肩背,或者靠担子晃晃悠悠挑回来。

彼时,李田利不甘心让别人知道自己村这么穷,家里每次买化肥,他都扛到没人处才悄悄换成担子挑。李田利回忆说,小时候别村的孩子都会邀请同学们到家里玩,只有董岭村的孩子因为家里太穷,不愿意带同学来自己家串门。那时就有一颗小小的种子在他心中萌芽:"我们村不能一直这么穷下去!"

1992年夏,刚满22岁的李田利接了父亲的班,跳出"农门"成为韩城桑树坪煤矿的一名职工。当上工人的李田利有了些积蓄,有一次他休探亲假回家,便特意买了西服、领带、皮鞋准备"衣锦还乡"。由于董岭村当时还没有通车,他只能在焦岱镇柳家湾下车,沿着羊肠小道的通村路步行回家。正值夏天,天气就像娃娃脸变得很快,刚才还晴朗的天空突然大雨倾盆。回家的路坑坑洼洼,到处都是泥泞。等他到家时,鞋底已经开胶了,身上沾满了泥,整个人狼狈不堪。听说李田利回家了,他的伙伴们都跑来看他,一身湿透且脏兮兮的衣服和一双开了帮的鞋让李田利脸面无光。

这次回家期间，李田利撺掇着村里的年轻人快点把路修起来。他说："咱村这么多年的土路该修一修了。""我们哪有这能耐？村里要有变化，还得靠你们这些在外边干事的能人。""你阔了，但咱村的变化还不大，现在国家对农村的优惠政策很多，但就是缺乏一个强有力的领头人，你见识广，有热情、有魄力，你就回来带着大伙好好干一番事业吧！"乡亲们的真诚信赖，让李田利的心里起了波澜。也许那颗种子在心中早已发芽多时，他下定决心要改变家乡的面貌，改善乡亲们的生活。休假结束后，李田利就瞒着父亲，毅然买断了工龄，辞去"铁饭碗"回村了。

在10多天后的村委会选举中，李田利顺利当选村委会主任。25岁的他成了蓝田县最年轻的村委会主任。对他的选择，父亲无法理解，极为生气。"别人都争着从沟里出去，人家抢破头都抢不到的铁饭碗，你却扔了跑回穷窝里！"为此，父亲几年都没有和李田利说过话。家人的不认同更激起了李田利要在董岭村干出一番事业的决心："我要让家人相信我的决心，看看我的行动。我一定要改变村子穷困落后的面貌！"

"要致富，先修路。"修路是李田利要做的第一件大事。1996年冬季，在上级支持农村道路设施建设资金尚未到位的情况下，李田利自掏腰包，再通过村民筹劳等方式，带领董岭村村民日夜奋战，终于在1997年的大年三十，硬是修通了4公里长的可通四轮车的出村道路，结束了董岭村历史上不通机动车的历史。

修完了路，在"希望工程"的鼓舞下，李田利又动员村民们集资修学校。不足的资金，是李田利多次跑乡上、县上"化缘"来的。董岭小学的建成，结束了该村几十年只有简易教学点、实行复式教学的历史。而随着董岭村基础教育的提升，七八年后，董岭村开始陆续出

董岭花开幸福来

董岭村村容村貌(蓝田县委宣传部供图)

了大学生。

解决了村上的基础设施问题,李田利开始将更多的精力投入产业结构调整上,着手解决村民们增收致富的问题。"刚开始创业,没有规划,看见什么挣钱就干什么。"1996年,李田利听说礼泉县种苹果挣钱了,他便带着村民在山坡上种植了400亩苹果。两年后要挂果了,却因水肥不到位、土壤不适宜苹果生长,结出来的果子又小又涩。李田利第一次带领董岭村村民"创业"以失败告终。

1998年年底,李田利担任董岭村党支部书记后,一心想带领村民脱贫致富。他在西安市万寿路中药材市场看到柴胡的价格很高,便又带着村民种植柴胡。村里老人劝他:"药材、药材,不是药就是柴。"李田利却没当回事。没想到,等他们种出柴胡的时候,原本可以卖到70多元一斤的柴胡已掉到3元多一斤。真应了村民的话:不是药材就变成一堆干柴。这一次又赔了个底儿朝天。

两次"创业"接连失败后,李田利依然不服输,他决定下次先从自家做实验,帮大伙蹚路子,于是他贷款建起了养猪场。这次养猪大获成功后,他再次鼓起勇气动员村民"一起干"。通过帮大伙儿争取低息贷款,他们在村里建起了养殖小区,花了当时能建两层楼的钱从四川买了杂交猪崽。猪是养起来了,但因为疫病和市场价格的关系,又赔了个一塌糊涂。

这一次失败,让李田利真觉得"无颜再见"父老乡亲。从买断工龄开始,一晃10年过去了,自己不但没有改变董岭村的贫困面貌,反而让大家折腾光了手里的钱,不少人还背上了贷款。村民对跟着李田利致富的信心降到冰点。坎坷曲折的创业路,也让他一度对自己的选择有了怀疑。用李田利自己的话说,"如果这一次我再倒下站不起来,我绝对就成了村民教育下一代的反面教材。"

2006年,因为资金困难,李田利只能外出打工偿还贷款,也想在外面找找发展的路子。打工期间,他听到杨凌将举行农高会,就放下手中的农活跑到杨凌。在杨凌农高会上,李田利给一位西北农林科技大学的教授讲了他带领村民曲折的"创业史"。听到这个年轻人的故事,教授深受感动,当场表示愿意免费指导董岭村科学致富,让李田利带上从村里采集的土壤到实验室进行检测。经过科学化验和实地测定,董岭村竟是难得的核桃优生区,适合发展核桃产业,这个结论让李田利兴奋不已。

有了专家的指导,李田利心里有了谱,回到村子,他又一次求爷爷告奶奶地劝说与自己关系好的村民种植核桃,但村上相信李田利的仅仅只剩下几户人家。这几户村民听从了他的游说,种起了核桃。

在教授的指引下,董岭村的核桃不仅产量丰、质量好,而且效益也特别好,所以核桃产业很快就发展起来,董岭核桃也在蓝田县有了一定的知名度。2010年,董岭村成立了核桃专业合作社,注册了"茂咀"商标,通过了国家绿色食品认证。在继续摸索出"合作社＋基地＋农户"的经营模式后,董岭村打出了"董岭核桃"品牌,以核桃生产、加工为主体,不断延伸核桃产业链,核桃成为村里的主导产业。

到2011年,种核桃的村民得益于收核桃和核桃接穗获得了每亩上万元的收入,一下子吸引了更多村民加入种核桃的行列,董岭村的核桃产业由此逐年壮大。这让李田利由衷感慨,搞农业还是要相信科学。2013年,核桃产业覆盖了全村2100亩土地。村民的收入也有了飞跃式突破,仅核桃产业一项收入就高达100多万元,董岭村人均收入提高28%,成为秦岭山下闻名的富裕村。自此,董岭村发展有了"第一桶金"!

改革敢为先

2013年，种植核桃带来的收入刚刚鼓起董岭村村民的腰包。可随着核桃产业在全县的推广和发展，核桃市场利润越来越少，村民们种出的核桃产量很好，质量也好，但却卖不上价。李田利便开始考虑董岭村的产业转型。

恰在此时，与董岭村只有一路之隔的白鹿原影视城开工建设，关中环线也愈发漂亮。李田利心里一动，他找到专家请教，专家说，影视城必然会带来大量客源，董岭村只需要做能将客源留下来的项目就能成功。按照这个思路，2015年8月，《董岭村农业文化主题公园旅游发展规划》出炉。

董岭村民宿（蓝田县委宣传部供图）

但是，董岭村的土地资源都分散掌握在一家一户的群众手中，而这个规划要实施，却需要不少土地。董岭村的发展，遇到了"一户不同意，全村弄不成"的难题。如何破解这一困局？李田利将眼光瞄向村集体土地改革。

"群众致富，要在土地上做文章，只有土地资源盘活了，才能真正释放农村的发展活力。"李田利说，"在改革开放初期，家庭联产承包责任制有效解决了吃饭的问题，但放在现阶段的条件下来看，它对现代农业发展是一个制约，一家一户没办法发展壮大产业，这就需要进行改革的先试先行。"

李田利说的这项改革就是他带领董岭村在全国率先实施的土地经营权比例化股份制改革。"我们参照了国企改革的配比方法，采取了51∶49的产权分配结构。"李田利介绍说，这种借鉴国企经验及城镇住房公积金改革的做法，是他请教西北农林科技大学经济管理学院李录堂教授后从土地制度设计上寻求的路径。

李录堂教授还建议，董岭村应探索建立"以土地集体公有为主，非集体（农民）土地所有为辅"的土地集体公有制度。但对农村政策和农村实际状况熟悉的李田利却有了"股份制改造"土地的想法。

当时，适逢西安市统筹办调研小组前往贵州、浙江等地学习先进经验，作为成员之一的李田利视野大开。回村后，他就开始进行土地产权比例化市场流转试验，将农村土地产权按集体占51%、村民占49%的比例分配后再市场化流转。

为了推动村集体土地股份合作，李田利动员党员干部参与资源重新配置。在他的带动下，一些核桃种植大户也纷纷加入。很快，所有农户都以土地入股的形式，把自己的核桃地交给村集体经济组织经营。为了把土地量化成股权分配给农户，2015年11月，董岭村向镇党委、镇政府申请，通过群众代表大会选出了由村"两委"干部、党员代表、村民代表为成员的改革工作领导小组。

"现在说起来很简单，可实施过程中却一波三折。"李田利的感慨不无道理。2015年11月，董岭村"三委"上百次向村民宣讲、解释政策，征求多方意见和建议，历经十余次会议，到年底时，终于获得全村172户村民的支持。

2016年3月21日，蓝田县小寨镇董岭村村民李向田第一个在村集体双重保障型农地产权比例市场流转试验合同书上按上手印，同意将自家的全部耕地、林地、荒地、住宅等由集体统一经营管理。由此，我国首例将农村产权按比例分配给集体和个人的市场化流转试验在秦岭脚下拉开了序幕。

土地可以股份量化，这让李田利和村干部又想到，其他资源应该也可以。因此，村上决定把已经股改过的土地设为A股，把资金设为B股，把非土地资产资源设为C股，全面启动B、C股改革。

资源变资产、资金变股金、农民变股东的第一步是清产核资。董岭村在相关部门帮助下，对全村现有的资源、资金等情况进行彻底清查摸底，结果显示，原村集体总资产107.50万元，总负债30万元。

为了把这些资产量化给村民，村上决定以2016年7月1日为时间节点，对户籍在村上的村民进行股民资格界定，对符合成员资格的596个股民，以发放股权证的形式明确个人占有股份份额，并予以公示。董岭村股份经济合作社也自此成立。

一个突破、一个创新、一个确保是董岭村改革的真实写照。据李田利介绍，一个突破，即突破了原来的资源占有不公平，对资源进行重组。使每一个成员公平享有村内的资源、资产与资金，确保了改革入口的公平。

一个创新，是指董岭村创新地设置了双重保障金。利用双重保障金的杠杆作用撬动成员内部股份在静态管理的情况下永远相对持平，并打通了双向流动的通道，实现了村民城乡之间身份的自由切换，解决了村民离土不离乡的后顾之忧。通过这种改革，可以最终在农村形成中等收入群体和有双重保障的低收入群体并存的格局，以实现乡村振兴和共同富裕。

董岭村规定，除集体所占土地产权及收益总额的49%归农民个人所有外，其余的51%留在集体，作为本金，以"滚雪球"的方式增值，这其中的31%又借鉴国有企业改制经验"公积金"的形式由集体存入第三方银行，享有股权的村民可以此为凭贷款，也可以在自行脱离集体时取出；10%作为村级公益金，解决农村土地市场流转过程中失地失业农民的生存及就业问题和保障养老、环卫、妇幼等项目；剩下的10%作为管理费，根据村务工作需要支取。

"改革就是要确保每一个生活在董岭的人活得有尊严。"李田利说。董岭村通过改革，实现了产业兴旺，不仅让村民生活富裕，更重要的是还解决了绝大部分的社会矛盾。在李田利看来，当下的董岭村不仅从根源上解决了资源占有不公平，也解决了老有所养的问题，妇女儿童的合法权益也得到保障。每个村民都有四证一卡，不管老人、小孩还是待出嫁的女孩，都带着自己的股权，年年可以享受集体分红。

如果村民完全退出股份，要求按农村土地确权证的规定收回自己的承包地，又该如何应对呢？现实中也确实存在村民中途退出股权要求收回土地的情况，有专家主张允许其退出股份，但其参与股份制项目的地块不能退出，村集体可在别的地方重新划地，从而既保障项目的可持续性，又更好地保障和满足村民的权利和要求。

在董岭村大刀阔斧改革的同时，2016年7月16日，白鹿原影视城正式开园，凭借独有的关中民俗和深厚的文化底蕴，受到游客的喜爱和追捧。2017年电视剧《白鹿原》开拍前，张嘉译、何冰、秦海璐等知名演员集体在董岭村体验生活，劈柴、割麦、纺线、擀面……在为期半年时间的拍摄期间，大批粉丝蜂拥而至，一睹实力派演员的风采，一探影视剧拍摄的幕后。"人流量有了，旅游产业潜力巨大。"李田利觉得，董岭村迎来了千载难逢的发展机遇。

为了充分把握此次机遇，董岭村在李田利的带领下，邀请知名专家对整村进行重新规划，按照打造"山上绿色果园，山下旅游休闲"新型农业社区的思路，通过建设新农村、美丽乡村，彻底改变了村容村貌。

在村口建门楼，为村里装路灯，修河堤、环村水泥路、村民活动广场，栽植景观树木，建新型独家独院的小洋楼社区……一时间，全村绿化面积高达5000平方米。

为方便村民生活，村里同步规划建设村卫生室、便民超市、便民

董岭村民宿夜景（蓝田县委宣传部供图）

食堂、老年活动中心、图书馆、阅览室、多媒体办公场所等多功能的社区综合服务中心，切实解决了村民看病就医、购物休闲、生活娱乐等问题。董岭村成为环山路边一个美丽的小山村。

乘着旅游业发展的东风，董岭村产业发展更加多样。2016年，村上成立了董岭村股份经济合作社，集体资产突破5000万元。董岭村股份经济合作社先后成立5个子公司，还开发了生态停车场、农家乐、民宿等乡村旅游特色产业，让村民们放开手脚发展第三产业。尤其是在白鹿原影视城建成后，董岭村以其优美环境吸引了影视城演职人员及周围游客入住，仅民宿一项每年就可为董岭村村民人均增收4057元。2020年，董岭村集体资产已突破7000万元，经营性收入达80余万元，累计分红100余万元，村民人均可支配收入从2015年的9800元提升到2.02万元。

村民腰包鼓

村级集体经济发展壮大后，董岭村对全村建设重新进行布局，先是将山上和沟深处的村民搬迁出来，在村口新批建了宅基地。新建的民居是二层小楼，有干净整洁的厨房、安全卫生的饮水设施、污水处理池、太阳能淋浴设施、水冲厕所等。到2019年，全村90%以上的农户住进了新民居。

董岭村通了自来水、通了有线电视、通了光纤、通了水泥路、通了客运班车、通了电话、通了快递，还提升了路灯、垃圾处理站等硬件设施水平，规范村民房前屋后面貌，先后建成文化大礼堂和乡村大舞台、社区综合服务中心、广场及社区医疗保健中心等。村内排水系统完善，生活垃圾得到集中处理，打造了6000平方米的董岭村特色景观节点和景观带，并对搬迁后的老旧房屋进行提升改造，建成集体所有精品民宿……一项项措施让村里变了样，董岭村越来越美。

"我刚嫁过来的时候，村口这一片都是河滩地，哪有现在这么漂亮！"在嫁到董岭村的媳妇程小妮眼中，这些年，村子的变化真是太大了。程小妮回忆说，2013年，她在外打工时，认识了现在的丈夫。两个人都是蓝田人，她觉得这个男人对她很好，是个可以托付终身的人，于是便同意了跟他去见家长。

"当时他家住在山梁上，他带着我往上走，走的那都不能叫路，就是踩出来的一条小道。到了他家，我一看，房子破破烂烂，连门都是坏的，我的心都凉了半截。进了他家，他妈塞给我200块钱，我没要。后来才知道，这200块钱还是问别人借来的。"程小妮说。

虽然条件不好，但还是没能阻止两颗想要相互靠近的心。"在订婚之前，我一直没有给家里人说他家条件不好的事。直到订婚当天，两家人要见面，我家好些亲戚都过来了，我妈一进村，瞧见这村子情况，再一看他家条件，脸色就没好过。要不是面子上过不去，她都直接走了。"程小妮说，"我还记得我妈拉着我的手哭得稀里哗啦，不同意我的婚事，亲戚们也劝我，可我就是铁了心要嫁到这里。"

"自那以后，每次我回娘家，我妈总是问东问西，然后替我发愁。可谁知道十年河东、十年河西。这几年，董岭村发生了翻天覆地的变化。村上道路硬化，做了美化工程，我家也从山梁上搬下来，住上了宽敞明亮的新房。现在我两个儿子由婆婆帮忙照看，村上发展集体经济成了远近闻名的富裕村。现在回娘家，我都打扮得漂漂亮亮。大家都说我这个傻姑娘眼光好，掉到福窝里了。"

切身体会到日子越来越好的，不止程小妮一个。依托毗邻白鹿原影视城的区位优势，村民们有些到影视城打工，有些将自家房屋出租，有些发展起农家乐和民宿，日子过得红红火火。

董强就是村上最早开办农家乐的经营户。他和妻子刘宏利经营的"小桥别院"农家乐，就位于董岭村主干道一旁的小桥边。富有农家特色的饭菜、依河傍水的清幽环境，让"小桥别院"的游客络绎不绝。

董强和妻子刘宏利都是土生土长的董岭人。早些年，夫妻二人带着孩子辗转深圳、威海、西安等城市打工，开过饭馆、卖过家电、摆过夜摊，在外漂泊近20年却没攒下多少钱。"我以前在西安市一家超市里工作。"刘宏利说，"在外面总觉得不太方便，顾不上家。加上我父母年纪大了，我总是担心他们。"

过去，"土里刨食"的单一产业模式，让许许多多年轻人选择外出务工。这几年，董岭村发生了翻天覆地的变化。一户一户村民从山上搬下来，盖起了楼房；村里的土路变成了整洁宽敞的硬化路；河里种上了一大片荷花，一块块荒地、空地，修成了村民广场、街道景观……这些变化，董强和刘宏利夫妻俩看在眼里，喜在心头，下定决心回乡。

2015年，两人返乡开起了"小桥别院"农家乐。随着电视剧《白鹿原》的热播，许多游客慕名而来。搭乘乡村旅游的快车，即使在冬日旅游淡季，单就租住在村中的白鹿原影视城演职人员的就餐需求，也能让"小桥别院"的生意得以延续。

最开始，农家乐一年的纯收入在10万元上下。但是没过几年，董强就发现低端的农家乐行不通了。"几乎每天都有人来问有没有房子住，咱就有嘛。人家要住，问多钱，咱说80元，人家说，80块钱能住个啥房，住宿条件肯定不行，结果连看都不看就走了。"董强说。

后来，董强与设计公司沟通后决定，投入10万多元，将农家乐改造成基础版民宿。董强说："原来一间房80块钱人家都不愿意住。现在改造成民宿以后，200块钱争着住。用不了几年就能收回成本。"

随着董岭村的发展，他们两口子不但在家门口当上老板，而且也真正过上了好日子。"经营农家乐的收入是之前在超市打工的两倍。"刘宏利笑着说，"而且在工作时间上更加灵活。我能一边照顾家庭，一边工作。"2020 年，夫妻俩又生下了小儿子，一家四口其乐融融。

除了发展农家乐，还有村民打起了旧宅新用的主意。比如昔日的"穷人"，如今已被村民唤作"杨总"的杨岳峰。过去，大伙说杨岳峰"穷"，是因为其人在村中却一直租房住。如今，大家叫杨岳峰为"杨总"，是因为他不仅建起两栋楼房出租，成了"包租公"，还当上了董岭村股份经济合作社的董事长，谋划如何给大伙赚钱。

在杨岳峰家出租的新楼房，清幽的房间洒满了阳光，古色古香的茶台上冒着热气。"以前我也是在外打工多年，后来才回乡承包了 50 亩地种矮化核桃。"杨岳峰说，随着来董岭的游客越来越多，他先做民宿，后来转型做房屋租赁，轻轻松松年收入 10 万元。

至于如何给大伙赚钱，杨岳峰说，2016 年，村上成立了董岭村股份经济合作社，将村民的旧房回收至合作社名下，陆续翻新改造 24 套民宿，其中 9 套已经建成营业。"我们把 4 套民宿交由第三方公司经营，每年收取承包费用 40 万元，另外 5 套采用 5 年内无偿让渡使用权，5 年后连同配套设施一同收回的模式交由第三方公司经营。目前，合作社每年拿出 20 万元民宿收入给大伙分红。"杨岳峰说，村上的房屋资源在村集体，社会资本更愿意融入进来，董岭村也从一开始的招商变成了"选商"。随着乡村旅游产业发展，董岭村的餐饮住宿生意越来越好。

董岭村山清水秀，空气清新，乡风与村容村貌有别于附近别的村子，不仅吸引着众多游客前来感受这独有的村庄悠闲生活，也吸引了大量的外来人口在此居住。光是陕西省旅游集团和白鹿原影视城，就有 500 多位职员租住在董岭村，给董岭村带来了不菲的房租收入。另外，村集体修建了两个生态停车场，年收入50余万元。村上还有很多妇女去影视城打工，年人均收入两万元左右。

深圳鼎彝文旅集团演出项目部总监李鸿剑说："我们公司在白鹿原影视城有演出项目，目前公司在董岭村租有宿舍楼，给100多名演职人员居住，这里环境好，住着舒心，村民也热情友善，我已经在这里待了五六年了，早已经把这里当成了自己第二个家。"

未来，董岭村还计划在村集体建设用地上建成一座3层3000平方米的民宿酒店，进一步壮大村集体经济，惠及全体股东。在村子入口处，种植80亩的彩叶树种，打造董岭花海和百亩采摘园。把董岭村建成AAA级景区，让游客来董岭有得看，有得玩，有得住。董岭村发展的最终目标就是，要让董岭村的每一寸土地充满希望，让鲜花开满村庄，用产业融通城乡。

花开幸福来

初春的微风吹醒了百花、吹绿了树木，蓓蕾刚探尖尖角，枝头隐现浅浅绿。漫步在平坦宽阔的水泥路上，家家户户庭院干净，一排排房屋宽敞明亮，一张张笑脸轻盈舒展。趁着阳光正好，老人们坐在屋门口一边悠闲地晒太阳，一边聊天。在朝晖的映衬下，对面刚冒出新绿的山头把整个村庄浸染得绚丽而恬静。

2020年8月，赵倩倩从学校毕业，作为一名选调生来董岭村任村党支部副书记。在这个新董岭人的眼中，董岭村村民不仅笑声多了、歌声甜了、精神爽了，而且脑子活了、胆量大了、心气足了。这和谐幸福的画面，得益于董岭村的乡村治理"秘诀"。

董岭村探索出一套新的村级管理模式，即撤销原有3个村民小组，成立"五办一部"，即"两委"办、基建办、产业办、创卫办、计生办以及财务部，打破原有组与组界限，群众有事直接到村上办理，既减少了流程，又精简了干部职数。

为了保障好全村人的"饭碗"，董岭村在村级各个公司章程中都规定，重大投资项目实行"支部零控股一票否决制"，既确保了党组织在农村经济工作中的领导地位，也确保了村集体资源、资产、资金的安全和有效盘活利用。

董岭村对党员实行"定员、定岗、定责，有承诺"的"三定一有"管理，由党员主动认领环卫监督、河长、路长、治安管理等岗位，带头整治村内"五乱"现象。目前，董岭村共有党员50名，在村子发展各方面都发挥着示范带头作用。

董岭村本着"众人的事情由众人商量"的原则，对村内基础设施建设、人居环境改善、特色产业发展、生态文明建设等事项，通过党员干部联系群众定期访、"董岭大小事"公众号随时提、座谈交流集

领到党员证的董岭村党员赵志杰（陕西日报记者张英 摄）

董岭村美景（蓝田县委宣传部供图）

中议等措施，收集党员群众意见建议，集体谋划决策。由此，村民由"旁观者"转变为"决策者""参与者"，参与建设美丽家园的内生动力更强了。

在农村人居环境整治方面，董岭村探索出了"道德教化＋制度约束＋市场手段"相结合的乡村治理模式，并被住建部作为典型在全国进行推广。由村内道德评议会成员对村民房前屋后卫生进行不定期检查，将检查结果在环境卫生动态评比栏进行公示，通过公示的形式管住不讲卫生的人；同时还与每个村民签订董岭村环境卫生治理协议，规定了每家每户的责任区，用制度管住不守规矩的人；对于环境卫生评比为优的，进行道德积分奖励，一分兑换一元的物品，随时兑换，评比结果为差的，会在每年年底分红中进行扣除，用奖优罚劣的方式管住既不讲道德也不守规矩的人。实践证明，通过道德教化、制度约束和市场手段的推行，管住了人、管住了事、管住了根本。通过这三种手段相结合的方式，董岭村的人居环境也得到了改善，村庄的颜值也大大提升了，村民们生活更加和谐。

全面建成小康社会 陕西变迁志

"乡村治理好,村民的幸福感才能持续提升。我看到每户村民的脸上都洋溢着由内到外的喜悦,村民们的腰包越来越鼓,生活越来越和谐,日子越来越有奔头。"赵倩倩说。

村民王顺民家离村委会不远。沿着他家门口的路走下去,可以看到村道宽阔,村容整洁,树木成荫……家家户户门前都非常整洁,家门口墙上随处可见红色家训、党员示范户等小牌匾,还贴着村委会设置的评比牌。王顺民家的等次是"优"。

在村道旁,有一家董岭村道德超市。走进超市,五六排货架上摆满了琳琅满目的生活用品。王顺民在超市里认真选购,最终拿了自

董岭村的乡约墙(陕西日报记者安涛 摄)

董岭村的《村规民约》墙（宋贝贝 摄）

己需要的一袋盐和一瓶酱油。结账时，王顺民出示一个小红本，上面记录了他的道德积分。超市老板在本上登记，减掉对应积分，帮他装了袋。

"对门前屋后的人居环境，村里有专门的人进行监督和提醒。如果干净卫生，还能获得道德积分。此外，村上还设置了一些公益性任务，有人干的话也会获得道德积分奖励。"王顺民说，"一分就是一元钱，能去村里的道德积分超市换取一些生活用品。这样一来，大家都愿意自觉维护董岭村的环境卫生。"

董岭村环境变美了，群众的钱包鼓了，邻里间的相处也更加和谐了。刘忙仓和刘新武是董岭村的两户人家，但是两家之间却没有院墙，从门外望进去，两家像是一家。如此这般无院墙的"一家亲"邻里，在董岭村还有不少。村民们都说，这就是新乡贤、新乡约的力量。

航拍蓝田县董岭村（陕西日报记者田若楠 摄）

村上的好人好事也随处可见。2020年5月的一天，董岭村村委会副主任刘可蔚像往常一样在办公室值班。村里的一个群众急匆匆跑到村委会，说看到一位老人失足掉进村里的荷花池里面。听到这个消息后，刘可蔚十分着急，虽然荷花池中没水，但是此时淤泥尚未干透，一旦掉进去，就会陷入淤泥，轻则被困淤泥，重则会有生命危险。于是他迅速往荷花池边跑去。

赶往现场后，刘可蔚看到有位老太太在荷花池中央的位置，大半个身子已经陷入淤泥中无法动弹，不断呼救。情况紧急，刘可蔚毫不犹豫就跳进两米多深的荷花池里，在同其他村民的共同努力下，将老人从淤泥中拖出来背上岸。经询问，这位老人身体无大碍。于是，刘可蔚将老人送回家中便匆匆离去。

事后，被救者及其家人表示感激，要重谢他，刘可蔚婉言拒绝。"这是我应该做的事情。当时情况紧急，我相信大家看到这样的情况，都会这样做的，何况我还是党员呢，这点小事不值一提。"刘可蔚说。2021年，刘可蔚被评为"董岭好人"，2022年又被推选为"陕西好人"候选人。

村民常国兰是村民们公认的好媳妇，她嫁到村里已有40年。年轻时，丈夫担任村主任期间，为了村上忙前忙后，顾不上家，家里就全靠常国兰操持。她不但要种十几亩地，还要照顾公婆。40年来，常国兰把老人照顾得特别好，和小姑子也亲如姐妹，还照顾着两岁的孙女。如今，常国兰的婆婆88岁了，身体尚可，村里人都羡慕她有福气，有个这么孝顺的儿媳妇。

一张张发自内心的笑脸，都是董岭村民们幸福感、获得感的体现。今年63岁的脱贫户董广贤在深圳鼎彝文旅集团打工，负责打扫公司在村里给员工租下的宿舍楼，每月工资2000元。另外，村上每年还给他分红。

"以前我们村是镇上最穷、最差的一个村,姑娘不愿嫁进来,村上光棍还蛮多。许多村民在山梁上住着,是'鬼不走'的地方。每年村口的烂河滩都要发水,淹得到处是稀泥。"董广贤说,"这几年村上变化特别大。土泥路变成了柏油路,烂河滩变成社区综合服务中心,环境好了,大家的日子好了,吃喝不愁,心情也好。现在,村上出了不少大学生和研究生,小伙子不愁找对象,老人不愁没人管,生病了也有合疗和补贴,连城里人都羡慕农村人的生活呢。"

近年来,董岭村相继获得"全国文明村""中国美丽休闲乡村""国家森林乡村""全国乡村治理示范村""住建部美好环境与幸福生活共同缔造第一批精选试点村"等几十项荣誉称号,成为盛名远扬的乡村振兴"明星村"。

如今,焕然一新的董岭村,四季花香,处处透绿。"山上绿色果园,山下旅游休闲,村民安居乐业,乡村更加美好"成为这个村庄美好生活的生动写照。

陕西日报记者/吴莎莎

白云生处的幸福人家

——纪录宝鸡市太白县白云村小康工程

在太白县城南约19公里处的红岩河畔,有这样一个小山村:日照时间长,光热资源充足,天蓝、山青、水绿。

海拔1380米,夏季平均气温19摄氏度,这里是名副其实的"天然空调城"和夏季避酷暑的胜地。

每年冬春两季,村庄显得格外宁静,村民或在家里悠闲享受着

白云村的3D山水墙体画(太白县委宣传部供图)

山水田园般的生活，或在园区务工……

每到夏秋两季，这里游人如织、车流不断。村里人异常忙碌，收拾庭院，准备食材，迎接八方客人。

城里的人离开喧嚣的城市，从四面八方涌进这里，闻花香、赏花景、看山水、品农家饭、体验农事、住农家乐。游客徜徉在天然氧吧中，呼吸着新鲜空气，仿佛进入仙境，流连忘返。

而在多年前，这个自然生态的"优等生"和许多山区的村庄一样，由于居住条件差、产业发展滞后等原因，大多数年轻劳力纷纷外出务工，以维持全家生计。

这就是太白县咀头镇白云村。

白云村的今昔变化，源于党的十八大以来，尤其是脱贫攻坚以来，依托自然资源禀赋，借助扶贫政策"东风"，巧用山水，盘活资源，将发展乡村旅游产业与特色种养业、开办农家乐等有机结合，不断激发村民对美好生活的追求，使小山村变景区，景区带动山区，村民的腰包逐年鼓了起来，幸福感、获得感逐步提升。昔日古栈道上的白云村焕发出耀眼的光辉。

穷山村变为示范村

"住在老村边，抽的兰花烟，烤的转转火，吃的洋芋果。"67岁的太白中学退休老教师肖春华这样形容过去白云村人的生活。

白云村历史上地处褒斜古栈道中段，村名因唐代将领尉迟敬德在此铸造官银（俗称"白银"）演变而得，为唐白云驿遗址所在地。

白云村辖8个村民小组，共有322户1027人，2016年建档立卡贫困户95户303人，耕地1769亩，林地5.9万亩。

集休闲观光、垂钓烧烤于一体的白云村生态冷水鱼养殖区（太白县委宣传部供图）

曾经的白云村和全国其他山区村庄一样，村民住房以土坯房居多，散居在红岩河两岸，20%左右的农户居住在半山腰；村内环境脏乱差、没有水泥路；村民主要以栽种大田蔬菜为主，种植技术陈旧，产品基本无附加值；村"两委"主要以完成上级安排的基层组织常态化运转和村民日常事务代办或经办为主。

"要说白云村今天的变化大靠的啥？靠的是党的好政策，靠的是村上有一支团结有力的班子，靠的是有一个像齐永丽这样的好带头人。"肖春华说。

"这是乡村旅游接待中心，这是道德文化墙，这是农家乐和特色民宿；那是百合园区，那是请人设计绘制的3D山水墙体画，那是休闲观光、垂钓烧烤的生态冷水鱼养殖区……"白云村党支部书记兼村委会主任齐永丽，介绍起村上一个个变化和产业，如数家珍。

"你现在看到的白云村和过去大不一样啊！过去的白云村，村民运输靠背、吃水靠挑、垃圾靠风吹、污水靠蒸发、收入靠伐木。由于村办公场所太小，村干部居家办公的多，干事创业的心劲提不起来；村民眼界不开阔，只盯'白云这一片天'。"齐永丽回忆说。

和村里的大多数村民一样，过去的齐永丽也只是待在家里。

自从 2002 年担任村妇女主任、村计生专干以来，由于经常到县、镇政府开会，齐永丽的眼界开阔了，思想也开始发生变化。

"咱村为啥不如邻村好？""为啥人家能做好？咱村做不好？"尽管没有担任村上主要负责人，可齐永丽一直在思考着这些。

2012 年 3 月，通过村民选举，齐永丽高票当选为白云村村委会主任。那一年，太白县开展"三问三解"活动，县上一位领导到村上调研后深有感触地说："来县上五六年了，没想到白云村在全县人均纯收入是最低，环境这么差，每年年度考核都是倒数第一。"

县领导的话，让齐永丽和村"两委"班子心发烧、脸发红，大家痛下决心，立誓要改变这一切。

白云村党支部书记兼村委会主任齐永丽（左三）与驻村工作队队员深入产业扶贫项目一线商议项目推进工作（太白县委宣传部供图）

白云村村委会只有4间破旧不堪的办公室，还有3万元的外债。要改变白云村的窘状，那就先从"村阵地"抓起。

2012年7月，齐永丽发现废弃多年的白云村小学一直闲置，且临近公路，这无疑是建新村委会的最佳场所。于是她来到县教育部门找到了相关负责人，说明原因后，对方当场答复："白云村穷，我们支持你，免费给你们用。"很快，拥有11间房屋的白云村村委会新办公场所建成了。

"村阵地"有了，村干部干事的心劲提起来了。下一步，就从改变村容村貌抓起，让村子靓起来。

2013年，齐永丽和村"两委"班子决定，在全村开展人居环境大整治活动：拆除土坯房，清理土堆、粪堆和柴堆……

万事开头难。要想推进工程实施，必须要做通村民的思想工作。齐永丽决定，先从党员干部入手。

"我家土坯房破烂多年，我早就想改造。"四组老党员杨春杰听说齐永丽要来做工作，当场就答应了。

然而最难做的是一户村民的工作。这户村民的房子不是土坯房，但他家房子在村上规划的通组路中间，且是斜着盖的，影响规划和施工。

"我不享受你们的政策，你也别拆我的房，你的规划与我有啥关系？"这户村民坚决不同意。齐永丽耐心地说："有关系啊！要是咱村的环境好了，你以后也会受益。"

为做通其工作，齐永丽和村干部又找到他的亲戚朋友帮着做工作。最终这户村民答应了拆迁，一下子推进了整治进度。

紧接着村里又开始实施垃圾清理整治，在村内过去倒垃圾的地方栽植了绿化树，建起了群众的活动场所。大伙高兴地说，村里一下变靓了许多。

"在改变人居环境的同时,我们村的通村水泥路也同步在推进。"齐永丽和村干部们向县交通运输部门申请了18万元项目资金,开始对白云村四组500米的土路进行改造。

修路当然也难免会遇到各种阻挠。2013年4月,一位村民坐在挖掘机上,为自家门前一棵花椒树漫天要价,阻碍施工队施工。齐永丽和村干部得知后,耐心地做其工作:"争取这么好的项目多么不容易,这都是为了大家。"后经多次做工作,双方达成共识。这段路不到1个月就修通了。

随后几年,路、水、电等都通了。2014年年底,全村8个村民小组的基础设施建设基本完成。

村容村貌和基础设施改善了,齐永丽和村"两委"班子决定,要围绕乡村旅游打基础,在谋划产业上下功夫,解决村民增收的问题。

2015年,姜眉公路(现342国道)修路造成该村四组村民的35亩耕地下陷,一遇雨天,这里就会被水淹。既然地种不成,何不改成鱼塘?齐永丽和村"两委"班子顺势而为,争取到了县水利部门50万元项目资金开始施工。当年10月鱼塘就建成了。2016年5月1日,村上开始投鱼苗,发展起了冷水鱼养殖,他们还希望以此吸引游客来垂钓烧烤,顺便将村里的山货也销售出去。

为吸引更多游客,齐永丽和村"两委"班子又争取到县财政局"一事一议"美丽乡村项目资金200万元,在冷水鱼养殖区增建仿古景观设施。如今,生态冷水鱼养殖区已成为集休闲观光、垂钓烧烤于一体的景观区,也成为游客的"网红打卡地"之一。

村民们高兴地说:"这块种不成的地,没想到被养殖'盘活'了。"

村子要发展,村民要增收,村集体经济也要壮大。2016年,齐

白云村民宿（太白县委宣传部供图）

永丽和村"两委"班子再次争取21.2万元项目资金，通过大户代养方式发展中蜂养殖，让村集体经济受益，年均收入6万元；该村95户脱贫户也通过参与村上公益劳动，根据积分多少，获得分红。

发展特色产业的同时，齐永丽也在谋划着发展农家乐，没想到却遭到不少人反对。"你不带头做，大家干不起来。"一位村干部说。

2016年，齐永丽以个人名义贷款35万元，建成180平方米的餐厅及配套设施，开办了村上第一家农家乐，经营4个月，就收入10多万元。大家看到了办农家乐的好处，陆续报名。村民还给齐永丽起了个昵称"齐大厨"。

2017年，白云村共有25户发展农家乐；2018年，全村又有3户开办农家乐。

"农家乐由村上统一管理、统一价格，村民自己经营，村上收取10%的管理费。"齐永丽说。

2016年以来，白云村农户经营农家乐，年户均收入达1.8万元。

既要让游客吃好，还要让游客看好。百合花既可以观赏，又可以上餐桌，绝对能带动乡村旅游。2017年，齐永丽和村"两委"班子谋划种植百合项目。在随后的3年里，他们先后引进发展了兰州百合、龙牙百合、香水百合共145亩。每年到百合的盛开期，白云村平均每天接待游客1500人。

"这么好的环境为啥不建民宿？"一位游客的提议让齐永丽豁然开朗。

有需求就有市场。于是齐永丽和村"两委"班子在2020年又争取了100万元项目资金，将5处旧民宅改造成5套民宿。每逢盛夏，民宿早早就被预订满了。

齐永丽和村干部的干劲儿和贡献，白云村的村民看在眼里、记在心上。2021年年初，白云村"两委"换届，43名党员参与投票选举，除去自己没投给自己的那张票，齐永丽以42票当选村党支部书记。

2019年，白云村被评为"陕西省乡村旅游示范村"，2021年，白云村党支部被授予"全国脱贫攻坚先进集体"荣誉称号，这一年，白云村人均可支配收入达到15810元。

"穷困窝"成了幸福园

白云村四面环山，南北狭长，东西狭窄，过去有些村民居住在半山腰上，个别群众甚至居住在深山里。

由于居住环境差、自然条件恶劣，这里的村民有想法没办法，难以摆脱贫困。

"红兵媳妇,理完发,别忘记给我刮胡子哩。""好,没问题。"张清丽给68岁的村民黎牛娃边理发边答道。旁边还有村民在排队。

这已经不是张清丽第一次来村给大家免费理发了。每周周四,她都会从县城的新家坐公交车赶到村里干这个事。

张清丽是白云村四组村民,全家5口人。公公、婆婆年迈体弱,儿子只有1岁,丈夫李红兵常年在外打工。张清丽因患糖尿病,治疗花费大,2016年全家被列入建档立卡贫困户。

"我们家过去的房子在半山腰上,是土坯房,地面潮湿,光线也不好。要是遇到下雨,哪也不敢去,就害怕屋里漏雨。到了冬季,啥也干不成。"张清丽回忆说。

为了挣钱看病,丈夫到处找活干,张清丽在县城理发店当小工,每个月最多也就1000多元。

2016年,白云村实施易地搬迁。

两个选择:一个是在村集中安置,一个是进城安置。

张清丽考虑到进城以后就业机会多,2017年9月她和家人选择搬迁到位于县城的太白县龙凤小区二期移民搬迁安置点。"政府补贴了10万元,我家仅掏了1万元就住进了99平方米的新居。"张清丽说,"原先的房子复垦了,村干部还帮助我家办理了旧宅基地腾退手续,获得补偿费4万元。"

那一年,和张清丽一起搬迁到这个安置点的,白云村就有25户103人。

"自从迁入新家,居住环境变了,我心情也好了。"张清丽说,"小区干净整洁,要啥有啥,干啥也方便。家里宽敞明亮,冬季有暖气,也不受冻,还能洗热水澡。"

尽管进了城,但干部对张清丽家的帮扶一直没断线。"这几年我不仅享受了慢性病报销和'签约医生服务'政策,村上每年还给我

白云村集体经济组织为脱贫户分红（太白县委宣传部供图）

们家进行产业分红。"张清丽说。

张清丽家是 2018 年脱贫的。结对帮扶人是村党支部副书记苟小红。

每月，苟小红都要电话联系她两三次，详细了解她家生活和收入等情况，还询问她家有啥困难。

张清丽说，每次接到苟小红打来的电话，她都很感动，村干部没有忘记她。

居住环境变了，张清丽的想法也多了。

"我过去一直在县城理发店当小工，掌握了理发手艺。我决定在城里开个理发店。"张清丽自信地说。

2018 年，张清丽开始在网上搜索，最终给自己的理发店起了个吸引人眼球的名字——"头尚艺人"。

同年5月,苟小红帮张清丽办理了5万元贴息贷款,还帮她争取到3000元创业补贴金,并联系她参加县上的美容美发培训班免费学习10多天,使她进一步掌握相关技能。

2019年5月,张清丽的理发店开业了。

"我的店离家不远,每天骑电动车不到10分钟就可以到,每月理发收入4000多元,既照顾了家,又挣了钱,为家里又增加了一份经济来源。"说到这里,张清丽非常激动。

"过去各级干部帮助我家可真不少!我如今过上了好日子,就想着为村上做点啥。"张清丽说,"以前在村里住的时候,我就一直给村民免费理发,现在我还坚持回来给大家理发。"

村上非常支持张清丽,在乡村旅游接待中心腾出一间房子设立村理发室,让她更好地为村民服务。

"我每周四回村,理发从早上9点进行到中午12点。村民很期待,我也很自豪。"张清丽说,"我很感激党和政府,感谢帮扶过我的干部,既然我是从事理发的,那就从'头'开始吧!我要让每位村民分享我如今的幸福成果。"

白云村搬迁到城里居住的村民过上了好日子,那搬迁到村里集中安置点的村民过得怎样?

六组村民王勤善,每天除了收拾家里卫生,给妻子董天桂做饭,再就是与同龄人拉家常、下象棋,如今生活过得滋润。熟悉的人都知道,前多年他家可不是这样。

王勤善今年72岁,全家共有7口人、3亩耕地(坡耕地),过去主要以种植玉米、蔬菜等为主,种蔬菜挣不了几个钱,日子过得艰难。

家里的耕地在山坡上,常年耕作劳累,导致王勤善的妻子董天桂腿部残疾，还患上心脏病。

"我家是 2015 年因我妻子患病花费大，被确定为建档立卡贫困户的。"王勤善说。

"过去在山沟里，住的是土坯房，干啥都要靠背。到村上要办个啥事，从山上下到公路边需要 20 多分钟，还是羊肠小道，来回走路走得人腿疼。"董天桂诉说起过去的居住条件和生存环境时感慨万千。

2016 年，王勤善家享受易地搬迁政策，搬下了大山，住进了新居。

"新房是砖混结构，地面铺了瓷砖，厕所都在屋里，比我家过去老土房好多了！"王勤善乐呵呵地说，"如今交通也便利了。要想出个门，几步路，坐个车就走了。"

居住环境变好了，王勤善的儿女纷纷开始外出务工。

"我儿子一家在渭南市一家家具厂打工。小女儿也在太白县一家美容美发店找到了工作。"王勤善说。

孩子们都走出去了，家里只剩下了王勤善和妻子。他将家里 2.6 亩耕地给了亲戚种，只留下 0.4 亩耕地种植蔬菜，自己食用。

"自从搬迁到新居，干部帮扶没断线，一个月来家几回哩！"王勤善说。

村干部给王勤善办理了高龄补贴，给他妻子董天桂也办理了"家庭医生签约服务"，全家每年还享受村里的产业分红。

"逢年过节，村上都要把我们接到村幸福院吃饭，车接车送。离开时，还给每人送些礼品，另外村上端午节送粽子，中秋节送月饼，有时还有猪肉和馍馍。干部没忘记咱这些老人啊！"王勤善激动地说。

"可以啦！现在政策这么好，干部照顾得也周到，我家 2018 年就脱贫了。"王勤善说,"孩子们也很好,每个月都给咱寄钱,我们老两口在家享清福,生活美着哩!"

2016年年底以来,白云村陆续实施易地搬迁,通过在村集中安置和进城安置两种方式,全村先后安置易地搬迁户42户。目前这些搬迁户通过"挪穷窝""换穷业",都实现了幸福搬迁。

从高山菜到多业并举

白云村的村民,曾经主要以栽种大田蔬菜为主。由于市场波动大,加之缺乏资金和技术支持等原因,大家走产业脱贫之路举步维艰。

但是,白云村有得天独厚的自然资源,这里山清水秀,夏季平均温度19摄氏度,是天然的氧吧。

实施脱贫攻坚以来,白云村依托自然资源禀赋,逐渐走上了以乡村旅游产业带动特色种植、养殖和农家乐等发展之路,靠产业致富的路子越走越宽。

黎来秀养成了一个习惯,每天早上早早就起床打扫卫生,从屋里一直到院子,还不时看看花坛里的花枝是否需要修剪。

"除了搞好这里的环境卫生,每天还要去我经营的农家乐检查,看看被子是否脏了,是否需要拆洗。要不,到了旅游旺季,谁会来呀?"黎来秀说。

每年"五一"劳动节过后,尤其是7月、8月,是黎来秀最忙、农家乐生意最红火的时候,更是全家最开心的日子,来自各地的游客都会在这段时间涌到村里来。

"为了支持我们发展农家乐,这几年,村上争取各类项目资金,

白云村小游园的小鹿造型,别具一格,用料环保(太白县委宣传部供图)

村子里的环境越来越好了,变美了,来的客人越来越多了,我们的生意越红火了!"黎来秀说。

说到这里,黎来秀不由自主地回忆起了过去的艰难日子。她是四组村民,全家4口人、4亩耕地,过去主要以种植传统农作物为主。

"2018年前,我们家的收入来源主要是种植蔬菜。我的4亩蔬菜行情好了,可以卖些钱;行情不好了,一斤1毛钱,甚至烂到地里,都没人要。"黎来秀感慨地说。

种菜不行,那就打工。黎来秀和丈夫杨春杰在县上建筑工地打过工,由于没有技能,杨春杰只能打零工,黎来秀在工地上做饭,工资也不高。一年下来,没挣下啥钱,黎来秀和丈夫杨春杰又回到了村里。但干啥呢?

正在这时,白云村开始谋划发展乡村旅游产业,改善基础设施、开展村容村貌整治。村里一年一个样，每年都有新变化。水、电、路、房改造了，环境变美变靓了。

在黎来秀家附近可以看到：昔日村里的臭水沟，引来山泉水，变成了莲池和观赏鱼塘；过去废弃房屋的旧木料，做成了景区的旅游护栏；莲池旁搭建的仿古莲廊，成为游人休息的纳凉地；村道边一块用木板制作的牌匾上刻有清朝末年徐熙创作的《劝孝歌》。

环境改善了，来白云村的游客多了，村民开办农家乐的积极性也高涨起来了。"能挣钱，我为啥不干？"黎来秀激动地说。

2018年7月，黎来秀投资5万余元，先后对房屋进行吊顶、贴瓷片、换门等装修，还购置了席梦思床垫，买了电视机，改造了厕所。

"我们家是村上第二批办农家乐的，帮扶单位赠送了1张餐桌和8把椅子。除了餐饮，我还可为游客提供4家8口人的住宿。"黎来秀说。

为规范农家乐经营，白云村村委会给每户家里都贴有白云农家乐住宿和餐饮价格公示牌。

"我们严格执行，就是为有回头客。开业第一年不到两个月，我就挣了1万多元哩！"黎来秀说，"我们家有定期的回头客，是来自咸阳市的一家人。他们自2018年以来，自带食材、自己做饭，一住就是40多天。前两年，我每年挣7600元，去年客人多住了几天，我挣了7840元。"

办农家乐，让黎来秀家增加了收入，也让她了解到了很多游客需求信息。黎来秀开始根据游客需求调整种植业。

"无论来农家乐吃饭还是住宿的客人，每次都要从我这购买点村里的土豆、黑豆、蜂蜜等，说是要把无公害产品带回家，慢慢品味，这就又为我们增加了一项收入。"黎来秀高兴地说。

在白云村，提起熊金苗，无人不知，大家都称他是村里的能人、养殖大户。但是在2016年以前，他还只是个到处打工、四处奔波的普通人。

"是村里发展乡村旅游产业给我带来了机遇。如今发展多种养殖实现了多渠道增收，全家2017年就脱了贫。"熊金苗说。

熊金苗是三组村民，全家5口人，有4亩耕地，父亲丧失劳动能力，妻子在县上照顾两个年幼的孩子上学。

和村里大多数村民一样，熊金苗起初发展传统种植业，勉强能维持全家生计。2015年，熊金苗家被确定为建档立卡贫困户。

"2014年以来，我先后到四川省和福建省打工，主要是修铁路，干的是体力活，每年下来，基本上落不下几个钱。"熊金苗说。无奈的他，于是又回到了家乡。

随后，熊金苗又跟上村里人在县上的建筑工地打工，一天120元，但工作不稳定，一年到头，也挣不了多少钱。

2016年年初，齐永丽得知他的情况后，鼓励他搞养殖。

"开始我还挺犹豫的。当听说有扶贫贴息贷款政策，我决定试试。"熊金苗说，"打零工既然挣不下钱，那我就发展养殖吧！"

由于搞养殖必须远离水源地，熊金苗考察后，选择在村里一处林地发展，并承包了170多亩林地。

2016年2月，村上协助他办理了5万元扶贫贴息贷款。4月，熊金苗买了50箱中蜂，同时引进70只羊羔，用木头搭建了简易的圈舍，他的养殖致富梦起航了。

"搞养殖也需要技术，我虚心向村上的养殖户请教，村干部也三天两头来帮忙。当年我的羊就卖了5万多元，土蜂蜜挣了1.3万元，比打工挣钱多多了。"熊金苗开心地说。

为了再帮扶熊金苗一把，村干部又帮他争取到县上的产业补助资金7000多元。熊金苗听说养殖土猪也挣钱，于是在2016年8月，他从邻村护林员手里购买了30只小土猪。

"发展生态土猪，我给你提供技术和防疫，但要记住，只能给土猪喂玉米和麸皮，还要给土猪喝党参水，确保其品质，村上帮你包销。"时任驻村工作队队长徐小平的话，让熊金苗吃了定心丸。

2017年2月，熊金苗卖了25只土猪，挣了3.8万元。同年10月的一天，熊金苗养殖的土猪倒在地上发抖，不知道得了啥病，他立即向徐小平求救。

徐小平叫上县兽医站技术人员赶到现场，弄清原因后告诉熊金苗："土猪感冒了，喂点柴胡水就会好。"从那以后，他每周都要给土猪喂一次柴胡水。

养殖了黑土猪、中蜂、山羊，可熊金苗并不满足。"我在销售土猪肉时，一位游客问我有没有土鸡。"熊金苗说，"那时我挣下钱了，胆子也大了。既然农家乐有需求，游客有需求，我决定再养殖土鸡。"

2019年4月，熊金苗进了1200只土鸡苗，当年成活700多只。2020年2月，熊金苗销售土鸡挣了3.4万元，土鸡蛋按个卖、每个1.5元，且供不应求。

"这几年，我发展多种养殖，平均每年纯收入10万元以上。"熊金苗说，"从事养殖后也让我深深知道，干事要踏踏实实，不要害怕辛苦就放弃。我相信，更幸福的日子还在后头哩！"

如今，白云村依托乡村旅游产业，先后建成菌菇种植基地120亩，养殖生态土猪220头，种植蔬菜、中药材1435亩。全村有142户农户实现了中长期产业全覆盖。

脱贫攻坚以来，白云村还通过"合作社+脱贫户+能人大户"的产业发展模式，先后吸纳村民300余人参与园区务工，年人均稳定务工收入 1600 元；每年累计实现产业分红 18.5 万元，户均分红 1950 元。

从能人带到多方参与

"一个篱笆三个桩，一个好汉三个帮。"

白云村能发展到今天，离不开村上"致富能人"的带动，更离不开各级帮扶单位的合力参与。返乡创业的张建国就是其中之一。

张建国是白云村一组村民，也是太白县有名的养蜂大户。

2004 年，张建国离开家乡，外出打工。曾经在广东省深圳市一家家具厂当油漆工。一干就是 4 年。

2008 年，张建国所在家具厂为了发展，搬到了越南。

而那年，恰遇汶川特大地震，考虑到家里房屋受损，老母亲身体不好，孩子年幼，张建国放弃了外出继续务工的机会，回到了家乡。

"起初回来，我不知道干啥，尝试着养鸡、养猪，由于规模小，加之山区信息闭塞，效益并不好。"

面对发展受挫，张建国陷入了迷茫：还能搞啥呢？

养蜂投资小、收益大；当年投资，当年就可以见效。父亲是村里养蜂发起人之一，现成的师傅在跟前，何不养蜂？

早在 2000 年，张建国就从父亲那里初步学到了养蜂技术。父亲养蜂的蜂箱还很原始，用的是圆木桶，养殖土蜂的规模并不大，只有 10 多桶。

从父亲手中接过"甜蜜事业"，张建国开始发展中蜂。从最初的圆木桶养殖 15 桶中蜂，发展到现在的 600 多箱中蜂。

白云村土鸡养殖基地（太白县委宣传部供图）

养蜂靠天吃饭，雨水要均匀。原始的圆木桶养蜂产蜜不多，2008年张建国通过学习，将之改良为现在的活框蜂箱。

那一年，张建国发展中蜂50箱，卖蜂蜜挣了1万多元。

2012年2月，张建国与太白县林业局签订了50年的林地承包协议，养殖中蜂基地的林地面积由802亩增加到832亩。2016年，张建国中蜂养殖规模达到1000箱，蜂蜜卖了20多万元。

自己富了也要带动家乡人一起富。2016年下半年，张建国决定成立宝鸡中蜂良种场，在自己发展养蜂的同时，帮助更多的贫困户享受"甜蜜事业"。

"我的中蜂规模逐年扩大离不开村上的扶持。我要将这'甜蜜事业'传递给更多人。"张建国说。

2017年5月，为带动其他村民发展养蜂，张建国给35户建档立卡贫困户每户赠送了8箱中蜂。但由于大家不懂技术，第二年，中蜂死了不少。

村上知道后，决定让张建国给这35户建档立卡贫困户通过代养方式养殖150箱中蜂，每年给村上450公斤的蜂蜜，村上销售后，再给这35户农户分红。如今，35户农户每年可从中分红500元至800元不等。

养蜂规模扩大了，张建国名气也出去了。他被授予"宝鸡市养蜂高级职业农民"称号，还成为陕西省蜂业养殖协会会员。

为了让更多人通过养蜂实现增收，张建国定期给全县的养蜂人免费传授技术，提供帮助。

2017年5月，一组村民王小龙在装箱时发现幼蜂不筑巢，向他求教。张建国得知后，详细向他讲解了原因，提供解决方法。很快，王小龙的难题得到解决。如今，王小龙通过张建国的技术支持，中蜂规模达到150箱，平均每年纯收入6万多元，一举甩掉了"贫困帽"。

在张建国的技术帮扶下，如今，白云村已有55户养蜂农户实现了增收致富。

"现在，我更要发挥自己的优势，承担更多社会责任，帮助更多的家乡人发展这'甜蜜事业'，实现持续增收。"张建国自信地说。

白云村的今天，也离不开驻村工作队队员的辛勤付出。太白县乡村振兴局局长、白云村驻村工作队原队长徐小平就是其中之一。

"我是2017年4月驻村，2019年6月离开的，也是白云村发展乡村旅游产业的参与者、推进者。"徐小平自豪地说。

徐小平刚驻村时，恰逢白云村发展农家乐的初期。

为让农家乐尽快热起来，名声大起来，吸引来游客，徐小平和驻村工作队决定，通过举办活动让村民看到人气，看到希望。

2017年8月的一天，徐小平、驻村工作队和白云村举办了白云

白云村农家乐喜迎八方客（太白县委宣传部供图）

村农家乐开业仪式。他和驻村工作队队员邀请了宝鸡市户外运动协会的成员，并欢迎其亲朋好友一同前来，免费品尝农家乐饭菜、体验优美的山水风光和民风民俗。这次的用餐费用由驻村工作队想办法解决。

那一天，白云村一下子涌来了1000多人。

为了扶持村上发展百合产业，2017年5月，徐小平和驻村工作队队员争取到原先单位太白县市场监督管理局10万元项目资金，解决了发展瓶颈难题。2018年7月，白云村百合花开了，八方游客纷纷前来观赏。

为了让白云村乡村旅游持续"升温"，2018年，徐小平、驻村工作队队员和白云村先后策划了"我和白云有个约会"采摘百合花公益活动和"走进白云村"扶贫公益活动。

从那以后，每逢夏秋两季周末，白云村热闹异常，路上车辆挤得满满的，农家乐户户"挤爆棚"。随后，徐小平、驻村工作队队员和白云村还策划了"快乐农事体验项目"等活动，大受欢迎。

让游客在吃住游的同时，体验做豆腐、磨豆浆、做豆花的乐趣；让城里的学生体验干农活，知道粮食来之不易。

游客们一传十、十传百，白云村农家乐的名气打响了。

有时客人多了，徐小平还充当介绍白云村历史和景区的解说员。

2019年，白云村村委会为徐小平和驻村工作队队员周长林、高晓刚颁发"白云村村民荣誉证书"。"村上给我的荣誉十分珍贵，是对我最大的褒奖，我很自豪。"徐小平说。

脱贫攻坚以来，在白云村先后有中国航天科技集团、太白县市场监督管理局等单位派驻的15名干部开展驻村帮扶工作，他们累计争取部门帮扶资金436.5万元，协调落实产业扶贫项目21个。项目涉及危房改造、基础设施、大棚食用菌、农家乐、民宿改造等，有力地推动了白云村乡村旅游业持续发展,有效地确保了村民持续增收。

从"我要扶"到"我要富"

在太白县街道上,你偶尔会看到一位20多岁的小伙,歪歪扭扭地走着,但他的脸上永远有着灿烂的笑容。在他看来,一切都可以迎刃而解:"当上帝关了你的一扇门,必然会为你打开一扇窗。"

赵恒是白云村七组村民,小时候由于患病理性黄疸导致脑瘫。

为治好他的病,家人带他四处寻访名医,前后花了医疗费10多万元,但最终还是无济于事。

看着家人忧愁的面容,赵恒决定自己改变命运:不断学习。

2013年,初中毕业后的赵恒,开始在太白县职业技术教育中心参加计算机技术应用专业(中专)学习,两年多后,赵恒以优异成绩毕业了。

赵恒知道,学无止境。靠这样的文凭就业,肯定不行。

2015年,在县残疾人联合会帮助下,赵恒又踏上了去西安的求学之路,在陕西省城市经济学校上了大专。

为了减轻家庭的经济负担,赵恒利用每周周末时间为房地产企业发传单,每天挣60元。

2017年,赵恒原以为拿到了大专文凭,就业有了"叩门砖",可在西安市或者太白县找工作,结果对方都因为他身体原因予以回绝。

赵恒绝望过、哭泣过,最后,他决定自己创业。

2017年9月,赵恒托亲戚在太白县城找了个15平方米的门面

白云村大棚出产的赤松茸（太白县委宣传部供图）

房,向亲戚借了6万元,销售农副产品。

进货、装修,那时的赵恒手中流动资金仅剩1万元,但他还是开业了。

赵恒先后进了香菇、木耳、土蜂蜜3个品种的农副产品,没想到,3个月挣了3000元。

此后,通过"滚雪球"式经营,月均销售收入达到1万多元,赵恒看到了希望。

"太白县旅游产业发展得快,农副产品多,竞争也激烈,光靠线下销售不行。我学过计算机技术应用知识,何不发展电商,线上售卖,拓宽销售渠道?"

2018年4月,村干部又帮他争取到了8万元的小额信贷创业贴息贷款。充足的资金,让创业的赵恒信心百倍。

"做电商销售必须要讲诚信,特色农副产品进货渠道要注意把关,不能砸了牌子。"赵恒有自己的信念。

2018年10月,赵恒换了个89平方米的店面,扩大经营规模,取名太白县秦雪土特产店,成立太白县秦雪岭商贸有限公司,线下、线上同步销售。2018年至2020年,赵恒销售收入每年达到30万元左右。2021年,赵恒仅通过线上就销售农副产品40余万元,线下实现销售额3万元左右。

"没有各级干部的帮扶就没有我的今天。如今我店里销售50多种农副产品,还雇了两个人,每人每月发放工资2400元。当然销售的农副产品肯定先是我们村的。"赵恒说。

致富不忘回报家乡父老。2020年,新冠肺炎疫情严重,赵恒先后向村上捐赠了价值1000元的抗疫物资。2021年,他又向村里捐赠了价值500元的消毒用品。2020年,赵恒被中共宝鸡市委文明办评为"宝鸡好人"。

白云村如今旧貌换新颜（太白县委宣传部供图）

白云村的干部清楚，村子要大发展、持续发展，一定得有一大批像赵恒这样有志、有德、有智的村民才行。因此，在脱贫攻坚战斗中，白云村在发展产业的同时，大力开展扶志扶智活动，通过评选道德模范典型、脱贫致富能手、诚信村民等活动，将村"爱心商店"积分管理与村民产业分红有机结合起来，不断激发村民想富、奔富、能富的内生动力。

　　现在的白云村，打牌混日子的人少了，干事创业的人多了；贫困户没了，富裕户多了。

　　在山区的白云村，春、冬两季仍是旅游的空缺，但是齐永丽一心想补上这一大块。她已计划在村里的闲置土地上再种上桃树，用赏花踏青补上春季旅游的空缺；购买深加工制木炭的设备，将废弃的大棚食用菌菌棒利用起来，对村民家里的冬季取暖设施进行整治改造，以此吸引游客来村过年，让冬季旅游也做起来。

　　齐永丽展望道："下一步，我们要让白云村一年四季都有游客，真正让村民腰包鼓起来，让大家在'房在林中、人在云中'的环境中生活，不断提升幸福指数。"

陕西日报记者 / 程伟

风从塬上来

——纪录宝鸡市千阳县柳家塬村小康工程

3月的渭北旱塬，裹挟着泥土气息的风一如既往地吹着，已不似冬日寒风的凛冽，枯黄的草木开始绿芽萌动，渐渐返青。

渭北旱塬上的千阳县张家塬镇柳家塬村，是一个普通的传统村落，据村里《杨氏族谱》推算，"柳姓自宋初定居本村"。在千余年的风雨中，柳家塬村感受过繁荣，目睹过艰辛，经历过贫困，承载着期望……

"1980年2月，柳家塬村被陕西省人民政府表彰为全省农业先进集体，并奖励一辆日野牌汽车指标。"在柳家塬村的村史馆里，村党总支书记、村委会主任杨明西指着一面荣誉墙自豪地说。20世纪七八十年代，柳家塬村创造了多个千阳县的第一：第一座村级水库、第一座村级楼房、第一批村办企业……因此，千阳县委、县政府发出了"近学柳家塬"的口号。

1984年以后，进城务工的村民日益增多，汹涌的市场经济、城镇化浪潮给这个传统村落带来了巨大的冲击。"村子处于山塬接合地区，缺少灌溉条件，农业生产条件差，农民的生产积极性不高。2015年，精准识别贫困户390户1344人，占全村总人口980户3321人的四成左右。"杨明西介绍。

但它毕竟是柳家塬啊。硬化生产道路，成立股份经济合作社，创

俯瞰柳家塬村三组（陕西日报记者田锡超 摄）

建农机服务队，大面积发展苹果种植……渐渐地，柳家塬村褪去了陈旧的外衣，抖落了一身的疲惫，在2020年实现了村集体经济收入114万元、净利润69.5万元。

风已起，势正成。如今，乡村振兴的号角吹响，柳家塬村正不断焕发出新的活力。

"铁骑"行田间　不见昔日老黄牛

拖拉机不再是稀罕物

2022年3月4日，惊蛰前夕，暖阳洒落，柳家塬村村委会仓库里的"铁骑"早已摩拳擦掌，准备在田间地头大展身手。"是时候了！"柳金玉走进村委会，打开了仓库的大门，开始仔细检查仓库里的"宝贝"。"村里有2000多亩地要种植玉米，这阵子天气转暖，拖拉机得出动犁地了。"柳金玉说。

柳金玉是柳家塬村二组村民，也是村里农机服务队的成员。今年59岁的他，大半岁月是在拖拉机上度过的，脸庞黝黑，有着一双沧桑的大手。1984年，柳家塬村开始实行包产到户，高中毕业的柳金玉瞅准商机，找信用社贷了一笔钱，买了一辆15马力的小型四轮拖拉机。21岁的他成了村里的第一批拖拉机手，也成功地赚到了人生的"第一桶金"。"村里耕地多，家家户户都用黄牛犁地，在当时，拖拉机也算个稀罕物。"柳金玉回忆道。农忙时他给村民犁地，农闲时就把犁卸了，用来拉货，一年下来，比种地能多挣不少钱。

1988年，柳金玉卖掉了原来的拖拉机，还完了贷款，重新买了一辆马力更大的拖拉机。犁地、拉货，犁地、拉货……每隔几年，柳金玉就会换成马力更大的拖拉机。2012年，在国家给予政策补贴的条件下，柳金玉和村里其他三人拿出了多年的积蓄，一起去千阳县的农机公司买东方红90拖拉机。"4辆拖拉机一起进村，那场面，热闹得很，村里还放了鞭炮庆祝。"回忆起2012年买拖拉机的场景，柳金玉的脸上不自觉地流露出了骄傲的神色。当时，虽然不少家庭都有了拖拉机，但是90马力的拖拉机还是不多见的。

也是在2012年，柳金玉开着拖拉机在村里犁地时，就很少在地里看见耕牛了。"在平地上，拖拉机早就替代了耕牛。但村里还有不少坡地，坡度大，拖拉机马力小的话，就犁不了坡地，得靠耕牛犁地。现在的90马力拖拉机，在坡地上就能正常犁地。"柳金玉说。

随着生活水平的逐渐提高，与柳金玉一样，柳家塬村的不少村民都拥有了大马力的拖拉机。但柳家塬村以及附近几个村子的拖拉机，并不能解决当地的全部耕种需求。"外地来的拖拉机耕地的工钱跟本地的差不多，在本地拖拉机不够的情况下，当时不少村民都会叫外地的拖拉机来犁地。"柳金玉回忆道。

2017年，柳家塬村成立股份经济合作社聚力发展集体经济，首

拖拉机正在犁地（陕西日报记者田锡超 摄）

先选择把农机服务作为村集体的经营项目。很快，村集体以价值30万元的建设用地、库房、办公用房等固定资产入股，70户贫困户以50万元财政扶贫资金入股，购置了大型农机12台（套）。当年5月，柳家塬村的旭光农机专业服务队正式成立。柳金玉就是在此时加入农机服务队的，他开着村集体提供的拖拉机，跨区域作业，跑遍了张家塬镇的各个村子。"虽然年纪大了，但我这开拖拉机的本事还能用得上。"柳金玉说，"只要有人跟村上打招呼，我们马上就会过去开展作业。这样就省去了原来大家分散沟通联系的麻烦。而且还给村集体增加了收入，是个一举两得的好事。"

通过提供深松、播种等机械化农机服务，柳家塬村的农机服务队刚成立半年多时间，就有了21万元的收入。

土地托管破解"老大难"

2021年,在农机服务队的基础上,柳家塬村和附近的南湾岭村联合成立了千阳县益丰农业服务有限公司。

柳家塬村党总支书记、千阳县益丰农业服务有限公司董事长杨明西介绍,村里总共有9000多亩耕地,其中种植小麦和玉米有7000多亩。随着城市化进程加快,村里越来越多青壮劳动力进入城市退出农业生产,不少土地都撂荒了。目前仍在种地的以50岁以上的农民为主,他们因年龄、文化水平等原因,与市场对接并不紧密,在耕种诸多环节中容易出现问题,影响产量和收益。

另外,柳家塬村的土地流转也存在一些问题,一方面村里一些有恋地情结的老年农民不愿流转,另一方面由于农业生产周期长、流转价格比较高等原因,承租经营主体营利空间越来越小,部分承租经营

咸阳市长武县有关部门来柳家塬村村委会参观学习(陕西日报记者田锡超 摄)

主体亏损，因此也发生了一些单方毁约、拖欠流转费的情况。

如何解决农村谁来种地、怎么种好地的现实问题？单纯依靠农机服务队是远远不够的。杨明西他们围绕乡村振兴农业现代化、产业化、规模化发展思路，依托柳家塬村农机服务队和南湾岭村土地面积大的资源优势，分别由两个村的股份经济合作社独资成立两个农村经济发展公司，通过经验分享和资源分享组建了千阳县益丰农业服务有限公司。公司采用"党支部+公司+农户"的工作模式，致力于土地托管、规模作业、优质粮食生产、饲草种植、农资经营及其他相关服务，总资产1000万元，两个分公司共有员工24名，其中管理人员9名，农机手及销售人员15名，有收割机、拖拉机等大型机械49台。公司提供4种土地托管服务模式："收益型"托管模式、"劳务型"托管模式、"订单型"托管模式、"流转型"托管模式。

"我们村是千阳县第一个实施土地托管的村子，重点探索实施'收益型'托管模式。农户将土地委托给公司，由公司提供生产农资，并完成从种到收的全部作业项目，粮食收获后扣除一定的生产费用。2021年我们尝试实施'收益型'托管模式，但生产农资依旧由农户自己提供，播种、施肥、耕作、病虫害防治等则全部由公司完成，我们称之为'半托管'。"杨明西笑着说，"土地托管实现了家庭联产承包'分'的优势与土地规模经营'统'的功能的组合。效果非常不错，得到了很多农民的认可！2021年，公司总共托管了柳家塬村和南湾岭村5600多亩土地。"

农民当上了"甩手掌柜"

2022年3月3日中午，柳家塬村八组村民李书林正独自一人在厨房做面条。"自家地里产的麦子，比外面的麦子好吃。"李书林露出了朴实的笑容。

今年 70 岁的李书林，头发已经花白，独自一人生活在距离村委会较远的砖瓦房里。"儿子大学毕业后在西安市高陵区当老师，老伴跟着帮忙带孙子去了，女儿就在县城工作。他们都叫我也去城里生活，但我当了几十年农民了，城里的生活不习惯。"李书林说，"两个娃的户口都不在村里了，家里就 3 亩地，也不想流转出去，够我一个人的口粮。要是有其他想吃的，娃都会给我送过来。"

面朝黄土背朝天、种了一辈子地的李书林亲身经历了柳家塬村种地的变化。"这里就是我曾经养牛的地方，最多的时候有 6 头牛。"指着门前的土坯房，李书林介绍。土坯房里堆放着许多干草，还存放着几把锄头和一把镰刀。当年，李书林就是靠着这几把锄头供出了一个大学生。

"以前哪有农民不养牛的，而且都养两头以上的牛。我们这里土地硬，一头牛犁不动。"李书林说，2012 年以后，就没多少人养牛了，大家都是自己叫拖拉机上门来犁地、旋地，这两年都是叫村里的农机服务队来帮忙。

"拖拉机犁地深，一般有三四十公分（厘米）；耕牛犁地，一般就十几公分（厘米）；加上近些年小麦种子的改良，化肥的利用，小麦的亩产量有了很大的提升。以前就 200 多斤，现在能有 1000 多斤，比起平原的水浇地亩产量不算高，但在我们这旱地已经很不错了！"李书林感叹道，"现在，村里成立了公司，实施土地托管，犁地、旋地、播种、收割都不用我们操心，收割好的麦子直接给送到了家门口，我只负责晒麦子就行了。"

对于常年在外打工的柳家塬村二组村民杨应科而言，土地托管确实给他们带来了很大的方便。"不舍得看着土地荒废，每年农忙的时候，我都会专门回村。我常年不在村里，对地里的麦子不上心，因此产量不高。现在好了，村里直接对土地进行了托管，我完全不操心

农机服务队正在为村民服务(陕西日报记者田锡超 摄)

种麦子、收麦子的事,而且产量反而比以前高了。你说,还能有这好事?"杨应科笑着说,"不用回村忙农活,节省出的时间用来打工,还能多挣一些钱。"

对于柳家塬村八组村民郑安虎来说,村里实施土地托管,不仅是种地方便了,而且还省了一笔不小的机耕费。"去年,村里通知要实施土地托管,我很快就把合同签了。算了算,村里真的是给我们农民省钱呢!"郑安虎说。

今年65岁的郑安虎,年轻时常年奔波于西安、南昌等地打工,50多岁后就在千阳县城附近打工,60岁以后,他回到了村里,重新拾起了农活。"儿子在苏州定居,女儿嫁到了县城,没什么可操心了。就是老伴上了年纪得了病,我得在家里照顾她。"郑安虎说。家里地不多,因此他承包了30多亩地用来种小麦和玉米。

"单独叫拖拉机上门服务,小麦犁地一亩 50 元、旋地一亩 45 元、收割 60 元,打药、播种、施肥还得另外收费,加起来肯定超过 230 元。土地托管以后,小麦每亩地收 200 元,包括犁地、旋地、打药、播种、施肥、收割;玉米每亩地收 210 元,包括犁地、播种、旋地、施肥、打药、收割。一年下来,一亩地就能省三四十元。"郑安虎算得明白,他家自己的土地和承包的土地,总共是 13 亩小麦、25 亩玉米,一年下来能省下机耕费 1000 多元。

"接下来,我们会实现土地的全托管,让农民当上'甩手掌柜',省心又省力。"杨明西说。2021 年以来,柳家塬村依托废弃的学校,修建了两座粮食仓库,并成功引进谷物干燥设备两套,烘干能力 30 吨/批次。"以后,不只种麦子、收麦子,连晒麦子,农民也不用操心了!"

千亩苹果园　拓宽群众致富路

柳家塬村苹果第一人

春光不负,农时不误。眼下正是苹果树修剪的关键时期,柳家塬村的村民纷纷走进自家的苹果园,修剪枝梢、涂抹人工树皮……一派忙碌景象。相比于其他村民的苹果树,柳家塬村二组村民杨忠义的 15 亩苹果树修剪得更加细致。

这来自杨忠义 30 多年的苹果种植经验。今年 69 岁的杨忠义是柳家塬村种植苹果的第一人。20 世纪 90 年代,40 来岁的杨忠义并没有跟随村里的青壮劳动力外出打工,而是留在农村成了一名水库管理站工人。有一次,杨忠义前往咸阳市礼泉县参观学习,发现当地有不少人通过种植苹果发家致富了。"当时,苹果能卖到 1 元 1 斤,比起种

全面建成小康社会 陕西变迁志

杨忠义在苹果园里劳作（陕西日报记者田锡超 摄）

地强太多了。"一回村他就开始琢磨着种苹果的事情。不久,他在相邻的寺坡村承包了16亩坡地。

"相比现在,当时种苹果没那么精细,品种以秦冠、黄元帅、国光等为主,不用套袋,请村民帮忙剪枝、疏花的人工成本也比较低。"杨忠义说。通过种苹果,他赚到了人生的"第一桶金"。

种苹果比种粮食挣钱,自然技术要求也高。杨忠义也曾走过不少弯路。离开寺坡村的坡地后,他承包了柳家塬村的一块平地,种植了五六亩苹果。"选的位置不好,光照比较差,因此效益也很不好。"杨忠义说。

为了务好苹果,杨忠义勤听广播,听取党的富民政策及产业政策,关注市场动态,并经常参加县果业发展中心组织的培训,在树形培养、品种筛选、病虫害防治等技术的学习上下功夫,还经常关注村里"科技110"服务提供的果品动态、天气预报、自然灾害等信息,确保果品质量。杨忠义感叹道:"现在务苹果比以前更加精细,否则果品不好就没人要了。不能像以前一样只施钾肥,还要给果树提供硼、镁、锌、钙等元素,比如硼肥,在果树开花的时候施肥,坐果率会大大提升。"

村里不少果农赞叹:"看老杨这技术,要是去考试,肯定是个高级职业农民!"

2013年,杨忠义在原来的果园附近找了一片光照充足的平地,又种植了10余亩苹果。"当时特地跑到铜川去买了苗子,主要是富士、嘎拉等品种。这两年西北农林科技大学研究出了'瑞雪''瑞香红'等新品种,我也已经栽种上了。"杨忠义说。由于个头大、甜度高,杨忠义的苹果很受市场欢迎,往往还未到收获期,就已经被预订一空。"2021年15亩苹果卖了13万元,平均每亩8600多元。就这还没达到1万元呢!"即将迈入古稀之年的杨忠义依旧干劲儿满满。

种苹果成为村民新选择

2012年是柳家塬村发展苹果的井喷之年。

"2012年,政府免费送苗子,还有农资方面的补贴,大伙都抢着种苹果呢!"尚应科说。他原是种植了30多年小麦、玉米的庄稼汉。2012年,由于政府的引导,他承包了10余亩土地种植苹果,变成了一个果农。"政府特地派人来村里考察过,说我们这里的土壤、温度、湿度、海拔都很适合种苹果。再说,老杨他们几个种苹果不是很成功嘛!"

刚开始种苹果,尚应科什么也不懂,就跟着县果业发展中心组织的培训活动到处跑。"去的最多的就是南寨镇,那里有千阳苹果试验示范站,经常教我们果树修剪、施肥等方面的技术,也跟着去过洛川、凤翔等地学习。"尚应科说。他还加入了宝鸡市园艺站高素质农民培育千阳班微信群,经常在群里向专家请教问题。渐渐地,他就对苹果这个产业有了一定的了解。"什么时候剪枝、什么时候施肥、什么时候疏花,都是有讲究的。就跟种小麦一样,都有一定的自然规律。这几年摸熟了以后,就能挣上钱了,去年11亩苹果卖了5万多元。"

相比于尚应科,柳家塬村二组村民王爱科迈的步子更大,收获得也更多。2012年,听闻政府大力发展苹果产业,他一口气承包了60亩地用来栽种苹果。

王爱科年轻时曾当过几年中学老师,后来又成为一名大货车司机,常年在外奔波。拉过煤炭、瓷砖,跑过上海、广东,在外工作14年后,王爱科决定回家乡发展。没怎么干过农活的王爱科要种苹果,而且种植面积还是全村最大的,一开始大家都很怀疑,就连他的家人也很反对,说"怎么能把多年的积蓄往地里头扔"。

千阳县柳家塬村扶志扶智学校教师、高级农艺师梁录瑞（右一）给果农讲解果树修剪技术。2017年以来，千阳县建成65所村级扶志扶智学校，开展扶智、扶志、扶德政策宣传教育400多场次，使全县90%的农户掌握了1至2门实用技能（陕西日报记者肖晓良 摄）

　　王爱科不服气，就找附近有经验的老果农学习，还自费跑去铜川、延安等地学习。"把果树栽下以后才去学技术，交了不少'学费'。"王爱科感叹道。他的果树由于前期剪枝做得不够细致，影响了后期的果实成熟。2016年以后，王爱科终于感觉在苹果上找到了一点门道，于是他花费3万多元给果园装上了滴灌设施。

　　2020年，王爱科的苹果卖了30多万元，纯收入在17万元以上。2021年，虽然王爱科的苹果受到了自然灾害，但纯收入依旧有7万元左右。能挣钱，也能顾家，他很满意现在的生活。现在，王爱科准备对自己的果园做一些调整。"目前都是富士、嘎拉等品种，今年准备嫁接'瑞香红'，这个品种口感好，还不用套袋，能省下不少人工费。"王爱科说。

推进苹果产业提质升级

2012年以来，在政府的引导下，柳家塬村村民纷纷从庄稼汉、打工者变身为果农。"目前，全村种植苹果1580亩，成了村民增收致富最重要的产业之一。"杨明西说。

2019年以来，柳家塬村股份经济合作社新建矮砧苹果园，开始引导村民积极发展矮砧苹果。"和传统乔砧苹果树高大繁盛的枝干不同，矮砧苹果树冠小、枝条短、通风透光好。更重要的是，结出来的果子又大又光鲜，繁密程度远远超过传统的果树。由于这种新型苹果树上的果实多，加之须根多，以至于树干需要用水泥杆和钢丝搭建立架支撑。这种景象很像国内的葡萄园和猕猴桃种植，效益非常好。"苹果园的负责人柳来珠指着村委会旁边的200亩苹果园介绍道。

要知道，在果业"强手林立"的西北地区，千阳县并不算苹果优生区，而是处在延安、渭南白水一带和咸阳北部、陇东几大苹果优生区的"夹缝"中。因此，千阳苹果起初在市场上并不占优势。

2012年，陕西海升果业从欧洲引进矮砧种植技术后，却在陕西传统苹果优生区难以找到"用武之地"。当时的千阳县，正在为苹果产业如何发展而困惑，了解到矮砧种植技术适合当地条件后，千阳县决定利用新技术、新品种让千阳苹果实现"逆袭"。2014年，海升果业在千阳县南寨镇首先成功种植了千亩矮砧苹果。

"我们经常去南寨镇学习，很清楚矮砧苹果的优势。"柳来珠说，2019年，他从合作社流转了200亩土地，经过平整栽上苹果苗后，再配套建设了水肥一体化滴灌设施。"去年果园里已经开始零星挂果了，相信再过两年就能卖上好价钱了。这样，村里的果农就能亲眼看到矮砧苹果的好处了！"

告别土坯房　村民实现"安居梦"

200米的"时代巨变"

从柳家塬村村委会沿着水泥路向南行走10来分钟，会遇到一个下坡处，在这里能看见三组村民一排排整齐的砖瓦房。砖瓦房北面200米左右，则是一孔孔坍塌的窑洞和几间即将倾倒的土坯房。

200米的景象变化，展现的是一个时代的巨变。

"以前我家就在后面，从这走过去几分钟就到了。当时住的是土坯房，现在已经塌了。"在三组村民王林凡的家里，她感叹道，"老房子的东西基本没留下，就只有这台缝纫机一直陪着我。当年全家老小身上穿的衣服和裤子都是靠这台缝纫机做出来的。若不是太穷，谁不想早点住上砖瓦房呢？"

2011年，因为大儿子结婚，王林凡夫妻两人咬咬牙，向信用社贷了4万多元，又向亲朋好友借了4万多元，终于凑够建新房的钱款。"要是一直住在又破又小的房子里，只怕娃都不好娶媳妇了！"王林凡笑着说。

为了还清借款，一直在村子务农的王林凡夫妻两人前往西安打工。"我在餐馆里洗盘子，老伴在一个熟人的工厂里打零工。虽然辛苦，但在西安干了三四年后，就把借款全还清了。"王林凡说，"还清了借款，才感觉这个房子是真正属于自己的。"有了孙子以后，她就从西安回来，安心在家带孙子。

"大儿子在广东当老师，小儿子在宝鸡的工厂上班。两个娃都结婚了，啥也不操心了！"王林凡说，房子里有电视机、电冰箱、饮水机，村里的道路也都硬化了，在村子里生活一点也不比城里差。

三组村民时润娥比王林凡早一年从土坯房搬进了砖瓦房。"以前住的土坯房就在后边，还没有完全倒塌。"时润娥说。当时土坯房出现了裂缝，好在丈夫常年在外打工有些存款，顺利地盖起了砖瓦房。

但是天有不测风云，在外打工的丈夫害（生）了病，让原本就不富裕的家庭雪上加霜。"多亏国家的扶贫政策，丈夫看病住院有报销，女儿上大学有补贴，否则就真得把刚盖的新房子卖了。"时润娥说。她一边务农一边打零工，勉强把家庭最困难的时光撑过去了。慢慢地，丈夫的病有了起色，虽然再不能外出打工，但在村干部的帮助下，找了一份在村里磨面坊帮忙的工作。

"两个女儿都上了大学，现在，大女儿在镇上的中学当老师，小女儿在西安工作，每月都会往家里寄钱，生活已经不愁了。"时润娥露出了幸福的笑容。

与时润娥、王林凡不同，今年82岁的张周兴则是从窑洞搬出来的。2022年3月1日，见到张周兴时，他正与老伴一起在家看电视。"娃在外面打工，挣了一点钱，2011年掏钱给我们建了这砖瓦房。"张周兴说。

"我干了一辈子农活，住了一辈子的窑洞。没想到年纪大了还能住进砖瓦房。"张周兴说。他们家是最晚从窑洞里搬出来的，看着周边邻居一户户搬进了砖瓦房，他着实有点羡慕，后来自己也住进了砖瓦房，还有点不习惯。"以前窑洞里是土，你看现在房子的地面、墙面都贴瓷砖，干净得很！"

"娃在外地定居了，家里的3亩地托管了，现在就在家闲着享清福了。"张周兴笑着说。

三组的房屋变化只是柳家塬村的一个缩影。

村党总支书记杨明西介绍,柳家塬村庄的变迁从整体上经历了三个阶段:先钻山,后沟边,再当塬。村里多数人都住过"土窑洞里连锅炕""单面厦子撅沟房"。据王、柳两家族谱记载,这村里的人,从清代末年才逐渐开始从沟边崖下的窑洞往塬上搬。1974年,村里通了电,修建了窑洞式两层楼。1980年,一户一院的居民点改单面房为双面房,改土打墙为用砖和胡基(注:即晒干的土坯)垒墙。2005年后,村里逐步实行旧村改造和新村整体搬迁工程。至2015年,95%农户住上新住宅,使用上了太阳能热水器和太阳能灶。

"懒汉"还清了债务

2022年3月1日,阳光明媚。临近中午,柳海军拉着满满一三轮车草料和饲料匆匆返回羊舍,里外检查了一番,便端起草料和饲料给奶山羊喂食。

53岁的柳海军是柳家塬村一组村民,个头不高,皮肤黝黑,干起活来十分利落。"去年羊舍里存栏奶山羊最多的时候有50多只,卖了30多只。剩下的奶山羊,每天挤一次奶,下午县里的公司就上门收走了。"柳海军语速很快,一边讲话一边喂着饲料。在他身后,等待进食的奶山羊整齐地排列开来。

"羊舍里的活忙完,我还要去山上巡护,尽好公益护林员的职责,顺便再割点草料。今年春天比较干燥,山里的防火可松懈不得。"柳海军说。

柳海军把每天都安排得满满当当,还丝毫不觉得累。"欠下的10万多元债已经全部还清了,心里就更加踏实,更有干劲儿了!"柳海军说。这种忙碌充实的生活,在几年前他根本想不到。

柳海军家一直以务农为生,2013年,家里新建了一座砖瓦房,但也因此欠下了10万多元的债。"前些年毫无心劲儿,有活了就到银

全面建成小康社会 陕西变迁志

柳海军和他的奶山羊（陕西日报记者田锡超 摄）

川、靖边等地打零工,不想干了就在家闲着。感觉靠自己种地、打零工也还不了那么多钱,干也是白干哩!"柳海军回忆道,"没有技术,没有动力,也没有目标,慢慢就成了村里的闲人,经常靠着墙脚晒太阳,硬是把自己过成了贫困户。"

脱贫攻坚战打响以后,柳家塬村开办了"扶志扶智"学校,对贫困户定期进行思想教育。正是那个时候,在扶贫干部苦口婆心的劝说下,柳海军转变了思想,逐渐树立起了自立自强、勤劳致富的观念。

2015年,柳海军开始管理山上的7亩核桃林。2016年,他被聘为公益护林员,利用山林资源优势在林地养了5000多只鸡,发展起了林下养殖产业。2016年年底,林下养鸡的毛利润就达到了1.1万元。2018年,在村干部的介绍下,柳海军买来4只奶山羊,搞起了奶山羊家庭养殖。

想扩大规模没有场地怎么办?柳家塬村便把村里闲置的奶站小区改建成供养殖户养殖牛羊的扶贫养殖小区,柳海军没花一分钱就有了设施完善的羊舍。"规模化养奶山羊是个技术活。开始我什么也不懂,村里找来专家授课讲解,我一边学一边摸索,慢慢地掌握了养殖奶山羊的技术,现在养几十只奶山羊已经完全没问题了。"柳海军笑着说。2021年他卖掉了30多只奶山羊买回3头肉牛,准备同时养牛和养羊,拓宽增收渠道。

如今,曾经缺乏干劲儿的柳海军已成功还清了10万多元的债,还成了柳家塬村的一名新型职业农民。"前两年买了两辆三轮摩托车,一辆用来拉喂羊的草料,一辆用来巡山,今年打算再买一辆四轮的汽车,用来干更多的事情。"柳海军笑着说。

"好人"频频现　塬上劲吹文明风

"孝老爱亲"众人夸

心脏病、糖尿病、食管癌……面对着爷爷所患的疾病，姚成义说不出话来。听到医生说了"没法治了，回去做好准备"的话后，姚成义顿时脑袋一片空白。

今年44岁的姚成义是柳家塬村一组村民，由于奶奶、父亲和母亲相继离世，他一直与爷爷生活在一起。"以前，爷爷的身体一直挺硬朗的，谁知道到2019年突然就不行了。既然治不了，就让他在家好好休息，安享晚年。"姚成义说。从此，他一边开公交车挣钱，一边照顾爷爷。每天凌晨4时，姚成义一起床，就先用蒸锅热馍和菜，然后开始洗漱，看到爷爷醒了以后，就马上帮他刷牙、洗脸。"一般吃完早饭是5时半，剩下半个小时正好够我赶到县城。我的第一班车是6时。"姚成义说。对于爷爷的午饭，他特地托了村里的亲戚给帮忙。他还特地在房间里装了监控，生怕爷爷出了意外。

每到傍晚7时，姚成义下班推开家里的大门，呼唤爷爷一声，听到应答后便欢喜地进了家门，然后开始准备晚饭、洗衣服。"自从爷爷生病以后，三年来我便没有在县城的房子住过了。但我的妻子一次也没有埋怨过我，我和我爷爷日常吃的馍都是她提前在县城蒸好，然后让我带回村里的。"姚成义笑着说。有了妻子的支持，不论是照顾爷爷还是工作，他都更有干劲儿了。

2022年2月28日，姚成义休假，趁着天气晴朗，他专门把爷爷从床上抱下来，让他躺在门口的椅子上晒太阳。然后他转身走进家门，拿了热水壶、盆、毛巾，帮爷爷洗脚。抬头看着爷爷的脸在阳光下露出了舒展的笑容,姚成义也跟着笑了起来。

与姚成义一样,柳家塬村二组村民王巧英也一直尽心尽力地照顾着家里患病的老人。"婆婆去世了,丈夫外出打工去了。只有我在家,我当然得好好照顾我公公了。"王巧英坚定地说。

在村民的眼里,王巧英不但聪明孝顺,而且富有孝心。买来的新式家具,一定要送进公公婆婆的房间内,每次亲戚带来礼品,都是先让公公婆婆享用。早些年,她的婆婆患病,她细心照料,一日三餐精心烹调,嘘寒问暖,从无怨言。她的婆婆在临终前,虽已不能言语,但一直紧紧握着王巧英的手。

面对患病的公公,王巧英依旧跟以前照顾患病的婆婆一样,一丝不苟。每次做午饭,公公吃的面条都会再擀薄一些;每次做菜,公公吃的菜都会少放盐。2021年8月,公公左手骨折住院两周,王巧英陪着公公在医院住了两周。"公公年纪大了,患有脑梗,生病住

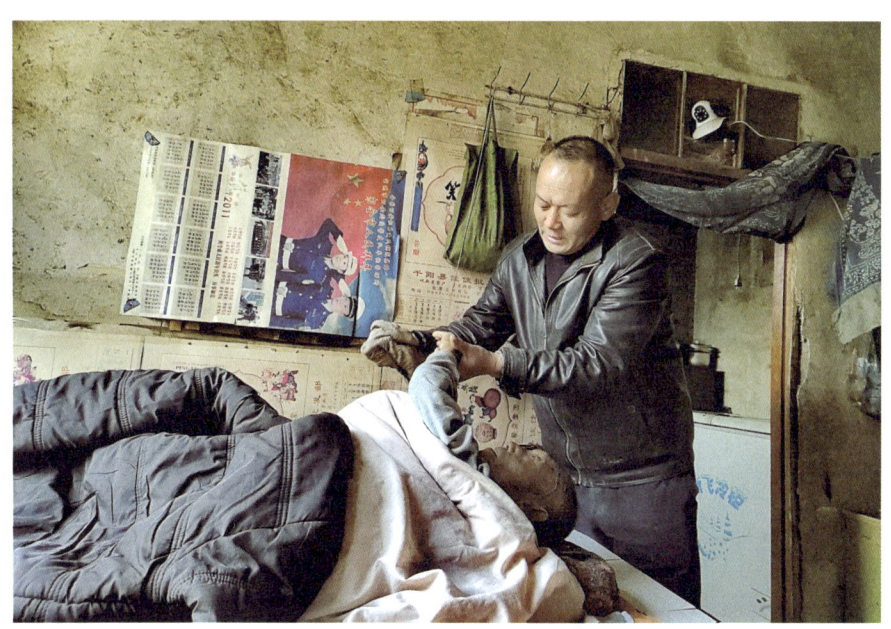

姚成义正在照顾他的爷爷(陕西日报记者田锡超 摄)

院很正常，我必须时常陪护在身边，这样才放心。"王巧英说。

如今，姚成义、王巧英的事迹被张贴在村委会的公告栏里，引起了全体村民的好评。"每年村里都会进行文明家庭、好婆婆、好媳妇评选活动，希望通过这样的方式宣传村里'孝老爱亲'的榜样，源源不断地释放出德善力量，汇聚成一股'好人现象'，推动乡风文明蔚然成风。"村党总支书记、村委会主任杨明西说。

一个"有爱"的村庄

走进柳家塬村村史馆，可以看到柳家塬村里一个个道德模范的感人事迹。

德才兼备的杨进仓，二组村民。初中肄业后，本已招工到西安的他，1962年因家庭困难回乡务农。为夫，他悉心照料久病在床的妻子，直至她离世；为父，他培养出了两个大学生；当爷，他尽心抚育一对双胞胎孙子直至上小学。如今已经80多岁的他，依然自己动手把院子收拾得干干净净，每逢节假日还热心地给邻里写对联。

陪伴病妻的张西岐，三组村民。其妻姚娟丽不幸遭遇车祸，脑部严重受伤，虽住院治疗，但却成了植物人，但张西岐不离不弃，直至姚娟丽病逝。由于病人不知道饥饱，他每天准时喂饭；大小便没有知觉，他悉心照料，无微不至。

孝顺公婆的师惠侠，三组村民。2008年婆婆瘫痪，生活不能自理，年事已高的公公愁容满面。她主动承担照顾婆婆的事宜，日复一日给老人穿衣、洗脸、梳头、喂饭、擦身、接便，不厌其烦，视同亲娘。婆婆卧床8年，除两腿不能活动外，气色正常。

知道感恩的柳维拴，一组村民。父亲早逝，柳维拴全靠母亲抚养长大。结婚后有了妻子、儿女后，他更懂得母亲的不易。打工在外，他时常给家里打电话，听听母亲的声音。每次回家，他都要先到母亲的房里，跟母亲讲见闻、聊变化，并把挣来的钱硬塞给母亲保管。母亲生病，他就在母亲身边亲自照料，喂饭喂药。

……

"我们村子历史悠久、民风淳朴，但在时代的变迁中，也免不了地出现了一些不良风气，因此我们拓宽'美丽乡村·文明家园'建设渠道，加大优良民风建设力度。"杨明西介绍说。他们给"农家书屋"添置了书橱、椅子、图书、报刊、光盘等，对广大群众进行宣传教育，普及各方面知识；广播室配备了扩音器和大喇叭，扩大群众对党政国策的知晓率；设置文化活动室，配备音响、二胡、锣鼓等各类器材，成立广场舞表演队；组建以退休教师、民间艺人等为主体的乡贤文化队伍，继承发扬乡土文化，包括剪纸、刺绣、社火等；制定柳家塬村村规民约10余条，与群众签订"遵规守约承诺书"。

柳家塬村村史馆（陕西日报记者田锡超 摄）

村委会附近的200亩矮砧苹果园（陕西日报记者田锡超 摄）

同时，柳家塬村投资27万元建起了面积230平方米的村史馆。村史馆分为"道德模范""产业发展""先进人物""故乡名流"等8个部分，鼓励村民努力向模范人物学习，其中"科教文卫""衣食住行"部分展示了柳家塬村发展的历史沧桑和辉煌岁月，展示了柳家塬村未来发展的蓝图，激励村民砥砺奋进。

另外，柳家塬村采取群众推荐、村民评定、村委会审定的办法，推选出村里乐于助人、孝老爱亲、见义勇为、教子有方、夫妻恩爱、勤俭持家、美丽庭院等好人好事，并由村委会定期举办"真善美故事会"，由优秀代表讲述他们的故事，展示他们的风采。

眼下的柳家塬村，"铁骑"在春天的田野上欢奔，矮砧苹果树茁壮成长，村民们看着新景听着新歌，沐浴在春风里。

陕西日报记者／田锡超

小村庄大传奇

——纪录咸阳市礼泉县袁家村小康工程

清晨,位于陕西省咸阳市礼泉县烟霞镇袁家村的小吃店已经蒸腾起第一缕热气。迎着初升的太阳,闻名全国的乡村振兴"示范村"开始忙碌起来,迎接各方游客的到来。

吃一碗粉汤羊血,买一袋现炸麻花,喝一碗新鲜豆浆……饭后,三五好友坐在茶馆里,采耳、捏背、闲聊,享受惬意的悠闲时光。这样的"慢生活"成为时下都市人的向往和追求。

作为民俗旅游、度假旅游的一个特色村庄,袁家村这个在20世纪八九十年代就崛起的"小康村",在新时代里又一次创下了令人惊叹的"奇迹"——全年接待游客量突破600万人次,从业人员超4000人,集体经济收入过10亿元,农民人均可支配收入跨过10万元大关。

眼下,袁家村的"奇迹"还在继续。进城出省,袁家村把地道的关中美食和民俗体验搬进城市,走向省外。截至目前,袁家村城市体验店达17家,与河南、山西、江苏、海南等地合作打造了4个具有地方特色的民俗旅游体验地。

作为全国最受欢迎的乡村旅游目的地之一,如今来袁家村学习参观的人络绎不绝。很多人不解,为啥不占"先天"优势的袁家村搞旅游火了,还火了这么多年?为啥袁家村能把农民组织起来,实现

袁家村全景航拍图（袁家村村委会供图）

共同富裕？为啥两次转型，袁家村都能摸准市场"脉搏"，踩准发展规律？

这背后，究竟有什么样的秘密？

"烂杆村"摘掉贫困帽

袁家村的时代变迁，折射出我国农村的深刻变化。要探寻袁家村背后的秘密，还得从头说起。

很多人不知道，风光无限的袁家村也曾是一个穷得叮当响的"烂杆村"。20世纪六七十年代，袁家村土地贫瘠，资源匮乏，是礼泉县有名的贫困村。"点灯没油，耕地没牛，干活选不出个头儿。"当地群众的一则顺口溜，反映了当时村民的艰难生活。

回忆起过往，64岁的郭兴武说："缺衣少吃没铺盖，十里八乡就属袁家村最穷。周围的村民都不把姑娘嫁过来，怕受穷。村里62户人，轮流当干部，最后大家都轮了一遍，也没干成。后来，实在是没人选，才把在外面干活的郭裕禄叫了回来。"

当时，村上开会选干部，候选人有2个。举手表决的时候，另一个候选人没人举手，选郭裕禄的也只有两个人举手。这两个人举手的理由是，他在外面干过合同工，见过"世面"。

大家没想到，"两票"当选的郭裕禄没有胡混，而是认认真真带着村民们一起干。

刚一上任，郭裕禄首先抓的是学习。他说："当时，村上的情况是人心涣散，一人一把号，各吹各的调，矛盾特别多。只有改变大家的思想，把人心凝聚起来，村子才能发展。"

于是，每到天黑，郭裕禄就召集全村男女老少开会，会议的主题是：袁家村为什么穷？袁家村该怎么办？袁家村的出路在哪里？

会上，不仅郭裕禄讲，村民也都七嘴八舌地说、面红耳赤地争。袁家村的夜晚一下子热闹起来。

"刚开始，学习班没人来，村干部就挨家挨户上门做工作，鼓动村民参与。后来，大家参与的积极性高了，村上还办起了妇女学习班、懒汉学习班、青年学习班、壮年学习班等。"郭裕禄说，"通过集中学习和讨论，要让大家明白一个道理，脱贫致富不能靠天上掉馅饼，要靠双手去创造。"

思想一通，啥事都成。渐渐地，村民们的心凝聚到一起。然而要想改变，没有"咬透铁锨"的决心不行。于是，郭裕禄身先士卒，带领大家打井找水，施肥改土。

"那时候大家干活儿，白天干一天，晚上加一班，一天三顿饭，两顿在田间。用了四五年时间，才把村里的地改成了水浇地，再也不用看天吃饭哩！"郭兴武说。当时村上提出的目标是，让大家吃饱饭，家里有电灯、电话，住楼上楼下。这为全村人树立了信心，大家拧成一股绳，齐心协力一起干。

很快，在村民们的共同努力下，袁家村的土地肥了，粮棉产量跃居全省前列，甩掉了贫困帽子。村民们终于尝到了吃饱饭的滋味。

后来，看到养牛能赚钱，郭裕禄筹了300元买回两头小公牛，养大后，竟然卖了千把元。紧跟着，袁家村又买回8头母牛。"老牛生牛娃，牛娃长大再生牛娃。"没几年时间，袁家村竟不经意间"繁殖"出一个养牛场，收入最多的时候，一年进账50多万元。

能干事，敢干事，让郭裕禄在村民中的威信变得牢固起来。他渐渐发现，只要自己一心想着为村民谋福利，福利就会不知不觉地跟着来。

20世纪八九十年代，改革的春风吹遍了神州大地，袁家村也紧

袁家村戏曲弦板腔表演（袁家村村委会供图）

跟时代步伐，大力发展村办企业，因地制宜办起了砖瓦窑、石灰窑、水泥厂、硅铁厂、海绵厂、建筑公司、汽车运输公司等。为了进一步适应市场经济的发展，1993年袁家村成立了袁家农工商联合总公司，下辖12个子公司。随着村办企业的全面开花，袁家村村民收入不断上涨，在全省率先突破万元。家家住上小洋楼，家家有大彩电、冰箱、席梦思床，70%的村民家里装上了电话……当年提出的发展目标，袁家村一一实现了。

从农业兴村到工业富村，靠着苦干实干，袁家村这个人口不足300人的小村庄成为全国闻名的"小康村"。

然而，敢想敢干的袁家村人并没有停止前进的步伐。从农村走向城市，袁家村开始购买火车皮，投资房地产，筹拍电视剧《黄土魂》，甚至把触角延伸到了北京、上海、黑龙江、河南等地。

一路走来，袁家村从小变大。以郭裕禄为代表的袁家村人身上展现出的不甘落后、敢为人先、自力更生、开拓进取的精神，被后辈们传承下来。这为后来袁家村的二次创业和转型发展，提供了强大的精神动力和力量源泉。

"我是袁家村发展的参与者、见证者。袁家村的发展并不是一帆风顺的，能取得现在的成绩来之不易。"69岁的王志学曾和郭裕禄共事多年，他说，从"烂杆村"到"小康村"，村民的生活和思想发生了巨大变化，但大家一致认为，只要跟着村上干，日子就有甜头、有奔头。

"火车跑得快，全靠车头带。"袁家村的致富路再次印证了一个朴实而深刻的道理：农村要发展好，离不开好班子和好带头人。以郭裕禄为代表的村干部是袁家村新农村建设的开拓者和奠基人，是陕西省乃至全国农业农村战线上一面鲜红的"旗帜"。

"老典型"遇到新问题

20世纪90年代后期，随着国家产业政策调整，淘汰落后产能，高耗能、高污染的村办企业陆续退出市场。2000年以后，村里的硅铁厂、水泥厂、石灰窑等村办企业因环境污染被相继关停，村民的收入下降，青壮年外出打工，袁家村和其他村子一样，逐渐沦为"空心村"。

新时代里，"老典型"遇到了新问题。这一次，袁家村的出路又在哪里？还有发展的希望吗？这些问题再次拷问着不甘沉沦的袁家村人。

看着村子陷入发展困境，2005年，郭裕禄的儿子郭占武撇下外面的生意，毅然返乡。而郭占武站出来的原因很简单："不能让袁家村这面'旗帜'倒下去。"

刚开始,郭占武给父亲打下手。慢慢熟悉村务后,他逐渐开始接管袁家村的大小事务,并大胆地提出自己的想法:办乡村旅游,搞农家乐。

"咱这儿连个破庙都没有,咋搞旅游?""咱就是农民,做的是农家饭,城里人会不会嫌咱卫生差、不合口?""钱投进去,没人来,没收入,咋办?"一时间,村民们的质疑声此起彼伏。

"说实话,当时国家刚刚提出鼓励发展乡村旅游,大家还都不知道是个啥,咋搞。群众有顾虑也是可以理解的。"曾任村委会主任的王志学说。

确实,袁家村地处关中平原,距离省会城市西安70多公里。村子东西一条街,南北两排房,既没有绿水青山的美景,也没有古镇老村的风貌。可以说,袁家村搞旅游,没有任何可以利用的先天资源和

袁家村全景手绘海报(袁家村村委会供图)

独特优势。甚至当时有专家学者考察后认为，袁家村根本不具备搞旅游的条件，建议另找出路。

可是，倔强的郭占武并不服气。他反复问自己：袁家村真的一点旅游资源也没有吗？这些年，大批的农村人进城落户，难道这些人就不想念生养自己的家乡吗？他们心底的那份乡愁，何处安放？

想到这里，郭占武的思路渐渐明晰：三秦大地上传承了千百年的农耕文明，关中平原上深厚的民俗文化积淀，这些不都是最好的旅游资源吗？

再次坚定了想法，郭占武面临的头等大事，就是统一村民们的思想。"既然村民不知道咋搞旅游，那咱就出去考察学习！"

为了解除村民们的顾虑，凝聚发展合力，时任礼泉县委、县政府的领导亲自上阵，给村民们讲政策、谈发展。后来，县上和村上干部分户包抓，联系大巴车、观摩点、食宿等，带着村民去法门寺、上王村等地考察学习。

"这就是在自己家做面条，这我能行。""把家里拾掇一下，咱院里也能放下大圆桌。""这个我能做。"看一路学一路，村民们聊得热火朝天。

"到第二次开大会时，大家的热情都上来了，但还是不行动，继续观望。"王志学说。为了鼓励村民发展农家乐，村上决定给每户补助3万元至5万元，验收合格后予以发放。

当时，袁家村全村62户，只有两户党员愿意办农家乐，而且仅仅是抱着支持村上工作的态度参与的。张淑玲一家，就是其中之一。

"咱哪能知道，生意这么好！"提起成为村上第一批开办农家乐的人，张淑玲笑着说。当时她还在村水泥厂上班，一听老伴要拿十几万元改造院子，办农家乐，她一肚子气。家里要供娃上学，钱都花光了，娃上学咋办？院子改造了，人不来该咋办？后来，拗不过老伴，

袁家村农副产品（袁家村村委会供图）

她只能任由老伴折腾。

2007年6月19日，郭占武大胆地提出旅游发展思路及"大干100天，幸福袁家人"的口号。

2007年9月29日，袁家村关中印象体验地开业，一期建成作坊街。

青石砖、泥灰墙、木房梁，一条小街巷里坐落着布坊、醋坊、辣子坊、油坊、豆腐坊等数家老作坊。关中别具风格的建筑，搭配作坊里老匠人们织布、榨油、碾辣子等传统手艺，一条关中民俗体验街就这样以最原始的方式出现在袁家村。

和作坊街同时对外亮相的还有张淑玲家的农家乐。"开业第一天，人多得都要排队，许多人半天也吃不上饭。"张淑玲说。到了2008年清明节的时候，来的人更多，一天都忙不过来。后来，她辞去了水泥厂的工作，回家一门心思经营农家乐。每天挣上千元，日子越过越红火。

看到张淑玲家的农家乐挣钱了，村民们自觉地开始改造院子。村上的农家乐从2户增加到5户，再扩展到16户。后来，袁家村62户，家家都办起了农家乐，户户都有钱赚。

"改造院子办农家乐，村上给咱补助，我都没要。"张淑玲说，"咱都挣了钱，哪能再拿村上的钱。"最后，这补助一分钱也没发下去。

2007年，袁家村全年接待游客量3万人次，2008年达到10万人次，2009年突破50万人次，2010年超80万人次，2011年达到120万人次……"人越来越多，吃饭成了头等问题。2009年，村上建了小吃街，以此来缓解游客吃饭难的问题。"时任袁家村村委会主任，现任烟霞镇副镇长的郭俊武说。

谁也没想到，这个原本只是为了应对客流量激增，农家乐总量供给不足、同质化严重而创新出来的小吃街竟然成了袁家村"吸粉"的王牌产品。

在这个不进则退的发展关键转折点上，袁家村又一次踏准了时代发展的节拍。从关中印象体验地起步到农家乐火爆，从"异想天开"到"无中生有"，袁家村再次创造"奇迹"的背后，是始终坚持自主创新、因地制宜的发展战略。无论是发展方向、理念、模式，还是街区规划、布局，店面风格，小吃包装等，都以创新为准则，无不闪烁着关中农民的智慧。

利益共享分"蛋糕"

原本靠走街串巷卖豆腐的卢志强，是邻村出了名的手艺人。为了把卢志强请到作坊街开店,郭占武等村干部可谓是"三顾茅庐"。

70岁的卢志强笑着回忆:"当时,袁家村到周边找手艺人,经人介绍找到了我。开始我不愿意去,村干部就来家里找我谈了好多次。最后,我被他们的诚意打动了,答应先试着干。"

开店要置办家当!没人来,做好的产品咋卖?……为了让卢志强等手艺人安心入驻,袁家村免费提供店面,村干部按需采购物资,置办家当。同时,袁家村承诺按月为入驻的手艺人发放工资,卖不出去的产品由村上负责销售。

这下,卢志强才安心地入驻作坊街。他说:"没想到2008年游客就多了,生意好了。后来,豆腐供不应求,我都忙不过来。儿子、儿媳妇、女儿、女婿等都过来帮忙。"

卢志强的豆腐生意持续火爆,尽管一家人天天早起做豆腐,但很快就卖光了。除了村里的商户天天来排队,外地人也经常光顾,有的

袁家村文创业态(袁家村村委会供图)

人甚至一买就是四五斤。一整天下来，豆腐的售量能达到五六百斤。

随着游客量大幅增长，原先"单打独斗"式的经营方式无法满足袁家村快速发展的实际。2010年，郭占武找到卢志强，劝他将卢记豆腐坊改为农民合作社。具体办法是，合作社实行股份化，村民参与，自愿入股，筹集的资金建设豆腐工厂，扩大生产规模，实现利益共享。

在豆腐合作社里，卢志强是大股东，持股20%，其余由96户村民入股。大家共筹资金200多万元，在村里新建了豆腐坊，后面还连着1500平方米的新厂房，形成了"前店后厂"的经营模式。

同时，新厂房里新购进豆浆机、压缩机、磨浆机等大型机械设备，筑起了十几口锅台。卢志强还招聘了10多名员工，每人每月3000元左右的工资。

自此，家庭作坊变成了合作社，豆腐产量和生产规模迅速扩大，每天的产量由过去的200多公斤提高到2000多公斤。"现在一年的销售额达到500万元左右，一次个人分红大概15万元左右。虽然比以前挣得少些，但我没有过去那么累。大伙儿都能从卢记豆腐坊挣到钱，也挺好的。"卢志强说。

其实，和卢记豆腐坊一起进行股份化改造的，还有作坊街上其他店铺，比如辣子、醋、菜油、面粉、酸奶、粉条等作坊。然而，成立合作社，全民入股，这样的利益再分配模式，并不是一开始就受到作坊主的"拥护"。

粉条合作社的马秋凤原来就很不解，她说："凭啥我赔钱的时候，你们不入股，现在我挣钱了要让大家入股。这不就是分我的钱嘛！"

后来，郭占武找她谈话，耐心细致地做工作，马秋凤的心结一点点解开了。

"我是2010年来袁家村的，刚开始建厂房，只有两名村民入股，一人入股1万元，一人入股5000元。一共需要资金200万元，这缺口可咋弄？最后，郭占武自掏腰包给我垫资，才把厂房建好了。2012年粉条店营业，生意火了，郭占武却不要一点分红，还把股份退出来让村民入股，分红全部让给村民。这种一心为民、大公无私的精神让我感动了。"马秋凤说。郭占武常说一人富不算富，大家富才算富。在袁家村待得越久，越明白这句话的意思了。

筛选优势项目，将优势项目股份化，形成各个项目互相参股、你中有我、我中有你的发展格局。通过合作社改造，袁家村将商户与"原住民"结为利益共同体，充分调动每个人的责任意识，保障了长远发展和可持续发展。

随后，建设小吃街时，袁家村直接采用股份合作方式，并称其为小吃街合作社。合作社所有商户与袁家村"老村民"分别持有不同比例的股份，人员和食品安全统一管理，经营收入统一结算，个人收益根据贡献大小和投资比例由合作社最终核定。

"现在，我也入股其他合作社，啥都不干也能分红。每年开分红大会的时候，村民们拉着我的手，感谢我给他们挣钱了，那个自豪感和荣誉感，多少钱都换不来。在外面挣钱是个人的，在袁家村挣钱是大家分，是大家一块挣钱哩！"马秋凤高兴地说。

如今，在小吃街墙上，小吃街合作社社员名单赫然在目。入股成员的姓名、地址、股金等清清楚楚。从名单上可以看到，入股成员既有袁家村的"老村民"，还有外地来的"新村民"。

然而，不管是"老村民"，还是"新村民"，只要是对袁家村有贡献的人，都是袁家村人。近几年，粉条、豆腐、醋等合作社由小到大，由弱到强，迅速发展壮大，让袁家村人看到了合作社的力量。

通过成立农民合作社进行股权量化，袁家村将收益分得清楚明白，从根源上避免矛盾，形成了前期风险一家担当，后期发展大家参与,最终收益村民共享的独特产业发展路径。同时,通过调节收入分配和再分配,分好利益"蛋糕",避免贫富两极分化,实现了共同富裕。

谈起这种"互为股东"的合作模式,袁家村人心里都明白一个道理:人人都好,大家才能好。

农民捍卫食品安全

民以食为天。来袁家村旅游,吃是关键。那么,吃的核心是什么?

随着国人生活水平的不断提高,人们对吃也有了更高品质的追求,不仅要吃得饱,还要吃得好、吃得健康。从这一点来说,袁家村人很早就洞察到了人们消费升级而释放的市场需求。

从发展乡村旅游之初,袁家村就打出"农民捍卫食品安全"的口号。用一条蜿蜒曲折的老街再现乡村生活,汇聚关中美食;传统手艺、真材实料、现做现吃,让游客亲眼看见一碗面从食材加工到手工制作的全过程,亲身体验一场"农民捍卫食品安全"的真人秀。

在袁家村,所有餐饮商户都秉承着"真材实料""原汁原味"的制作宗旨。小吃街上,卖粉蒸肉的店铺墙上悬挂着一块木头牌子,上面刻着原材料追踪供应链和店主庄重承诺。

眼下,类似这样的店主承诺牌已经成为袁家村餐饮店铺的标配。尽管各家店铺的承诺内容各不相同,但都是关中老百姓最质朴的诚信承诺。这些令人动容的承诺,将袁家村人对食品安全视若生命般的重视,无声地挂在了墙上。

"食品安全是袁家村的生命。袁家村人比任何人都更加珍惜、爱

袁家村小吃街店铺墙上悬挂的写有原材料追踪供应链和店主承诺的木牌（陕西日报记者苏怡 摄）

护'袁家村'这块金字招牌，更加在意袁家村的诚信和声誉。"郭占武说。

尽管已经80岁了，郭裕禄仍然坚持亲自包抓食品安全，每隔几天，尤其是节假日必到村上"暗访"。在他的心里，袁家村要持续走下去，就得讲诚信！

同时，袁家村还成立了"机动部队"随时对餐饮商铺的卫生、食品质量进行抽查。一次，"暗访"人员抽查发现一家餐饮商铺没有及时更换汤料，导致食品口感变差，当即就让这家商铺停业整顿。

随后，郭裕禄召开村民大会，让停业整顿的商铺经营者当着全体村民的面做检查，并现场罚款10万元，交给村财务。"我买了100把锁子，谁弄得不好，我就直接把他家的门锁上。敢糊弄，就砸牌子。"郭裕禄说。

其实，在袁家村还有一系列关于食品安全管理制度和监管办法。在食品生产经营中，一旦被发现有非法添加等违规行为，商户就会被取消经营资格。

提起食品安全，马秋凤说："我来袁家村，郭占武就给我说了一条，绝对不能掺假。我当时就琢磨，啥掺假最多，那就是粉条。于是，我就开始学习制作粉条的工艺，不添加任何东西，就做纯正的红薯粉。"

马秋凤没想到，为了卖红薯粉条而开设的酸辣粉体验店，竟成了小吃街上的"爆款"。前来品尝、购买粉条的游客络绎不绝。2021年，粉条合作社销售粉条80多万斤，实现产值1200万元。

现在，袁家村所用的农副产品和原材料均出自自建加工厂、袁家村养殖场、袁家村合作农场、袁家村蔬菜基地，并以固定周期联合质检部门对基地商品进行质检，对质检结果进行公示。

正是由于袁家村人对食品安全的"较真"，袁家村的品牌价值在无形中快速增长。原汁原味的关中农村"老家味道",安全无忧的全链条食品生产,使袁家村以"吃"为核心的民俗体验成为全国乡村旅游的风向标。

随着袁家村的名气越来越大,一时间全国各地竞相模仿、复制所谓的袁家村商业模式,乱象丛生。

与其被模仿,不如主动出击。2015年,袁家村再次开启"进军"城市的步伐。当年8月,以关中特色小吃为核心的袁家村关中体验地亮相西安曲江银泰城。

这次"进城"的30家商户全部来自袁家村,店内所有食材和食品工艺全部从袁家村原汁原味地"拷贝"而来。整齐划一的乡村装修风格,干净整洁的炉台灶具,别具一格的木制桌椅,鲜香诱人的各色美食,立刻使这个城市综合体人气爆棚。

"曲江银泰城是袁家村第一家进城店,合作社投资500万元,当年就实现产值3000万元,利润达到了700万元。"郭俊武说,袁家村进城店不仅带动了就业,还将优质的农产品带进城市,让城里人在家门口也能吃上安全放心的农产品。

自此,袁家村开始了产品变产业、产业成规模的扩张之路。

2016年,袁家村实施"出省"战略。凭借独特的发展思路、创新能力和成功经验,袁家村依托大都市或中心城市,与当地政府或企业合作,输出袁家村品牌和商业模式,打造具有当地地域民俗文化和历史特色的体验景区。

进城出省,袁家村以"大本营"关中印象体验地的发展经验为基础,在"农民捍卫食品安全"的口碑积累上继续创新,在城市中高端商场开设袁家村城市体验店。通过与政府和企业合作,在外部项目开发中,通过输出策划、规划、设计、招商、运营全链条能力,为地方激活和构建具备生命力的新型乡村产业,同时通过导入袁家村品牌、

全面建成小康社会 陕西变迁志

袁家村出省项目——山西忻州古城·袁家村（袁家村村委会供图）

袁家村传统民俗文化活动（袁家村村委会供图）

产业内容、运营管理等，实现项目的高效推进和持续发展。

"进城出省离不开我们对食品安全的严格把关，这对于袁家村来说，具有开创性意义。"郭俊武说。这是袁家村全面转入产业发展的标志，做旅游不是最终目的，做大做强产业才是根本。

经过十多年的发展，袁家村从乡村旅游起步，市场规模逐步扩大，经济效益不断提升，品牌价值更加凸显，形成了独具特色的"袁家村模式"——三产带二产促一产，为乡村振兴提供了宝贵经验。

青年返乡唱"主角"

初到袁家村，村口挂有红色牌匾的村主任接待室首先进入游客的视线。在这里,一群"80后""90后"逐渐成长为袁家村发展的骨干力量。

29岁的王琪是袁家村村委会副主任。在他眼里,这份工作更像是"服务员"。王琪说:"村委会的工作特别锻炼人,既考验反应能力,也考验情商。小到游客问询、村民纠纷,大到公务接待,都得你去处理。"

回村前,王琪曾在中国交通建设股份有限公司工作了四年多。谈起为何返乡,他笑着说:"村上有产业,离家近,最重要的是有年轻人发展的平台,空间更广阔。"

和王琪一样,被袁家村吸引返乡的还有"90后"的杨欢。2014年,杨欢从西安电子科技大学毕业后,先后在西安、武汉、北京等地工作,年收入30多万元。2018年,杨欢回到袁家村,成为作坊联社经理,主要负责袁家村7个作坊合作社的经营发展等事宜。

"要是论收入,这里肯定比不上城市。但是,在村上干,干的是一份事业,你和袁家村的发展紧密相关。"杨欢说。袁家村这个平台很大,只要努力就能有好的发展,他对未来充满信心。

在袁家村,最忙碌的人是村干部,可得利最少的人还是村干部。平常,他们要从早上8点忙碌到晚上11点,节假日,他们更辛苦。尽管钱少活多,可他们却个个精神饱满、干劲儿十足。

在人才培养方面,袁家村十分注重"传帮带",积极发挥年轻人的积极性。作为袁家村最早一批返乡的年轻人,现任袁家村村委会主任王创战说:"对于我来说,担任村干部不仅锻炼了个人能力,还给年轻人做了好的示范,更重要的是找到了一份事业。现在,袁家村村委会就是年轻人的培训基地,为后续产业发展储备人才力量。"

如今,村上的年轻人都回来了。除了在家门口挣钱,在这里找到一份有归属感、成就感的事业,是袁家村吸引年轻人返乡的魅力

袁家村精品民宿一角(袁家村村委会供图)

所在。

在中国石油长庆石化分公司工作多年,爱折腾、爱热闹的张雷厌倦了坐办公室,瞒着家人辞去了稳定的工作。他和一帮朋友做旅游,创办西安自驾游俱乐部,带团满世界跑。出差多,没时间陪家人,张雷开始思索,如何才能二者兼顾?袁家村进入了他的视野。

"在外面长期漂着不是长久之计。当时正好村上大力发展精品民宿,于是我投资了470万元,打造了一家以关中传统民居为特色的小院落——里居。"张雷说。2017年开始营业,2018年里居的营业额就突破了120万元。

从4家到35家,张雷是袁家村发展精品民宿的参与者和见证者。如今,他担任着袁家村民宿协会的会长,负责组织大家学习,提升业务技能。张雷说,2022年他的主要任务是推进民宿培训中心落地,重点提升民宿从业者的服务意识和服务水平。

如果说小吃街、农家乐满足了游客味蕾上的满足,那么,生活客栈、左右客、酒吧街等业态丰富的休闲产品则为游客提供了多样化的选择。这不仅带给了袁家村时尚的气息,更为游客提供了大量的精神产品,使游客在袁家村能够捕捉到新的视觉、新的体验。

喜欢旅游的兰州夫妻——耿亮和苏惠琴,因为袁家村开放包容的氛围决定在这里创业。2021年,夫妻两人拿出积攒多年的积蓄,承包下村民的老宅进行改造。2022年春节前,投资300多万元的苏苏亲子体验民宿对外试营业。

坐在民宿前台的椅子上,看着窗外来来往往的游客,苏惠琴笑着说:"来过袁家村很多回了,这里的氛围真的太好了,村民们热情友善,都跟一家人似的,谁家有啥事,都过来帮忙。我们原本打算在成都投资做民宿,2021年来袁家村看到村民招租,当即就决定扎根在这里。"

第七届袁家村集体过大年（袁家村村委会供图）

袁家村最美的风景是人，是人的精神。这种精神，首先体现在对外来人口的接纳度、包容度上。如今，袁家村的从业人员达到了4000多人。"我就是袁家村人！"这样的话，不断出现在每一个"新村民"的口中。苏惠琴也不例外，她笑着说："现在，我就是袁家村人。以后有项目，我们也能入股，在这里收获稳稳的幸福。"

"新村民"的涌入，不仅为袁家村带来了资金、手艺以及诱人的传统小吃，更带来了全新观念、现代化的管理方式、以人为本的服务理念，以及个性化的生活方式。

如今，在袁家村，各式文化、理念相互碰撞，不同层次、不同认知的人群和谐相处。每个人身上都呈现出饱满的精神状态，脸上洋溢着幸福。

"刚回村时，郭占武书记问我，人活着是为了啥？后来，当我真正参与到村上发展，才慢慢理解，人活着一定要为社会作贡献，在袁家村就是要带着村民过上幸福的好日子。"王创战激动地说。

陕西日报记者 / 苏怡　龚凌燕

文明催绽"幸福花"

——纪录渭南市合阳县白灵村小康工程

白灵村变了。

它的变化是有形的,昔日"脏乱差",如今美丽怡然;它的变化也是无形的,昔日"等靠要",如今脑子活、路子广、活力强。它的变化是细微的,每一天每一点,生活日渐向善向好;它的变化也是显著的,"翻天覆地"是村民对今昔生活对比的定义。

白灵村党群服务中心(陕西日报记者穆骋 摄)

我们驻村一周，与老人一起回望过去，与青年一起畅想未来，与白灵村一起感受国家奋发、时代发展、人民幸福的脉搏。

脱贫之路：脱贫手拉手　小康心连心

"她突然走了，感觉就像天塌了。"提及 8 年前的一次意外，面前这个 54 岁男人的脸色，突然就暗淡了下去。

张书亭是白灵村三组村民，曾经是白灵村这个非贫困村里少有的 30 余户贫困户之一。他和媳妇之前都在周边村子担任小学代理教师，后来由于一些原因，他回家务农，在村里也算是文化人。

媳妇突发心肌梗死去世后，家境便一落千丈。"一个光棍领着两个光葫芦娃"，张书亭对自己的调侃中暗含着对命运的不满。

"不怕你笑话，那时候有几个月，我看东西眼前都是白茫茫的，看不清。"张书亭回忆道，"饱一顿饿一顿，吃过都想不起来上顿吃了没。"

得知此事后，白灵村党支部书记曹明杰赶忙带着村干部前去慰问。

"就靠我种那几亩地，实在不知道咋样能把俩儿子拉扯大。"

"只要有我一口饭，我就不会让你和娃饿着！你要把心态调整好，要坚强，不然咋做娃的坚强后盾！"曹明杰的话给了张书亭莫大鼓舞，望着懂事乖巧的儿子，他暗下决心：再苦再累，我也要把儿子给供出来，让媳妇在地下放心！

曹明杰跟村"两委"的干部商量：先通过村上评议，给张书亭争取到低保；再帮助他干些见效益快的活，种些效益好的经济作物，让张书亭先"动弹"起来，让他早一天看到希望。

在当年的杨凌农高会上，曹明杰给张书亭买回了樱桃苗和芦笋苗，并动员乡亲们帮衬着一起种上。地里种下了苗子，也种下了张书亭对未来美好生活的希望。

记者见到张书亭时,刚从地里回来的他正拍打着身上的土,咧着嘴开玩笑:"咱们可得快点,我只有中午这半个小时时间,上午忙了一上午,下午还有一堆活哩!"

记者也跟他开玩笑:"你可是比朝九晚五的办公室白领还忙呀!"

张书亭说:"忙了好呀,忙了生活才有奔头!"

如今,张书亭的生活发生的变化,用他的话来说,那真是"翻天覆地"。他自己的 7 亩地,一部分用来种樱桃,一部分种树,另外还流转了其他村民的几亩地。除此之外,张书亭买了农用车、旋耕机、拖拉机,用于接本村还有周边村里的农活,光这部分收入就有 6 万元左右。

而在自己有能力之后,也经常无偿帮助乡亲们旋地、除草,张书亭说:"之前大家都同情过咱、开导过咱,咱有能帮上别人的时候就尽量多帮。"张书亭还积极参与村里活动,如今担任三组组长。

张书亭虽然个子不高,但眼神中透露出的自信却让他显得高大起来。曾经对命运的不满也消失了,"命运是掌握在自己手里的。"张书亭笑着说。让他更加欣慰的是,两个儿子都很争气:大儿子考上了哈尔滨工业大学,小儿子考上了合阳中学。"咱现在最大的目标就是不断改善家里的经济条件,做儿子的坚强后盾!"

张书亭的笑脸被定格在一张照片上。镜头定格处,身后郁郁葱葱的果园有些虚化,一张洋溢着幸福的笑脸却格外清晰。这张照片被珍藏在白灵村文化大礼堂里的笑脸墙上。

这面笑脸墙有些特殊——一张张展露的灿烂笑脸背后,都曾被贫困的阴云所笼罩。白灵村虽然不是贫困村,但 30 余户贫困户却一直是白灵村现任党支部书记、村委会主任曹明杰心头最牵挂的事。2018 年,白灵村全面脱贫后,曹明杰请来村里所有的脱贫群众留影。"我想让所有人看到，我们脱贫户在精神面貌方面发生的变化。"曹明杰说。

笑脸墙上有一张照片，老人笑得十分憨厚——他叫李永轩。

李永轩今年70岁，他们一家三口人，儿子患有残疾。他们家的脱贫之路，是白灵村取得脱贫攻坚全面胜利的一个缩影。

"我和老伴年纪大了，除了国家给的补贴，重的农活确实干不动。"李永轩说。儿子因病被安排了一个公益性岗位，日子过得紧紧巴巴。"那时候就生怕有点啥事，出了事，家里多余的钱一点都拿不出来。"

2016年，白灵村建起了一个扶贫产业园，产业园里统一建好大棚，通过统一种植、统一管理、统一销售的方式运营，聘用村里贫困群众来产业园打工。李永轩和老伴都在产业园谋得了生计。

"李永轩老两口岁数大了，他们在外很难找到活儿干。现在产业园建在家门口了，两口子不用费力就能获得一份稳定工作和稳定收入。"曹明杰说。

"当时产业园里统一种红提葡萄，我们做一些果树修剪、除草等工作，这些活儿干得多了好了，让我们对自己过上好生活也就有信心了。"李永轩回忆道，"产业园里能人多，我们还能跟着人家学技术，这日子过得就充实。"

以前只种麦子、玉米的李永轩一家，在产业园得到培训后，决心让自家的12亩地也产出更高的效益。如今的果园里，苹果和花椒给李永轩一家带来年均超过6万元的收入，再加上在产业园打工的收入，日子真是越来越好了。

他说："口袋里有钱了，脑袋里有知识了，明显感觉日子越来越舒服了。"

让贫困群众稳定而有尊严地脱贫，只是迈向幸福的第一步。接下来，白灵村在巩固拓展脱贫攻坚成果同乡村振兴的有效衔接方面仍在发力：建成白灵村泰丰农业园区、果蔬冷库，通过延长产业链、对外招租等方式，实现租金创收，既壮大了集体经济，又带动了产业发展，同时可解决 5 户脱贫户长期就业问题。

脱贫路上手拉手，小康路上心连心，不落一人，不少一户。新年过后，白灵村气温回升，微风拂过，带来春天的气息。田地里、产业园中、工厂内，奋斗着的人们脸上挂着幸福的微笑。

振兴之路：旱地引活水　产业进了村

驱车行驶在京昆高速上，下了合阳高速口，只需 10 分钟车程就抵达白灵村村口。

白灵村，因村口一棵白杨树生长茂盛，并被这个村子的人世世代代所守护，故名为白杨陵村。民国初年改称白灵，而后正式立名为白灵村。白灵村距离《诗经·关雎》描述的洽川湿地，仅半小时车程。

白灵村地处合阳县城近郊旱塬平坝地带，气候温和、物产丰富，长期以来，曹、党、赵三大姓氏长居于此。他们以家族为单位集聚，辛勤劳作，安居立业，繁衍生息，逐渐形成了曹家、党家、赵家三大主体和东西两村的自然布局。

旱塬，水就是农业的命根子。长期的缺水难题制约着旱塬上的生产生活。早期，白灵村村民精诚团结，与自然拼搏，向贫瘠要生活，通过掘井垦田、筑池蓄水等措施保障农业生产。

柳浪青青麦浪黄，是白灵村人的心头盼，实际上逃不过靠天吃饭的被动局面。

"身处旱塬，村干部必须好好动脑筋，咋个能向老天要到更多资源！"曹明杰在心里暗下决心。为了给白灵村"找水"，曹明杰多方联系，在白灵村四周找到了西卓子煤矿。西卓子煤矿的矿下废水经过处

全面建成小康社会 陕西变迁志

泰丰农业产业园内景（陕西日报记者穆骋 摄）

理后，可以用于灌溉。此外，他还联系到不远处的东风水库、红旗水库为村里供水。

水找来了，怎么引到地里？曹明杰一方面在村里建了更大的蓄水池，另一方面多次联系县水利局专家到村里进行勘测设计，给村里土地铺设管网，实现节水管灌，在全部耕地上安装抽水桩，让水能浇到每一寸土地。2019 年，他又增设管网，为产业园引得"源头活水"。

通过两年的努力，脑筋活、肯下苦的曹明杰就让全村 3600 亩土地从旱地变成了水浇地。原本的旱地小麦，亩产 200 多斤，变成水浇地后，能产 1000 斤以上。而种苹果的话，亩均收益能翻一番。

2022 年 2 月 19 日，雨水节气。古诗云："春种一粒粟，秋收万颗子。"这一天，泰丰农业产业园里，负责人曹明亮正在地里谋划着新的智能一体化大棚的设计工作。"到时候建好了，计划一部分种阳光玫瑰葡萄，一部分种大樱桃。"

曹明亮带着记者一边参观一边介绍："这几棚是冬枣，后面几棚准备种黄桃。"曹明亮说，"去年黄桃地头一斤出价7元，还收不到。后来装车的黄桃一斤最高价钱涨到9元。"

"我们的果子好，根本是苗木好。为了找到好苗子，我们全国各地找，引进的苗子都经过无公害处理。"曹明亮介绍，"此外，我们使用的都是智能大棚，提高了效率，带来了更高的产量。"

据了解，泰丰农业产业园是白灵村股份经济合作社直接投资建设的，占地3600亩，集种植养殖和花卉培育于一体，主要种植葡萄、冬枣等瓜果及蔬菜，年产值100万元以上。2022年，村上还引进了占地500亩的农业产业园，计划投资3000万元，栽植"蓝宝石""阳光玫瑰"等优质葡萄品种，为产业发展提供更强引擎。

白灵村和很多村一样，都面临着"空心村"难题——在家种地的收益远远赶不上外出务工。青壮年几乎全部外出打工，留下老人和儿童，致使大量土地抛荒。2017年，白灵村在经过"三变"改革后，通过村股份经济合作社，壮大村集体经济，让这一现象得到好转。

"村民没手艺，在外务工挣不到什么钱，还带来很多留守问题。"同年，曹明杰提出通过土地整村流转、引进企业发展产业，让村民在家门口上班。

村民将信将疑，"一怕拿不到入股分红，二怕土地流转出去后，时间长了就不是自己的了"。为打消群众顾虑，曹明杰动员村里党员把自己的地作抵押，确保入股贫困户每亩都能得到分红。

做通村民的思想工作，土地整村流转后，接着就是以多种方式壮大集体经济：

投资建设泰丰农业开发有限公司，总投资500万元，占地145亩，共建设施冷棚和塑料大棚40余座，是集种植养殖和花卉培育于一体的综合性园区。园区采用"党支部+合作社+企业+农户"的经营模式，以村集体股份经济合作社资金入股和农户土地流转入股分红的方式，预计年产值达100万元以上，为村集体和农户直接效益分红30万元。同时园区为村民和周边农户无偿提供产业技术指导、果品销售等全产业链服务，有力带动全村农业产业化发展水平，被县农业农村局确定为全县职业农民培训基地。

吸引陕西省农垦集团有限责任公司前来投资，建设阳光玫瑰产业园，使技术、市场、人员等要素更加活跃，让地头连起市场。

争取苏陕协作项目，建成产业配套建设项目，总投资220万元，项目建设内容包括建设果蔬冷库1100立方米，配套制冷设备、仓储货架等辅助设施。该项目建成后产权归白灵村股份经济合作社所有，解决了白灵村泰丰农业产业园和扶贫产业园果蔬存放增值问题，延长了农业产业链，盈余库容可对外招租或代存。

产业不再"空心"，村民陆续返乡。"等到产业园全部建成投入运营后，不仅能够给村级产业提供产、供、销一条龙服务，还为村民和脱贫群众提供更多就业岗位，为脱贫群众稳定脱贫致富提供了保障。"曹明杰说。

面向未来，曹明杰信心满满：白灵村将充分发挥合洽路旅游区位优势，以休闲观光、采摘体验、科普教育、苗木繁育为发展目标，以产业振兴带动村集体和村民增收为宗旨，通过完善功能配套，建成集现代高效农业、休闲观光农业、城郊旅游农业为一体的综合体验园，推动一、二、三产业融合发展，努力建成全县乃至全市乡村振兴的示范样板。

美丽之路：村容靓起来　乡村绽新颜

2022年3月，春回大地，走进白灵村，平整的柏油路，洁白的农家屋，文化广场宽敞整洁，巷道两旁绿树成荫，许多人家门口整齐建有"小花园"，几名村民正坐在自家院子门口的树下晒太阳……一幅和谐美丽的乡村画卷展现在眼前。

白灵村位于合阳县城以东4公里处，村域面积3.8平方公里，辖6个村民小组，村党支部共56名党员，现有村民365户1501人，耕地面积3600亩。村民主要以务工为主，产业主要以葡萄、苹果、桃子为主，2021年全村总产值超过2000万元，人均纯收入13500元。"这十几年，白灵村真是发生了翻天覆地的变化。"村民赵合斌从军队复员后一直在白灵村工作，当过白灵村的民兵连长，还做过一届村委会主任，现在是村党支部委员和村务监督委员会主任。

说起白灵村的变化，赵合斌十分感慨："过去，村里到处脏乱差，全村都是土路，村民住的基本都是土屋，巷道里杂草丛生，下雨一脚泥，家家户户都有几双高筒雨鞋。猪圈、牛圈随意搭建，粪堆、土堆随处可见，一些人甚至把厕所搭在自家院子门口，任由污水流向巷道，夏天气味难闻……现在宜居宜业的美好生活，放到过去简直不敢想。"

村上之所以会有这么大的变化，和57岁的白灵村现任党支部书记、村委会主任曹明杰密不可分。

曹明杰此前一直在外做建筑类生意，后来在合阳县当了7年辅警。2004年10月，曹明杰回到村里，成为村委会代理主任。但是担任过村委会主任的父亲认为白灵村这个"烂摊摊"不好管，极力反对，但拗不过曹明杰的犟劲。

看到村里脏乱差的状态，曹明杰当选后的第一件事就是整治村容村貌。对此，村民纷纷质疑："你光说要干呢，谁给钱呢？""咱村一直都是这样子，你能弄成啥样子嘛！"

为了尽快适应村上的工作，打消村民疑虑、获得支持，曹明杰跟着村上的老干部挨家挨户走访村民，时不时跑去村民家里帮忙、拉家常，了解村情和大家的工作生活需求。

2005年开始，曹明杰积极争取各类项目资金，又从个人积蓄中陆续拿出18万元垫资，加上村民们筹资投劳，白灵村的"变美"之路正式开启。

修通村道路，拆除违建，清理"四乱三堆"……大部分村民积极配合，但也有个别村民让村干部很头疼。一组一位村民家门口的老树影响了整村道路的规划建设，经村干部多次上门耐心劝说才同意挖树。三组一位村民把猪圈搭在院子门口，占用巷道的同时严重影响了村里的环境卫生，村干部做了一年思想工作后，村民才最终将猪圈拆除。六组一位村民在自家屋前私自向外"延伸"搭建了一间理发店，经村干部反复沟通，最终将其拆除。

为了给村上争取资金和项目帮助，曹明杰可谓"磨破了嘴，跑断了腿"，这股干事创业、为群众办实事的精神感动了很多人。结合村子实际，合阳县林业局2007年至2008年免费给白灵村提供了价值20万元的国槐、独杆冬青等树苗。村里原本160米深的机井不能满足村民用水需求，2018年，曹明杰以个人名义贷款26万元为村上修建了380米深的机井，新机井一直沿用至今。

2009年，渭南市领导来合阳检查工作，白灵村整洁的村容村貌得到上级领导一致认可。这给了曹明杰巨大鼓舞，当年，他带领白灵村开始打造美丽乡村。

白灵村先后拓宽硬化进村主干道和10条主巷道，全村安装太阳能路灯270多盏,建成污水处理场及垃圾分类处理沤肥屋,同时常态化开展人居环境整治,建立垃圾清运、日常保洁管理机制,确保建筑垃圾及生产生活垃圾不搁置、不过夜。

为了进一步提升环境质量,全村分为"福禄寿喜"四大分区,在色彩上采用中国红和金黄色的主体色调以体现中式风格,房顶统一铺置灰瓦,体现关中民居特色,700多平方米墙面全部美化,巷道分片栽种各类花草苗木,实现了"一巷一景、移步换景"。同时,全村评选了"美丽庭院"180户,打造"三季有花、四季常青"的生态宜居环境。

除了村容村貌的变化,村委会办公场所的变迁也同样为人称道。2016年,村里向县财政争取60万元资金对村闲置校舍进行改造,半年后一座全新的村委会办公楼呈现在众人眼前。2019年,村里又争取资金100多万元建设白灵文化大礼堂。

白灵村美丽整洁的巷道(陕西日报记者穆骋 摄)

白灵村不是贫困村,没有扶贫项目的带动,凭着大家的凝心聚力和拼劲干劲,把美丽乡村建设搞得如火如荼。全村建成6800平方米柏油路主干道,完成进村路和所有巷道的拓宽硬化,建成全县首家村级污水处理厂,铺设污水排放管道3500米,对7800米绿植进行护栏建设。同时,整村推进对原有传统旱厕进行无害化卫生厕所改造,改厕率超过90%;严格按照"户清扫、组保洁、村收集"的管护机制,并配备垃圾清运三轮车2辆,投放小型垃圾桶400余个,配备专职保洁员5名,做到垃圾集中投放、整体转运。此外,在加强村庄规划的基础上,白灵村建成了红色主题公园、新时代文明实践站、农民讲习所、"四会"活动办公室、文化活动广场等。

"以前环境越脏,大家就越不爱护。现在,这些原本只顾自家房前的人,也明白'小家'之外,更要守护好'大家'。"村民车恩侠说,"大家的生活舒坦多了,外村人到访也让我们脸上有光。"

新修建的白灵文化大礼堂(陕西日报记者穆骋 摄)

这两天，曹明杰正与县乡村振兴局商量村里的污水管道改造项目。由于村里有53户三门峡库区移民，曹明杰就主动联系县移民局，争取该局对村生产道路铺设硬化项目的支持。在村文化广场改造中，曹明杰积极联系，得到县财政局大力支持。修建红色主题公园时，他又跑进县退役军人事务局争取支持……2004年至今，曹明杰为村上争取到各级各类项目资金。在他的带领下，白灵村在人居环境治理和美丽乡村建设的道路上阔步前行。

治理之路：办事流程明　群众更放心

在乡村振兴战略背景下，如何健全自治、法治、德治相结合的乡村治理体系？如何把乡村治理和服务群众有机结合起来？如何通过接地气的规范化、标准化制度安排，让村干部明白自己的权力边界在哪里，能为群众干什么，怎么干？

这些问题的答案，都藏在"小微权力清单"里——用一张清单列出村干部究竟能"管"多少事，有多大权力，能为村民提供哪些具体服务；用一张清单缩短小微权力与民心的距离，使群众充分享受到清单制带来的明白和便利，提高了群众的满意度。

早在2013年，曹明杰就在思考着这些问题。他说："对村干部来说，以前办事凭经验，有些政策给群众说不清、道不明，自己心里都发虚。对村民来说，办事经常找熟人打听怎么办，不但很麻烦，而且经常也办不好事。这主要是因为村干部、村民对村上具体有多少项职权，什么事村上能办、什么事办不了不够清楚。"

于是，曹明杰自己列出了十几条，让村干部有了"办事账本"，把村上的事情厘清，让能办的事项一目了然。

2022年1月19日一大早,白灵村村民赵景奇来到村便民服务室,咨询丧葬补贴办理事宜。该村会计王金海给他讲清了办事程序,告诉他该带哪些证件来、需要多长时间办,并为他复印了所需材料。接下来,赵景奇只要回家等待村上代办干部为他办理即可。

"我们村里每位村干部都是代办员,一周七天为群众提供代办服务。"王金海说。村民办理临时救助、新型农村合作医疗等事项,只需在村便民服务室提供相关材料后,就不用再跑腿,其余的由村干部代办。

村委会墙上的村级小微事项运行流程图引人注目,清晰明了地展示出救助减灾等事项的申请流程、所需材料。该村村委会委员曹占斌介绍,村级小微权力清单建成后,清单上的事项都有运行流程图,事项名称、法律依据、运行流程、办理人员、联系电话以及监督管理、责任追究办法等一目了然。

村级小微权力清单的推行,让村干部的权力边界更清晰,办事流程更科学,村里事办得更明白,群众更放心。

在村便民服务室门口,宣传栏里整齐地张贴着两栏信息:问题墙和回音壁。问题墙里的内容是村民有矛盾纠纷、有难事烦事,希望村委会帮忙解决的;回音壁里的内容则是村委会对问题墙里内容的回应。

"以前村民们为了地头的事,矛盾纠纷特别多!"村委委员兼调解主任赵俊红向记者回忆道:"以前的问题一面墙不够贴,问题太多了,如今,一面墙都很少有问题了。"

村民的事情都很琐碎、具体,乡里乡亲间的,调解起来难度不小。赵俊红回忆起一件往事:两邻居同时盖房,一户拆旧房的时候,没留意,把另一户的承重墙撞裂缝了。两户展开了"拉锯战"——

"承重墙撞坏了,你要赔我10万元。"

"你要钱太多了,修一下要不了那么多钱。"

"我盖个房要十几万,现在这个墙要拆了重盖,又费时间又费神……"

当时,赵俊红和其他村委委员为了这事,没少奔波。"一户急着盖房,另一户挡着不让盖,僵持在那里,在村里影响很不好。"

他磨烂了嘴皮子,把两户叫到一起商谈,谈不拢了又挨个做工作,终于使双方都满意。

以前,赵俊红很忙,一年下来,光跟土地有关的调解事项就有二三十起。如今,赵俊红笑着说:"一年下来也没几例,我这个调解主任算是要下岗了!"

问为啥,赵俊红一语道破:"现在大家都忙着赚钱哩,哪儿来的闲工夫扯闲淡!"

往年二三月份农闲时节,"三个女人一台戏",大家东家长、西家短地议论。现在聊的都是"哪儿的活儿好,给介绍介绍""谁家树长得好,去请教请教"……

村民思想的转变,首先离不开村"两委"的不懈努力。在矛盾纠纷排查调解方面,白灵村多次召开村民代表会议,宣传开展矛盾纠纷集中排查调处工作的目的和意义,为创建和谐稳定的村民生产生活环境创造了条件。其次是村组上下联动,认真梳理排查矛盾纠纷。

在一次定期开展的道德讲堂上,曹明杰给村民们讲道:"己所不欲,勿施于人。当你想对别人有要求的时候,先想想自己为别人做了啥。当你对村上有要求的时候,也想想自己为白灵村贡献了啥。"

定期开展道德讲堂、十星级文明户评选和万条家训进万家等活动,让身边榜样的力量彰显出来。村"两委"在对涌现出来的好公婆、好媳妇、优秀保洁员、产业致富带头人进行表彰奖励时,也设立警示训诫专栏,两方面结合,大力弘扬社会主义核心价值观与中华传统美德。

曹明杰介绍,白灵村在获得"全国民主法治示范村"的基础上,继续深入开展"平安村"创建活动。严格落实村级综治办工作制度，及时发现和解决日常工作中发现的突出问题，建立了网格化管理机制和巷长管理制度，有效地推动了民主法制建设和依法治村工作的有序进行。

文明之路：乡风更文明　精神更富裕

每天清晨6时许，70岁的村民贾会芳就起床做饭了。

女儿嫁到了城关镇，孙子、孙女大学毕业后在外地工作，家里只剩下她和72岁的老伴杨振荣，以及在村子周边做水果生意的儿子儿媳。

对于祖祖辈辈都住在村上的老两口来说，现在的生活是"翻天覆地的变化，国家政策好，村上的帮助也多"。杨振荣家过去是贫困户，2015年脱贫，目前享受低保待遇。过去的土坯房变成现在宽敞明亮的砖混结构房屋，院外的墙上，"家庭和睦　邻里相亲　以德交友　以诚服人"的家训十分醒目，院落宽敞明亮，屋内干净整洁，空调、取暖炉等一应俱全，还能领补贴。

家里的8亩地种着小麦、玉米和花椒，老两口种着也不觉得有压力。"现在都是机器种，除草的时候我们去地里忙一下。"杨振荣感叹道。"种地的时候有补贴，我们现在每月还领着养老金和老龄补贴，儿子儿媳一年也能收入六七万元，脱贫后的生活越来越好。"

因为心疼儿子儿媳，贾会芳每天早上第一个起床，熬点稀饭，蒸个馍，简单炒个菜，做好等儿子儿媳起床。饭后，杨振荣会搭把手，帮儿子把水果筐抬上车。晚上，忙完生意的儿子儿媳从集市上捎些菜回来。孙子孙女每逢放假就会带着衣服、保健品、营养品等回来看望杨振荣老两口，一家人的日子虽然简单，但很温馨。"吃穿不愁，身体健康，孩子们都孝顺，就是最大的幸福。"贾会芳笑着说。

在白灵村，像这样的文明和谐家庭比比皆是。这两年，村上的评优工作让村干部们犯了难，随着村民素质的逐步提升，文明户、好媳妇、好婆婆、文明家庭等不断涌现，大家赛比拼超，都很优秀。"优中选优，难选得很！"

白灵村历史悠久，起始于元代，形成于民国，在漫长的历史岁月中，逐渐形成了勤劳善良、淳朴厚重、敢于创新的民风。依托深厚的文化底蕴，村里从中国古代的钱币、石鼓、廊架中提取元素，运用剪纸、窗花等吉祥符号，将二十四孝、社会主义核心价值观和家风家训等内容展示在各巷道及各户家门口。

村里投资1000余万元建成文明新风文化墙3000余平方米，设置党员示范巷1条、乡风文明巷7条。走进白灵村文化大礼堂，"白灵书屋"里各类图书一应俱全。村民们有的在看书，有的在下象棋。"我们农忙之余就来这里坐坐，大家看看书、下下棋，有说有笑，还能联络感情。"正在看书的赵俊红告诉记者。白灵村还陆续建设了党员活动室、便民服务室、农民讲习所、电子阅览室、农家书屋等，提升村庄公共服务水平，丰富群众文化生活。

如果说平日的白灵村是静美的，节日里则热闹非凡。

"嗨！嗨嗨！"70岁的村民康普爱高兴地敲起鼓，表演者们身着统一的节日盛装，伴随着锣鼓声在村文化广场上高兴地起舞，四周围观的群众不停地拍手叫好。演出现场，鼓声时而像玉盘落珠，时而如万马奔腾，在激昂之余尽显渭北民风的强悍和雄浑。

白灵村女子锣鼓队成立于2019年12月，成立时有80多人报名，最终根据身体情况选定50人。"当时村上专门从韩城市请教练到村上培训了20多天，大家学得很认真。"51岁的村民曹晓玲是女子锣鼓队的队长，每逢春节、元宵节、端午节等节日前夕，她都会在白灵村巾帼雄风锣鼓队微信群发出活动通知。

村里大部分人白天在县城打工,晚上回村,看到消息的队员总会根据安排第一时间回来排练。女子锣鼓队年龄最大的成员70岁,最小的41岁,除了节日演出外,村里谁家过红白喜事,她们都会义务演出。除了锣鼓队,村上还成立了广场舞队、秧歌队、花棍队等,共有400多名村民参与。"村上的文化氛围特别好,平时大家各忙各的,聚在一起不仅是表演,更是沟通交流、促进感情的好机会。"村民车雅莉说。

为了促进"美丽乡村文明家园"建设,白灵村成立了涵盖6个领域共600余人的乡贤文化队,利用新时代农民讲习所宣讲党的政策,普及法律法规知识。同时,建立健全村民议事会、道德评议会、红白理事会、禁毒禁赌会等组织机构和活动章程,每年春节举办新春乡贤茶话会,修订村规民约,探讨发展蓝图。同时,定期举办道德讲堂,宣讲道德模范先进事迹,创新"红黑榜"规范村民行为,定期对不良

白灵村女子锣鼓队(曹明杰 摄)

现象进行集中评议,并通过大喇叭通报。

2015年6月,一名村民凌晨1时偷偷挖走村里的树送给亲戚,被村里的"雪亮工程"监控设备拍到。当日上午,村里的大喇叭响起:"某某,我们发现你存在不文明行为,请速到村委会。"事后,该村民非常后悔,赔偿了树木,并交罚款500元,同时上了"黑榜",这一警示作用不小。

2020年,六组一户村民因发生家庭矛盾,儿媳妇竟打了老人。这件事也登上"黑榜"……村里把环境卫生脏乱差、奢办酒席、不孝敬老人、赌博、聚众闹事等纳入村规民约,明确惩罚措施,定期对不讲卫生、不履行村规民约等的家庭进行"黑榜"曝光,同时对"文明家庭""美丽庭院"等进行红榜公示,使"难监管"变为"人人管"。

与此同时,村委会成立信访矛盾纠纷调解委员会,定期对涉及村民的土地征用或邻里纠纷等信访事件进行排查调处,确保小事不出组、

白灵村墙体画和宣传语(陕西日报记者穆骋 摄)

大事不出村、突发问题不出街道办。2021 年以来，共调处矛盾纠纷 20 余起，调处成功率达到 95% 以上。

此外，白灵村定期邀请县司法、公安交警、应急、商管、卫健等部门工作人员到村里开展法制讲座或集中宣传，增强村民法律意识。包联单位、县退役军人事务局有关工作人员，包村干部，网格员等经常深入田间地头，开展普法宣传和乡村振兴惠民政策宣传，提高村民法律意识和政策知晓率。

民生之路：生活质量高　福祉润心田

"12 万元彩礼，不商量。"

"虽然男方家现在经济条件不是很好，但孩子是踏实肯干的老实娃，只要两个孩子感情好，一块儿努力，还愁以后的日子过不好？咱做父母的，不都是希望孩子生活得幸福吗？宁拆一座庙，不拆一桩婚。因为高价彩礼拆散了他们，你的女儿心里是什么滋味？"

"行，那咱商量着来。"

……

这番对话发生在河南周口。

2015 年，村民曹宏民家的儿子想娶周口的女孩，没想到，却因彩礼问题打了绊子。这可急坏了曹宏民，他请出村党支部书记曹明杰，一起前去"做工作"。

曹宏民有两个儿子，家里经济情况不宽裕。大儿子在北京打工认识了这个女孩，两个人谈了两年恋爱，到谈婚论嫁时，女方家执意要 12 万元彩礼，并因为嫌弃距离远和彩礼少不同意这门婚事。曹明杰陪着曹宏民一家开车前往周口与女方家商量婚事，最终以诚以礼打动对方，按照白灵村的新规给女方 2.4 万元彩礼。

2016 年，两人结婚时在村上简单置办了酒席，仅婚礼就节省了近 2 万元。

"以前流行大操大办，锣鼓喧天、烟花爆竹满天飞，动不动就是吃流水席、抽高档烟、喝名贵酒，谁家娶媳妇，主家不准备几十条烟，新媳妇根本进不了村。"村民曹能阁说，一场婚宴摆 45 席以上，甚至 100 多席都很普遍，不是大家经济条件好，而是攀比之风太严重。

红白喜事费用高，对每一户村民来说都是重担。在村民提出这个问题后，2014 年白灵村成立了红白理事会，由党员干部带头做示范。精简办事后，最直接的就是村民家庭开支大幅节省，大家都会算这笔经济账。现在，村民们慢慢形成了"婚事新办、丧事简办、余事不办"的观念，不再因为"好面子"大规模摆宴请客。

与此同时，村上的锣鼓队等志愿服务队伍还义务参与红白喜事的

白灵村志愿服务队（部分成员）（曹晓玲 摄）

文艺表演，不仅减轻了大家的经济负担，也成了当地农村乡风文明建设的一大促进力量。

大事从简而行，日常保障也一样没落下。

74岁的脱贫群众杨天成家里有5口人，儿子在外打工，家里种了3亩苹果。村里考虑到他家的实际情况，为杨天成安排了公益性岗位，还联系发电公司在他家的房顶上安装了太阳能发电板。脱贫后，杨天成感慨道："现在的日子真好，每天吃饭不离肉。"

三餐不愁，看病买药更不愁。"感冒、发烧这样的小病在村卫生室就能看，一次花费不超过20元。我们老两口腿脚不方便，只要打个电话，村医就到我屋来看病。"杨天成说。2020年，老伴在县医院看病花了6000多元，通过城乡居民医保等报销后，自己只掏了几百元。

2009年，白灵村在合阳县率先建设村卫生室，脱贫攻坚期间，村医为32户贫困户每月定期提供上门医疗服务；村卫生室每季度还为全村退役军人、60岁以上的老人、慢性病患者等免费做体检……齐全的医疗设备设施和专业的医疗服务，让村民们享受到了家门口的便利服务。

医疗服务让村民安心生活，教育帮扶则托起白灵村的希望。

这几天，50岁的村民苏景萍正忙着翻修院子。两名工人一个正用水泥平整地面，一个正蹲在房顶上铺瓦片。"娃都不在屋，我家现在也没有太大压力了，就想着把房子拾掇一下，差不多一个月就能翻修好。"苏景萍一边帮忙抬砖块，一边说道。

十几年前，丈夫患病去世，苏景萍一个人照看4亩桃树，还要拉扯一儿一女，教育开支成为她家最大的难题。"我家有困难，大家都来帮。"苏景萍说。考虑到她家的实际情况，村干部积极帮助她争取各类政策帮扶资金，单是光伏发电项目一年就能增收7000多元。2018年，

文明催绽"幸福花"

村民房顶安装的太阳能发电板（陕西日报记者穆骋 摄）

苏景萍家"脱贫不脱政策"，全家每月领取低保金600多元。女儿在校期间每年享受国家助学金6000元，现在已毕业在西安工作，儿子正在读大三，她对未来的生活充满了希望。

"我们村义务教育阶段没有失学和辍学的孩子，对于经济特别紧张的家庭，我们会积极争取各类资金帮助孩子完成学业。"村党支部书记曹明杰说。具体帮助过多少孩子，曹明杰已经记不清了，但只要是需要帮助的村民，村上都会尽最大努力支持孩子读书：2014年，二组村民曹春荣的儿子享受了12000元教育扶持资金；2015年，五组村民赵兆吉的儿子享受了8000元教育扶持资金；2016年，三组村民曹海林的女儿享受了6000元教育扶持资金……这些都是村上积极帮助申请的。

此外，村上除了联系县教育局、卫健局等部门为留守儿童进行帮扶和心理疏导外，还组织党员定期上门为一些孩子辅导作业，为孩子的成长撑起一片蓝天。

为了让村民外出放心，家里老人安心，村干部省心，2015年，白灵村全村安装了52个视频监控设备，基本覆盖全村各个角落，良好的治安环境让村民工作生活更安心。

2018年至2019年，白灵村"煤改电"工程全面完成，村民们冬天取暖有空调和取暖炉，温暖不减的同时，减轻了冬季防火等压力。

为加强消防安全，村上设立了村级消防站，由村上的退役军人和现任干部组建了一支消防队，还配备了消防车、消火栓，全村10条巷道中，2条巷道村民的屋顶上装有烟雾报警器。在房前屋后、田间地头，村民们都参与过村上组织的防火培训，不少村民笑称自己已是"半个消防员"了。

为切实发挥人才作用，白灵村在全村范围内筛选各类"田秀才""土专家"，以他们为骨干，按照志愿者兴趣爱好特长，组建了农业生产、文艺文化、治安巡逻、法治宣传、矛盾调处、移风易俗志愿服务小分队6支共54人，通过定期举办科技培训、农民夜校、法律宣

有了校车，孩子们去幼儿园更方便了（陕西日报记者穆骋 摄）

文明催绽"幸福花"

航拍白灵村（陕西日报记者穆骋 摄）

讲、文艺演出等方式，为村民提供各种相应的志愿服务，拓宽了村民增收渠道，提升了村民致富本领。2021年，全村开展志愿服务活动10次，有效解决群众急难愁盼问题30余件。

在白灵村这片土地上，我们可以看到，中华民族伟大复兴的梦想，在每一棵麦苗上拔节生长；我们能够听见，人民对美好生活的向往，在每一台农机里轰鸣响亮。

白灵村，追梦的路上，步履不停。

陕西日报记者／李妮　穆骋

黄土高坡的一颗明珠

——纪录延安市安塞区南沟村小康工程

"一道道的那个山来呦，一道道水，咱们中央红军到陕北……"

2022年3月初的一个早晨，陕北一个小山村在这高亢的信天游中苏醒了。这个村庄叫南沟。

时令已快到惊蛰，黄土高原的山山峁峁依然灰蒙蒙的，百草树木还未抽枝散叶。但是，冰封的大地却在暖阳中偷偷融化，柔和的轻风从坡上刮过，陕北的春天悄悄地来了。

天刚亮，62岁的刘润喜早早起床来到自家果园，他将修剪的果树枝条捆扎得整整齐齐，把果园清理得干干净净，干活的时候还要唱上两嗓子。

曾经的陕北，每到春耕时节，那延绵不断的山梁上就会传来苍凉的歌声，当地人称为"拦羊嗓子回牛声"。这样的歌声，流传了千百年。与其说是歌唱，还不如说是呐喊，勤劳的陕北人用民歌来诉说辛劳的人生，用歌声来表达对美好生活的向往。

如今，这歌声的味道变了，变得欢快激昂、踌躇满志，变得喜气洋洋、幸福满满。正如刘润喜所说："村庄美得像花园，住房和城里人一样，每年收入好几万元，做梦都没想到能过上这么好的光景，南沟村人的精气神都不一样了，怎能不唱呢？"

2017年11月16日，陕西卫视播放了大型演播室人物访谈节

南沟村鸟瞰（陕西日报记者艾永华 摄）

目《脱贫路上》。节目一开始,大屏幕上展现了一组照片:梦幻般的城堡乐园、错落有致的红色小楼、碧波荡漾的水库、集中连片的果园……主持人让现场观众猜猜这是我国的哪个地方,大家异口同声说是海南三亚;大屏幕上又播放了几张照片:破落的土窑洞、崎岖的羊肠小道、贫瘠荒芜的土地……当主持人说这两组照片是同一个地方,便是南沟村时,大家惊讶得目瞪口呆。

延安市安塞区高桥镇南沟村,从自然条件差、基础设施落后、产业薄弱的贫困村,到环境优美、产业兴旺、知名农旅融合打卡地,中间经历了怎样的发展历程?

党的十八大以来,在党中央精准扶贫、乡村振兴等重大决策指引下,南沟村发生了翻天覆地的变化。南沟村人的生活像刘润喜的唱词一样,告别了"泪个蛋蛋泡在沙蒿蒿林",走进了"我们的生活比蜜甜"。

能人返乡,父老乡亲的主心骨

打扫院子、调试设备、清洗餐具……2022年3月1日上午,南沟景区小木屋酒店的工作人员紧张地进行营业前的准备工作。

"张书记,我们今年为南沟景区策划了端午腰鼓、钓鱼大赛、剪纸大赛、陕北民歌选拔赛等17项大型活动,会来很多游客,车流量大。景区内有几处水毁路段要抓紧修补,做好保障服务。"延安惠民农业科技发展有限公司业务经理魏艳在电话里说。

"润生哥,我今年还想扩大湖羊养殖规模,资金有点紧张,麻烦你给我想想办法。"养殖大户梁怀荣打来电话。

还不到8点,南沟村党支部书记张润生的电话铃声就响个不停。

他匆匆吃完早饭，驾车从延安出发往南沟村赶。本来张润生在村里也有自己的房子，但房子建好后无偿提供给村"两委"办公使用，所以他每天得往返于15公里之外的延安城。

自从担任南沟村党支部书记以来，张润生从没睡过一个囫囵觉，村里的大小事务都离不开他。"没有张书记，就没有南沟村的今天。"南沟村的群众众口一词，"他就是我们的主心骨。"

张润生家是20世纪70年代从外乡镇迁来的移民户。改革开放后，贫穷的生活实在熬不下去，父母带着弟弟妹妹举家前往延安讨生活，留下20岁的张润生继续在家乡种地。"父辈人饿怕了，万一外面挣不来钱，家里不能没有粮食啊。"作为父母的长子，年少的张润生早早就成为家里的顶梁柱。

张润生一个人耕种50多亩山地，一年四季面朝黄土背朝天，和乡亲们一样过着广种薄收的日子。由于他踏实能干且为人厚道，被村民推选为生产队长（大南沟小组组长）。他带领村民修田打坝、抽水拉电，还自己育苗为村里栽植了4万多棵树。大南沟的村民生活都有起色，但张润生的日子却每况愈下。"他把精力都耗费在村里的事务上，自己家的庄稼都耽误了。"村民至今都没忘记当年那个灰头土脸的大小伙子为村里的付出。

天有不测风云。1997年秋日的一天，正在山上掰玉米的张润生接到父亲出车祸的消息，他一口气跑到延安的一家医院，抱着冰凉的父亲哭得撕心裂肺。

"父亲去世时，我只有30元钱，连棺木老衣的费用都是从父老乡亲那里东拼西凑借来的。"张润生说，"靠自己在土疙瘩里刨食是养不活一家人的，我决定出门闯一闯。那时，我们已经有4个孩子了。"

办完父亲的丧事，张润生背上铺盖卷，带上老婆孩子外出谋生。

张润生是个很要面子的人，为了不让别人看见自己的狼狈样子，

南沟村灾后重建点（陕西日报记者艾永华 摄）

天还没有大亮他就出了家门。秋雨乱如麻，飘飘洒洒的雨点无情地打在他的脸上，混合着夺眶而出的泪水直往下流。踏着泥泞的道路，走出村口的那一刻，张润生回过头深情地看了一眼他生活了几十年的南沟村。

经营小卖铺、开出租车、办砖瓦厂，离开南沟村，张润生先后辗转安塞、志丹、延安，生意做得风生水起。后来，他又成立了自己的机械队承包工程，经营业务越做越大。经过十几年的奋斗，张润生成为名副其实的千万富翁。

张润生富了，但南沟村依然贫穷落后。

南沟村位于安塞区南部，面积24平方公里，辖7个村民小组，共337户1002人，其中有建档立卡贫困户45户125人。村内山大沟深，只有一条3米宽的通村土路，村上没有产业、没有集体经济、没有手机信号，全村近70%的村民外出打工，留在村里的村民种点土豆杂粮，只能维持温饱。"交通基本靠走、通信基本靠吼，晴天一身灰、雨天一脚泥。另外，村里四五十岁的老光棍不在少数。"当地群众总结了南沟村的三难：出行难、娶媳妇难、干事难。

2013年，延安市遭遇百年不遇的强降雨，南沟村村民住宅严重受损，部分窑洞倒塌，本来就贫困的村民雪上加霜。

痛定思痛，痛则思变！如何变？"建立一个强有力的党支部是迫在眉睫的首要任务，关键要选一个敢于担当、能干事的党支部书记。"这是高桥镇党委、镇政府的决策，也是南沟全村人的共识。

南沟村人想起了老党员张润生，大伙决定邀请这位走出去的致富能人带领村民重建家园。

2014年，张润生全票当选为南沟村党支部书记。不善言辞的张润生只说了一句话："既然大家这么信任我，我就是砸锅卖铁也要带领乡亲们过上好光景！"

听说丈夫回南沟当了村党支部书记，张润生的妻子郝婷哭成个泪人。"经历了多少艰难困苦，刚刚过上好光景，又要回村里折腾，你的身体受得了吗？咱以后的生活你还管不管？"郝婷太了解自己的丈夫了，就像当年一样，他肯定会把全部精力用在村里的事务上。

这位"大男子主义"十足的陕北汉子压根没把妻子的话当回事。张润生毅然放弃所有的生意，回到南沟村挑起全村发展的重担。

攻坚克难，加速快跑的火车头

新的党支部建起来后，面临的第一件难事就是灾后重建。尽管政府给每一户因房屋倒塌重建的受灾群众补贴3万元救灾资金，但远远不够盖一院房子的资金需求，对于当时年人均可支配收入仅有4000多元的农户来说，根本拿不出太多的钱，盖新房简直是天方夜谭。

"房子必须盖,可钱从哪里来?"村党支部成员面面相觑。

张润生一夜未眠。第二天,他领回来在延安从事房地产开发的弟弟张维斌。张家两兄弟经过商量后决定:统一规划、统一建设,给受灾严重的大南沟小组有需求的农户一次性新建住房。张润生负责施工建设,并无偿提供机械设备,除了政府的补贴,所有资金缺口全由张维斌承担。

一年后,39套新院落全部投入使用,大南沟小组村民全部住进了水、电、路等基础设施配套齐全的新房子。

通过灾后重建这一重大事件,让村民看清了新一届党支部的魄力和担当,更看到了美好生活的希望。"住进了安全放心的新房子,南沟村人的心暂时安了。"张润生说。可是家家户户如果没有致富产业,没有收入,那就是住在新房子过着老日子。南沟村人穷怕了,再也不想过这样的穷日子了,南沟村贫困落后的面貌必须彻底改变。

南沟村村委会(陕西日报记者艾永华 摄)

若要富，先修路。这个道理南沟村人比谁都深有体会。南沟村距延安城仅有15公里，但因为道路不畅，制约了产业的发展，闭塞的环境使整个村落变得有些"与世隔绝"。"有的老年人一辈子都没去过延安，对外面的世界一概不知。"张润生说。

新一届党支部把修路为主的基础设施建设作为全村发展的首要任务，全力推进。为了争取项目，张润生跑遍了县里的交通、林业、水利等相关部门，他还将自己40多台大型机械全部调回村里免费投入施工建设。"村里条件太差了，需要建设的项目千头万绪。"他说，"基础设施不完善就无法发展产业，所有的设想都是空的。"

南沟村山峁陡峭、沟壑纵横，很少见到一块平展的土地。"推山治沟、新建农田是发展产业的唯一出路。"村"两委"经过反复论证，决定在水头、湫滩则、大南沟3个小组相连地段，规划实施500多亩治沟造地项目。经过勘测、立项、审批、拆迁等一系列程序，土地整理项目终于破土动工。

正在项目建设搞得热火朝天的时候，遭到一场暴雨突袭。洪水把刚刚垫起的平地冲出一个大口子，还卷走了项目部停放的6辆小汽车。张润生盯着暴雨过后施工现场的惨状，心痛极了。但他猛吸了几口烟，鼓励大伙说："幸亏施工人员撤离及时，只要人安全，再多的损失咱都不怕，我们的农田一定要建成。"

项目竣工那天，眼看着曾经杂草丛生的沟渠变成平坦的农田，村民郝应祥高兴得杀了一只羊，为施工队举杯庆贺。

2015年，精准扶贫的号角响彻神州大地。南沟村党支部抓住脱贫攻坚、"三变"改革等重大历史机遇，决定凝心聚力打赢全村脱贫致富翻身仗。经过反复论证，确立了以现代农业和乡村旅游农旅融合发展的思路。

"光靠南沟村自身的力量是发展不起来的。"村"两委"成员一致认为,"必须引进有实力、有担当和社会责任感的企业带动。"最终引进延安市惠民农业科技发展有限公司参与到南沟村的产业发展。

"方向明确了,但实施起来非常困难,土地分散在各家各户,张三5亩、李四8亩,无法整体规划、开发利用。"南沟村村委会副主任张忠说,"当时最大的难题是流转土地,大小会议开了100多次。"

"土地流转出去,以后吃啥呀?""能给我们分到钱吗?"听说要流转土地,村民议论纷纷,意见不统一。

"大家都想发家致富,但由于村里常住人口普遍文化素质低、认识不到位,心里不踏实。"高桥镇驻南沟村干部张光红说。为了让大伙开阔眼界、统一思想,村党支部连续召开村民大会,学习党的惠农政策和现代农业发展理念,还组织村民代表到宝鸡、咸阳等地参观学习典型示范村的成功经验,使村民终于认识到规模化、集约化是现代农业发展的方向。

统一了思想认识,凡事就好办了。

在探索实践中,南沟村确立了"支部引领、企业带动、合作经营、党员示范、群众参与"的发展模式。组建起党支部领办的南沟村股份经济合作社,将全村除村民宅基地、老果树地之外的22500亩撂荒地、沟洼地、滩涂地、山林地等闲置低效土地确权流转给合作社,通过合作社入股延安市惠民农业科技发展有限公司,公司每年给合作社固定分红35万元,合作社按占股比例给群众进行分红。同时,村内226人以1060亩土地入股该公司,建起了矮化密植苹果示范园,群众持49%股权,果园收益前一切费用由公司承担,收益后净利润按股份比例分红。

从生态旅游园区建设开始,南沟村严格按照"项目促发展、企业带农户、农民能致富"三条原则,在所有项目建设中,将企业发展作为带动群众增收的主渠道。按照"企业+合作社+农户"的方式,

南沟生态木屋酒店（陕西日报记者艾永华 摄）

通过推行资源变资产、群众变股东、农民变工人的"三变"改革模式，把村民嵌入企业发展的全过程，并与公司协商，村集体成立了常年务工队，带动村民就地就业。

据统计，近年来公司平均每天吸收本村及周边群众200余人前来务工，人均每天工资100元，每年务工日在200个以上，仅此一项，每年为当地村民增加收入400多万元。

"党委、政府永远是我们的坚强后盾。"张润生深有感触地说，"从基础设施建设、环境整治，到产业发展，南沟村得到区委、区政府及高桥镇的大力支持，在整合各种资源集中力量打造典型示范村中，各级政府累计投入各类资金1.8亿多元。"

在村党支部带领下，经过一步步的建设、改革、发展，短短几年时间，南沟村脱胎换骨，翻开了崭新的一页。

情系家乡，衣带渐宽终不悔

如果说张润生是为南沟村建设攻坚克难的"先锋"，那么，他的弟弟张维斌则是南沟村建设发展的"主力"。

"南沟村的发展变化离不开张维斌，他把自己多少年辛辛苦苦积累的财富撒在了家乡的山山峁峁、沟沟岔岔，回报给了父老乡亲。"这是南沟村人对张维斌的一致评价。

初中毕业后，家境贫寒的张维斌不得不回家务农。他先在村里放羊，后来随父母到延安做起了小买卖。卖冰棍、捞河沙、当小工，只要能挣钱，什么苦活累活他都干，但日子依然过得恓恓惶惶。

"结婚的时候住在租赁的一孔土窑洞里，炕上连一条毡都没有。"张维斌的妻子高世梅至今记得，"有一次，家里来了娘家亲戚，看到我们吃的粗茶淡饭，回去给我母亲说了，第二天母亲送来50元钱让买一袋白面。母亲走后，我哭了好几天。"

为了让家人过上好日子，张维斌决定放大步子，开了一家汽车修理厂。"刚开始效益还不错，后来父亲去世、修理厂工人出事，真是祸不单行，几年下来没赚钱还赔进去不少。"他说，"小打小闹根本翻不了身，要做就做大生意。"

1998年，在亲戚朋友的帮助下，张维斌借钱开了一家物资公司，专为油田开发区供应生产生活物资，从此开启了创业之路。随着房地产业的兴起，他又转型进军房地产开发。凭借自己诚实守信、讲义气的口碑，事业越干越大。

从一个放羊娃成长为知名企业家，张维斌从没忘记自己土生土长

南沟村依托景区原有资源，大力开发建设户外体验、山地娱乐和植物绘画景观等新型创意旅游项目，形成了集传统农业旅游、现代户外娱乐和山地观光体验于一体的特色景区（陕西日报记者肖晓良 摄）

的南沟村。特别是2013年那场强降雨发生后，包村干部张光红和担任村党支部书记的哥哥张润生找上了门："南沟村受灾很严重，你快回去看看。"

张维斌迫不及待地跑回南沟村。"看到村里遭灾的惨状感觉特别心酸。"他说，"我就是盖房子的，给城里人盖了成千上万套房子，人家都说我是个老板，可自己家乡父老乡亲的房子受灾变成了危房，我脸上挂不住，也对不住家乡人对我的关心，如果乡亲们因为住房安全有个三长两短，我良心难安。"

张维斌当场拍板，投资近2000万元为村民建起设施齐全的39套新房。

"住房安全了，但村民没有收入怎么办？"张维斌思索着，要彻底改变南沟村贫穷落后的状况，就得有个长远打算。

"南沟村地理位置优越,距延安城仅有15公里,北依枣园,南连万花山,西邻魏塔古村落和张思德牺牲纪念地,且植被良好;安塞黄土风情、民俗文化积淀深厚,腰鼓、民歌、剪纸等传统文化极具影响力。"张维斌认为,南沟村虽然贫穷,但发展现代农业和乡村旅游业资源丰富。

经与镇村干部商讨,张维斌决定以企业入驻的方式,带动村里发展和村民的增收。于是他成立了延安市惠民农业科技发展有限公司,拉开了南沟生态农业示范园和乡村旅游示范园区建设的大幕。

"要干就大干,要干出名堂。"这是张维斌的性格。经村党支部、全体村民大会共同协商,依托地处延安市半小时经济圈的地理优势和南沟村丰富的闲置土地资源,做出了整体规划:坚持生态优先的原则,打造集现代农业、生态观光、乡村旅游于一体的农旅融合综合性示范园区,最终实现村民住有所居、收入稳定,过上小康生活;村集体经济不断壮大,美丽乡村宜居宜业,全面实现乡村振兴。

园区建设,科学合理的规划至关重要。为此,张维斌出资300多万元,聘请了长安大学工程设计研究院对园区进行总体规划。园区总规划控制面积24平方公里,核心区域6.1平方公里。按照山水田林路等综合治理,一、二、三产业融合发展的思路,分乡村旅游、现代农业、基础设施、生态建设四个方面规划实施。

在安塞区的大力支持和村党支部及张维斌的共同努力下,经过几年的施工建设,南沟村先后新建拓宽硬化通村主干道40多公里,修通生产道路20多公里;建成水、电、路基础设施齐全的2个移民搬迁安置小区,安置群众71户317人;新建信号塔2座,天然气(CNG)撬装站1座,污水集中处理站1座,生活垃圾实现户分类、村收集、镇转运集中处理;新修农田4000亩,建成蓄水坝7座,完成植树造林和林分改造1.2万亩,花草种植2200亩,联栋温室大棚2栋;建成

1060亩矮化密植苹果示范园和120亩樱桃、葡萄等特色水果采摘园；还新建了生态酒店、休闲垂钓园、沙地摩托车场地、生态木屋酒店和花样迷宫、观景台等，累计完成投资5亿多元，其中延安市惠民农业科技发展有限公司投资3.2亿元。

当春暖花开时节，走进南沟村，眼前的景象令人仿佛置身于南方的某个小镇：金灿灿的油菜花招蜂引蝶，精致的生态木屋酒店车水马龙，设施齐全的游乐园欢声笑语……昔日贫穷落后的南沟村蝶变为延安市乡村旅游示范村、陕西省水土保持示范园、陕西省现代农业示范园区、国家AAA级景区、全国扶贫经验交流示范基地、全国大中小学劳动教育综合实践（延安）基地。

投资南沟村的过程并不是一帆风顺，但张维斌从没有动摇过自己的想法。"有群众不理解说长道短，也有亲戚朋友对我的投资表示担心，但我知道开弓没有回头箭，哪怕把我所有的财富贡献给南沟村，也要完成既定目标。"张维斌说，"每建成一个项目就好像给我加一次油，越干越上劲，看到村子越来越美丽、村民收入不断增长，那种成就感比在城里搞房地产好得多，这可是我的家乡啊。"

大南沟小组村民刘三开长年生病，成为村里的贫困户。在南沟村项目建设中，因施工噪音和尘土令倔强的刘三开十分生气，甚至出面阻拦。当听说刘三开的儿子生病住院交不起医药费时，张维斌立即送来两万元现金。

"我父亲都给人家添过麻烦，他还对我们这么好，这样的好人哪里找？"刘三开的儿子刘青龙逢人便说，"别看他话不多，维斌叔叔心地可善良呢，看到谁家有困难他就心软，肯定出手相助。"

"衣带渐宽终不悔"，正是有这样坚定的信念和浓浓的情怀，张维斌才不遗余力地为南沟村的发展鞠躬尽瘁。

黄土高坡的一颗明珠

油菜花节（陕西日报记者艾永华 摄）

圆梦小康，几代人梦想终实现

南沟村人都说湫滩则小组的曹文斌这几年养牛上了瘾。"养牛并不复杂，只要人勤快，把圈舍打扫干净，按时添加饲料，牛儿就会健康成长。"曹文斌说，"养牛见效快，当年就有回报。"

曹文斌家原来主要靠8亩果园维持生活。2014年春天，曹文斌在果园干完活回家时，因山路崎岖，他驾驶的三轮车从一个陡坡滚落下去。"身体多处受伤，右腿粉碎性骨折，多亏抢救及时保住了性命。"回忆起当时的情景，曹文斌仍然心有余悸。康复出院后，身体留下了残疾，还欠下一大笔债。

"不能干重体力活，就搞养殖吧。"村干部给他出了个好主意。作为贫困户，曹文斌获得了政府2万元的帮扶资金和3万元的贴息贷款，他一次买回7头牛。"当年卖了4头小牛收入2万元，后来逐年增加，去年8头牛卖了7万多元，加上果园的收入近10万元。"曹文斌开玩笑说，"现在环境变好了，拉运饲料、苹果都是车来车往，村内道路畅通无阻，再不会掉到沟里了。"

恶劣的生存环境给村民造成的伤痛历历在目；优越的生活条件让南沟村人幸福美满。

每次驾车行驶在宽阔的马路上，张忠总能想起30多年前的伤心记忆。

1987年，张忠的爷爷张志恩搭乘一个手扶拖拉机去镇上卖粮食，快到村口时因坡陡弯急，拖拉机掉进深沟，41岁的张志恩当场去世。

7年之后的一个冬天，张忠的父亲张维星在给自己家箍窑洞时，地基坍塌不幸身亡。"那年我刚上小学三年级，最小的妹妹还不满1

岁。全家人哭成一团,箍窑洞的事也搁置下来了。"张忠说,"父亲去世后,小学还没有念完,我就辍学了。"

在母亲的陪伴下,张忠小小年纪就学会了种地。"让孩子出门闯一闯吧,最好学个手艺,窝在南沟村只能过穷日子,将来连个媳妇也娶不到。"

16岁那年,张忠一个人来到安塞一家工地当小工。"搬砖、扛水泥,每天干十几个小时,到了晚上累得身都翻不转。"后来经人介绍,张忠在一家饭馆当了学徒,一年之后就成为掌勺厨师。张忠省吃俭用攒够了钱,在亲戚朋友的帮助下,盖起了父亲搭上性命都没建起的那孔窑洞,完成了父亲的遗愿。

当厨子、跑运输,能吃苦的张忠娶妻育女,小日子过得红红火火。"准备生二胎时,媳妇得了严重的肾炎。家里依山而建的窑洞因几次山洪侵蚀,成了危房。"张忠无奈地说。他家又成了贫困户。

2016年,南沟村对水头小组进行统一搬迁,张忠家在集中安置小区分到一处有三间房的院落。"政府资助的安置费加上旧窑洞的拆迁补贴,我连一分钱都没掏,就换来了一套安全实用的新房子。"张忠感慨道,"这都是国家精准扶贫好政策带来的实惠。"

随着南沟村乡村旅游示范园区的建设,张忠从2016年起再没有外出打过工。他积极参与村里的改革发展,还被村民推选为村委会副主任。"我现在是惠民公司的一名专职司机,妻子是村卫生室的医生,家里还有12亩果园,两口子不用出村每年稳定收入八九万元。"他说。现在的南沟村有3条出村的大马路,到延安市20分钟车程,每个自然村之间都是硬化的水泥路,汽车可以开到家门口、开进果园,生产生活太方便了,几代人的梦想终于实现了。

村里发展的成果很快惠及家家户户。2016年5月,南沟村乡村旅游示范园区正式建成开园迎客。南沟景区成为周边城市来延安红色

南沟休闲垂钓区（陕西日报记者艾永华 摄）

旅游、体验陕北风情的打卡地，垂钓休闲、赏花踏青、康养度假……慕名而来的游客源源不断。

"游客来了总要吃饭的，开个农家乐肯定能赚钱。"看到游客越来越多，脑筋灵活的大南沟小组村民李佼利看到了商机。

李佼利从17岁开始学厨艺，曾经在城里开过10多年饭馆，练就了一把好手艺。李佼利把家里闲置的房子简单改造一下，置办些桌椅餐具，就开张营业了。"洋芋擦擦、炖土鸡、煮玉米、陕北凉粉等传统菜肴最受欢迎，都是绿色食品，客人吃得津津有味。"李佼利说，"到了旅游旺季，游客天天爆满，特别是'五一'之后，屋子里根本坐不下，在院子里撑几个遮阳伞，桌子摆得满满当当。"

李佼利说，在自家院子办农家乐不用交房租，家人也能帮忙，很多蔬菜都是自己种的，成本低、利润大。自2017年开业以来，平均每年纯收入10多万元。

一石激起千层浪。生态旅游的兴起，带动了农村经济的繁荣。像李佼利一样，在南沟景区卖冷饮、小吃和土特产的村民有20多家。大南沟小组的张杰卖凉皮、洋芋擦擦，年收入近5万元；小南沟小组的杨占斌卖碗饦、饸饹面，年收入4万多元；驸马沟小组的高玉龙卖烧烤，年收入3万多元……"自从景区开园以来，家里的苹果不愁卖，价格也上去了。"大南沟小组的刘润喜说，"南沟村变美了，老百姓就富裕了。"

过去，群众认为只有离开南沟村才有可能过上好日子；现在，很多走出去的村民正在回南沟村的路上。

乡风文明，幸福的链条越拉越长

"张思德就是在距离南沟10多公里处的洛平川村烧木炭时不幸牺牲的，他为人民服务的精神永远激励着南沟村人前进的步伐。"张润生说，"南沟村会越来越美丽，南沟村人会更加幸福。"

生态农业示范园和乡村旅游示范园区的建设，成为强大的发展引擎，推动南沟村的颜值和内生动力齐头并进，实现了农民富、农业强、农村美。

南沟村人均可支配收入由2014年的4653元增加到2021年的17500元；村民人均住房面积达到25平方米，全村适龄青少年入学率达到100%，村民合作医疗参合率、养老保险参保率均达到100%；

南沟生态农业示范园区（陕西日报记者艾永华 摄）

到 2021 年年底，村集体经济纯收入达到 50.5 万元，实现了从无到有、由弱到强的实质性转变。

南沟村火了，南沟村人的精神面貌也不一样了。

大伙都说大南沟小组的宋建军这两年时来运转，神采飞扬，走路都带风。"打了半辈子光棍，终于娶回了媳妇，这好日子才刚开始。"年过半百的宋建军和别人打趣道，"咸鱼也有翻身的时候。"

说来真不容易。过去的南沟村是出了名的贫困村，宋建军家更穷。家里的几孔窑洞早已破烂得不成样子，有 3 亩果园，产量还不高。母亲长年患病，还有一个患有癫痫的弟弟。一家人的生活全靠宋建军一个人负担。老实巴交的宋建军想娶媳妇确实挺困难。

搬进新居后，宋建军看到了幸福的曙光。他开始思谋找对象的事。人一旦有了想法就会产生动力。宋建军比以前更勤快了，他把果园管理得井井有条，还抽出时间走街串巷收破烂。随着南沟村的名气

驻村干部张光红推荐南沟村有机苹果（陕西日报记者艾永华 摄）

南沟景区一角（陕西日报记者艾永华 摄）

越来越大，宋建军的收入也越来越多，说亲事的媒人主动上门了。

2020年，宋建军认识了现在的妻子，两人很快就喜结良缘。"我老婆很会操持家务，对我非常关心，有什么好吃的总给我留着。"宋建军逢人便夸，"她对我母亲也特别孝顺，一直服侍到老人去世。"

为了收破烂方便，宋建军在镇上租了房子。不管走到哪里，他都带着媳妇和患病的弟弟，一家人生活得其乐融融。他说："女人就是家，有家才有幸福。"

幸福的定义每个人都有不同的解释，但精神文明肯定是不可缺少的。

"南沟村在加快经济发展的同时，始终把精神文明建设作为加强乡村治理的重要工作。"张光红说。近年来，南沟村以"讲文明树新风"为主题，通过开展评选"十星级文明户""好婆婆好媳妇""健康家庭""最美家庭""致富能手""产业大户"等措施，激发群众内生动力，引导村民树立道德规范、建立村规民约，使村民综合素质进一步提高。

杏树窑小组的刘翠和她的婆婆曹永梅就是南沟村有口皆碑的好媳妇、好婆婆。

刘翠和丈夫雷浪从小就认识，算是青梅竹马。雷浪是一名粉刷工，结婚后夫勤妻贤，小日子过得和和美美。

但在2014年夏日的一天，雷浪在驾驶摩托车回家的途中发生了车祸，留下了年仅30岁的妻子和一双儿女。"丈夫去世后我感觉天塌了，但为了两个孩子，我必须活下去。"回忆起当时的情景，刘翠泣不成声，"过了一阵子，我的情绪渐渐稳定下来。以后的日子怎么过，自己也没个主意。"

后来，刘翠在城里找了一份当服务员的工作，一边赚钱养家，一边陪孩子上学。有人劝说让她把孩子留给婆家自己改嫁，她一口就拒绝了:"老公公住院做手术欠下不少外债,自己丢下孩子不管,不是给这个支离破碎的家庭雪上加霜吗?"

刘翠一个人带着两个孩子,省吃俭用,在人生的道路上艰难前行。如今,女儿已上大学,儿子上初中。"婆婆对我比对自己的女儿都好,总会把最好吃的留给我,婆婆对两个女儿说,'你们有人疼,儿媳妇就由我来疼'。"刘翠说,"我们这个家很温暖,永远不会散。"

雷浪去世后,他的母亲痛不欲生,甚至有了轻生的念头。"刘翠抱着我说,妈你一定要坚强,我们俩齐心协力把这个家撑起来。"刘翠的婆婆曹永梅指着一袋子奶粉、果馅说,"我们翠翠可孝顺呢,一有时间就回来帮我在果园里干活,挣那么点钱还老给我买吃的、穿的,这就是她给我准备的干粮。"

曹永梅和刘翠相互体贴、情同母女的婆媳关系,让南沟村人交口称赞。

文明新风成为南沟村又一道亮丽风景。

在南沟村采访的5天中,村民提到最多的就是张光红、张润生、张维斌3个名字。他们说,11年来,驻村干部张光红与村干部并肩作战,和村民共同奋斗,每年待在村里不少于320天,连村里的狗见了他都会摇尾巴;党支部书记张润生为了村里的发展,不知耽误了多少发财的机会,他的私家车每年跑4万多公里,光油钱都贴进去不少;延安市惠民农业科技发展有限公司总经理张维斌重情重义,生生把个穷山沟打造成风景迷人的美丽乡村。

而他们三位的话却是这么说的。张光红说,基层干部就要在基层和群众一起干,这是责任;张润生说,决不能辜负乡亲们对我的信任,只要我们同心协力,南沟村的未来就会更好;张维斌说,赚钱就是为了花钱,但要花对地方、花得值当。

如今的南沟村,像嵌在黄土高原皱褶里的一颗明珠,闪闪发光。

回首过去，轻舟已过万重山；展望未来，乘风破浪正当时。张润生说："南沟村制定的'十四五'发展规划，就是要努力把南沟村建成全国文明示范村、全省农村社会治安综合治理示范村、国家AAAA级景区。"

我们相信，南沟村定会在乡村振兴的征途上再创佳绩，继续书写出精彩动人的南沟故事。

2022年3月5日，惊蛰。

南沟村的山头又传来洪亮的歌声："我家住在黄土高坡，大风从坡上刮过，不管是西北风还是东南风，都是我的歌，我的歌……"

陕西日报记者／艾永华

朱鹮伴我奔小康

——纪录汉中市洋县草坝村小康工程

汉中市洋县纸坊街道办草坝村,坐落在宁谧的秦岭南麓。

在这里,村民们开车不鸣笛、交谈不大声,就连谁家里过红事、白事时,也不会吹吹打打。

恐惊天上人?

差不多。

自从那些打天上飞来的贵客在草坝村房前屋后的树上、村旁的林子里"盖了房""安了家",原本就不喧嚣的小村变得更加宁静、祥和了。

自然环境优越、食宿水平不差、邻居淳朴善良……于是,曾经浪迹天涯、无处为家的它们决定在这里长住下去,直到今天。

这是一座朱鹮来了就再也不愿离开的幸福村庄。

朱鹮"搬"回草坝村

据草坝村的老人说,很久以前,汉江支流傥河的河水在古傥骆道入口处冲出了一片沙坝。一对刘姓叔侄途经此地时看到这里沼泽遍布、草木繁茂、水鸟云集,环境优美宜人,就决定定居下来。后来又

春季美不胜收的草坝村(陕西日报记者张江舟 摄)

经过了好多年,这里逐渐形成了一个小村庄。因为村子周围草多、鸟多,又地处一片沙坝上,草坝村因此得名。

"我是1968年出生的。小时候,我们经常能在村子周围看到朱鹮。不过,那时谁也不知道这种漂亮的鸟叫啥名字,也不清楚它是不是保护动物,只管它叫'红鹤'。我还记得那时村里的很多老人都讲过,'红鹤'是神鸟、吉祥鸟,只有在脉气旺的地方才能看到,是我们村的守护神,并叮嘱村里的孩子们不许伤害'红鹤'、吓唬'红鹤'。"草坝村村民、洋县朱鹮爱鸟协会会长华英回忆说。

1975年,草坝村除草伐树,平整出了200多亩水田种植稻谷,并逐步扩大耕作范围。

随着人们活动越来越多、活动范围越来越大,之前在草坝村周边生活的大批鸟兽不得不迁去海拔更高、人迹更少的秦岭深处。被誉为"东方宝石"的国家一级保护野生动物——朱鹮也在其中。

朱鹮,古称朱鹭、红朱鹭,是亚洲东部特有的一种鸟。它们大多栖息于海拔1200米至1400米的疏林地带,在高大的树木上筑巢,在附近的溪流、沼泽及稻田漫步觅食小鱼、蟹、蛙、螺等水生动物以及昆虫。在我国,巍峨的大秦岭是它们繁衍生息的理想家园。

朱鹮中等身材,体态秀美,通体羽毛洁白,后枕部有柳叶形羽冠,额至面颊部皮肤裸露,呈鲜红色。它们的腿细长而纤瘦,脚掌火红鲜亮,体态优美,有"鸟中美人"之称。"赤玉雕成彪炳毛,红绡剪出玲珑翅"的诗句,把它们美丽的身影描写得淋漓尽致。

这种鸟类曾广泛分布于我国东部,以及日本、俄罗斯、朝鲜等地,数量也非常可观。但由于农业生产大规模使用化肥、农药以及农耕模式改变等原因,朱鹮种群数量急剧下降,逐渐走向了濒危:1963年,朱鹮首先在俄罗斯踪迹全无;1975年,朝鲜半岛最后一只朱鹮消失;日本为了使朱鹮摆脱濒临灭绝的境地,决定把最后几只野生朱鹮

朱鹮伴我奔小康

美丽的朱鹮（张跃明 摄）

捕获，进行人工饲养，但因为种群老化而以失败告终……到了20世纪70年代末，人们已经很难在自然界中发现朱鹮的踪影。当时国际上有许多鸟类学家认为该物种已经灭绝。

1981年5月，我国科研人员在距离草坝村不远的姚家沟发现了两窝7只朱鹮，包括4只成鸟、3只幼鸟。这7只朱鹮成了世界保护和恢复朱鹮种群的希望，它们在当时被认为比大熊猫还要珍稀。

我国的生物学家也自此踏上了漫长的朱鹮人工繁殖之路。起初，朱鹮的人工繁殖工作开展得并不顺利。被发现的那7只朱鹮被确认存在近亲关系，而近亲繁殖容易导致畸形情况的发生，甚至还会导致胚胎死亡。因此，当时的国家林业部门接受了生物学家的建议，在洋县及周边部分地区建立朱鹮野外保护区，将人工繁育和野外繁殖结合起来，给朱鹮创造良好的栖息环境。这才让朱鹮种群得到了延续的机会。

经过科研人员和当地群众10余年的共同努力，野生朱鹮的身影终于重现。

"那是在1993年的一天，当时我才25岁。我现在都记得特别清楚，那一晚有几十只野生朱鹮飞来草坝村附近的树林和村里的大树上'安家'。当时，村里的老人们都激动得很，说'红鹤'是'会看风水的鸟'。'红鹤'在谁家院子的树上筑巢，谁家的风水就好，就会给谁家带来好运。"华英一边说着，一边用手指着窗外院子里的一棵大槐树，"这棵树当时就被朱鹮选中了，在距离地面三分之二高度的那个树杈上做了个窝。"

大批野生朱鹮重现陕西洋县草坝村！

野生朱鹮住进村庄，与人为邻！

中央电视台《人与自然》栏目组来了，凤凰卫视的摄制组来了，就连国外媒体也派来大批记者住进草坝村见证自然界的这一奇迹。

朱鹮伴我奔小康

朱鹮"搬"回草坝村（华忠影 摄）

曾经名不见经传的草坝村，因为朱鹮，从此被世界聚焦。

问余何意栖碧山

让我在梨花树下

煮一壶茶

和你小坐

小村的朱鹮就此低飞盘旋

你带上妹妹

我带上村前秦岭山顶冰雪融化的溪水

取一蕾花香为茶

挽一坡清风作陪

且让我细细叙说经年往事

……

2022年2月22日，正月还没出，草坝村东边老牛坡上的万亩梨园格外静谧。湛蓝的天空中飘过朵朵白云，正午的阳光温柔地抚摸着已经翻耕过的土地，缕缕清风带着丝丝春意拂过山岗，轻声唤醒沉睡了一个冬天的花芽。

头戴红色毡帽、身穿黑色呢子大衣、脖上系着一条五彩丝巾的李雪如俏生生地站在梨园里，一边用指尖轻抚着枝杈上刚刚冒头的花芽，一边轻声吟诵着她为草坝村写的诗——《梨花茶》。

当年村里的放牛女娃李雪如，如今成为在国内诗坛小有名气的诗人，甚至还当上了洋县作家协会的主席，这是草坝村的老人们没有想到的事情。

朱鹮伴我奔小康

农田里的朱鹮（张跃明 摄）

"他们当年想不到、不敢想的事情还多着哩！"李雪如哈哈地笑着说。在20世纪80年代，李雪如的父母要养育多个子女，日子过得非常艰难。为了让哥哥和妹妹上学，早早懂事的小雪如在15岁念完初中后就主动回家随母亲种地，减轻家里的负担。

"虽然嘴上跟母亲说不想再去上学了，但其实我特别想上学，特别羡慕哥哥、妹妹每天都能去学校。我不能跟家里提这样的要求，家里已经很不容易了，如果提了会让母亲更难过。于是，我就自己想办法学习。读书，对，多读书！当时已经识字的我，用尽各种办法找人借书来读。只要是有字的东西我都喜欢读，就连《新华字典》我都是边放牛边背记，学了整整一年呢。这习惯一直保留到了今天。读书改变了我的人生。"李雪如说。

如今的李雪如名声在外、事业有成,也在县城里买了房、安了家。但最让她割舍不掉、魂牵梦绕的还是这个世外桃源般的草坝村。只要一有时间,她就会回到草坝村的老房子里小住几日。

"我们村子太美了,美得像梦一样。村前米粮川,村后花果山。春天,村子被花海包围,每一缕空气中都带着香味。秋天,漫山的梨树挂满硕果,往来的客商、游人络绎不绝。最特别的是,你一年四季在这里随处都能看到朱鹮、苍鹭、白鹭等几十种鸟类。数不清的鸟儿,在林间、在田间、在村民的院里、在村子的树梢上、在大人小孩的头顶上快活地飞行。它们悠然自得、愉悦幸福,像极了土生土长的草坝人。"一谈起家乡草坝村,李雪如就有说不完的话,恨不得用尽这世上最美的词。

像李雪如这样深深爱着草坝村,不愿离开草坝村的人自古以来就有很多。

问余何意栖碧山,笑而不答心自闲。
桃花流水窅然去,别有天地非人间。

"为什么不离开?村里的日子现在好得很,舍不得啊!如今的村子产业兴旺,村民在自己家门口种好有机稻谷、照顾好梨园就可以有不错的经济收入。家家户户在十来年前就住上了两层楼的新房,新修的水泥路直接通到村里的每一户门口,太阳能路灯让夜里的村道亮亮堂堂的,小车早就不是咱村里的稀罕物,自来水、Wi-Fi 也是每家都能享受上的……村里现在的生活条件一点儿都不比城里差。"聊起草坝村的新生活,村民刘建文兴奋得滔滔不绝,非得让人服气他"山村里的日子比城里好"的观点。

"对着呢,我们村的人都喜欢住在这里。不仅因为现在生活水平上来了，还因为咱这里地处朱鹮巢区，生态环境保护得特别好。天蓝、水绿、土地肥沃，在地里种农作物完全不用农药、化肥，吃着不仅绿色健康，而且口感好，香！"2022年2月21日，在草坝村新修建的梨果采摘园里，看着刘建文夸赞村里的好生活，草坝村党支部书记刘煜华笑着补充道："草坝村能有今时今日，其实和朱鹮是有很大关系的。"

率先走上"有机"路

朱鹮对栖息环境十分挑剔，被称为"会看风水的鸟"，它对自己的筑巢地要求很严格：首先，得有高大茂密的树木，可供它筑巢；其次，附近一定得有水田、河流，方便其觅食；最后，距离住处不远的地方一定要有人家，它喜欢与人类比邻而居。

"朱鹮是国宝，能来草坝村安家是草坝人的福气，无论如何要把朱鹮留下来！这是当时草坝村所有人的共同心愿。"华英说。

为了让朱鹮在村里住得满意、吃得放心、过得幸福，草坝村村民在所有的农业生产中坚决不使用化学肥料、有毒农药；在附近的树林和山上坚决禁止开矿、狩猎、伐木；尽可能地保留天然湿地并扩大冬水田面积，以方便朱鹮觅食；积极加入朱鹮巡护队，配合朱鹮保护观察站的科研人员监控、保护朱鹮……

"自打朱鹮在草坝村安了家，村里的人几乎都变成了朱鹮的'贴身保镖''五星级店小二'，村里的大小事几乎都是围着朱鹮保护工作转。孩子们是最兴奋的，不上学时就盯着村里那几棵有朱鹮筑巢的大树，一旦发现附近有黄鼠狼、蛇之类会威胁朱鹮安全的情况，就立马飞奔去喊村里的大人来'救命'。"回忆起当年那些全村老少总动员给

村民牟洪旦正在草坝村的采摘园里给果树剪枝（陕西日报记者张江舟 摄）

朱鹮"搞服务"的日子，华英的脸上满是幸福和怀念。

在草坝村的西边，静静流淌的傥河是朱鹮常来的觅食地。河里的小鱼、小虾、泥鳅等是朱鹮最喜爱的食物。

在河道与草坝村村庄之间，大片肥沃的河滩地被勤劳的村民们整理成一块一块水田，并种上了稻谷。为了把土地资源充分利用起来，每年稻谷收割完后，草坝村的村民们会在地里播下油菜种子，赶在来年稻谷秧苗下地之前，再收上一拨油菜。

这么安排，一来可以为朱鹮增加一大片一年四季都能找到食物的觅食地；二来在满足村民粮食需求之后，多余的稻谷和油菜也能卖掉，增加村民的收入。

这些安排虽让朱鹮很"满意"，但问题也随之而来。

完全不使用化肥，导致稻谷、油菜和果树每年的产量大幅下降。不打农药，接连不断的病虫害让草坝村的村民们损失惨重、苦不堪言。

"我印象最深的是1997年。那一年，我们赶上了自然灾害，大批越冬迁徙路过草坝村的野鸭子把老百姓地里种的油菜和小麦糟蹋得不成样子，山上的梨树林也大面积地染上了黄叶病。"华英说。

保护朱鹮是草坝人义不容辞的大事。那么，怎样才能在做好保护工作的同时又能发展好农业，让群众吃饱肚子、过上好日子呢？

"20世纪90年代，草坝村外出务工的人并不像现在这么多。村里人的口粮和收入基本都来自土地。令人感动的是，虽然每一家都遭受了不小的损失，但当时谁也没有提出'放弃保护朱鹮''把农药化肥请回来'这些丧气话，而是齐心协力想办法、找出路。读书、读报、求助专家，我们就那样摸着石头过河，逐渐走上了发展有机农业的道路。"华英说。

在肥料方面，草坝村先是用农家肥，后来又在县上农业专家帮助下，逐步改用经过处理的有机肥。这样稻谷、油菜和梨树的产量虽不能与使用化肥时的产量相比，但也肉眼可见地好了起来。

有毒性的农药肯定是不能再用了。为了减少病虫害，草坝村在来自杨凌的农业专家帮助下，率先用上了黏虫板、灭虫灯等物理防虫手段。一些村民还把狼牙刺的叶子、苦楝树的果子等熬制成生物农药，洒在地里防虫。

"还有石硫合剂，这两天草坝村所有的果园里都在使用。正月马上结束，很多梨树上已经开始有小花芽冒头。在这个阶段，我们主要要进行两项工作，一个是剪枝，再一个就是杀菌。石硫合剂的主要成分其实就是石灰水，喷洒在果树树干以及果树周边的土壤上，可以有效杀菌，也能杀死大部分沉睡了一个冬天的虫卵。"村民刘建文说。

"那会儿国内还没有'绿色食品''有机农业''无公害'这些概

念。在农业生产中，农药、化肥的使用是确保产量的不二法门。现在想来，我们应该是当时国内比较早开始探索发展有机农业的地方。"华英说。

农高会上觅"黄金"

知识就是力量。

买农业技术方面的书来看，在报纸上看农业版块，逮着机会就跟着农技专家问个不停……自打从农业知识中尝到了甜头，草坝村村民学习的劲头更足了。

草坝村村民刘小刚夫妇正在梨园里嫁接梨树（陕西日报记者张江舟 摄）

进入21世纪，我国农村发生了翻天覆地的变化，人居环境日益改善，群众收入大幅增长，集体经济不断壮大。眼看着别人的腰包越来越鼓，草坝村的村民们很是羡慕。如何才能在保护好朱鹮的同时，进一步增加村民的收入呢？

"稻谷+油菜"，村里的水田已经被用得很扎实了。能打主意的就剩下草坝村东边的梨山了。

草坝村村民口中的梨山，不过是一个并不算高的小山包。长久以来，当地村民一直都有种植梨树的传统。梨树的种植面积也很可观，是草坝村非常重要的经济收入来源。

"2003年的时候，村上梨树的品种有40多个。虽然种植面积不小，但因为梨果的品相、口感、甜度等都不怎么样，市场竞争力较差，逐渐被其他地方的梨果取代。洋县人那会儿都说，'草坝村的梨果不行啦'。"华英说，"那时候，我还担任着草坝村村委会主任的职务。为了拉回顾客，我们尝试过在梨山举办'梨园诗会'，也邀请过媒体记者帮我们宣传，但效果都不是很好。毕竟梨果的品质才是最重要的。必须改良梨树品种！"

找准了破题方向，事情就变得容易多了。

草坝村村民刘小刚家中有10亩梨园。偶然的一次机会，刘小刚在报纸上读到了关于韩国杂交育成品种黄金梨的介绍。

适应性强、抗病性强、坐果率高、丰产、极易成花、早实性强，适宜在肥沃壤土或沙壤土建园，在丘陵山地种植需深翻改土……

经过与草坝村自然条件进行对比，刘小刚把黄金梨的相关情况以及自己欲引进黄金梨改良梨树品种的想法和村"两委"进行了沟通，引起了村"两委"的高度重视。

为了给村里的梨园找到出路，村"两委"组织了所有村民小组的组长，前往杨凌参加2003年的第十届杨凌农业高新科技成果博览会。

当时负责带队的华英回忆说："那是我们第一次去杨凌参加农高会，大家既兴奋又紧张。兴奋不必多说，紧张则是因为我们肩负了全村的希望。黄金梨是从韩国引进的新品种，咱只是在报纸上读到过相关介绍，在省内压根儿没有谁种过。能不能找到黄金梨？适不适合咱这儿种？有没有种苗卖，贵不贵？大家心里都没底儿。"

幸运的是，黄金梨真就被他们在杨凌农高会上找到了。

来自山东烟台的一家企业不仅把黄金梨带到了陕西，还带来了黄金梨的种苗。经过询问，果实和种苗的价格却令"草坝村赴农高会小分队"望而却步。

"太贵了！黄金梨的梨果是展品，如果非要买的话，一个就要50块钱。一株长1.2米的种苗要价38块钱。要知道，那可是2003年啊，我们当时在杨凌吃蘸水面，花三块五一个人就能管饱。"华英说，"等！我就不信等到最后，它还是这个价。之后的几天，我们这

草坝村的有机黄金梨熟了（王波 摄）

一队人就在农高会上到处转、到处看,一边开眼界,一边耐心等待。到了最后一天,黄金梨终于降价了。我们买了一个梨果切成十几块分给大家尝。那口感确实好,果肉的石细胞少,果心很小,含糖量很高。"

因为之前没有种植黄金梨的经验,华英和大家商量后决定先给草坝村每一户买一株黄金梨的种苗,先种植观察一下。种苗的价格此时已经下降到一株10元,全村一共370户,"草坝村赴农高会小分队"忍痛支付了3700元"巨款",带着370株树苗、牢记着黄金梨种植注意事项回到了草坝村。村"两委"把黄金梨种苗分到每一户,并再三叮嘱"千万要上心照顾"。

刘小刚也分到了一株黄金梨种苗。作为最早得知黄金梨信息并建议种植黄金梨的人,他是种植过程中最小心、最花心思的人。

别人栽树苗一锄头就能解决的事情,刘小刚却偏要"小题大做":先挖出1立方米的深坑,在坑底填上秸秆并培土,最后再栽上树苗。引进的树苗根系差,这样做是为了让树苗更好地生根。几个月后,刘小刚家的树苗比别人家的树苗长得都茁壮。

第二年,刘小刚家的黄金梨树开始挂果。树枝上挂满了密密麻麻核桃大小的黄金梨,这可把他吓了一跳,"养分都被果实吸收了,梨树长不大,这可咋办?"由于大家都是第一次种黄金梨,没有人可以请教,刘小刚只能一次次往县城的书店跑。在翻阅大量农技书籍后,他恍然大悟:必须控制挂果量,这样树才能生长得好。

第三年春暖花开时,刘小刚便守在梨园疏花。到了坐果期,黄金梨树坐果率非常高,1米长的枝条上结出80至90个梨,为了控制挂果量,需要把数量降到每米枝条5至6颗。刘小刚为每棵树耐心疏果,忙活了大半个月后,挂果量得到控制,黄金梨树长得枝繁叶茂。

种植黄金梨成功了,产量一年比一年高!

经过几年的观察，黄金梨品种非常适合在草坝村种植，而且品质极好、产量极高、病虫害极少。洋县农业局高度重视这一情况，决定连续3年提供资金，为草坝村及周边几个村子购买种苗，大力推广黄金梨种植，帮助农民改良品种、增加收入。

看着如今草坝村东边梨山上的万亩梨园，华英眼中充满了欣慰和感激："要是只靠自己干，就算黄金梨再神，咱也不可能在短短几年内就完成全村所有梨树的改良换代。政府在关键时刻真是给咱农民帮了大忙啊！"

集体经济"舞"起来

如今的草坝村民富村美。这个面积不大，以农业生产作为主要收入来源的村子，让村民吃饱肚子不难，但是怎样才能让大伙富起来呢？

大多数草坝村村民给出的答案都是搞合作社和发展集体经济。

2007年以前，草坝村还是家庭联产承包责任制下的分散经营，不便于集体管理，更不便于发展适度规模经营的产业。

经过外出考察，当时的草坝村党支部书记刘开昌提出了想在村里建立农民专业合作社的想法。但这个想法当时就先遭到了不少村干部的反对。

"民以食为天。支书啊，这个事你可不要搞。这不是说我们不支持你，这是吃饭的事。"在村"两委"会议上，草坝村监委会委员李望芝第一个提出反对意见。

李望芝说，当时之所以反对，第一是因为那时候群众都安心搞生产，并不愁吃喝，支书提出来搞农民专业合作社，会弄得人心惶惶；

第二，入股的钱从哪里来？群众没有多余的钱，要让大家从自己兜里拿出钱来，难度是相当大的。

"要想从温饱到小康，必须彻底打破分散经营，走合作化生产之路。农民专业合作社是一种新型的农业经营主体，我们的干部一定要解放思想。"不管大会小会，只要一有机会，刘开昌就给干部们进行思想动员。几经波折，刘开昌终于得到了大家的口头支持。

2008年年底，草坝村召开全体村民代表大会，准备成立洋县朱鹮湖果业专业合作社。会议讨论决定，由村"两委"15名干部带头，每人1股，每股50元，率先进行合作社登记。

然而，令刘开昌意想不到的是，之前都已经说好的事，在出资人

草坝村村民杜小慧等正在油菜田里锄草（陕西日报记者张江舟 摄）

签名入股的时候，不少人却一分钱都不愿意出。"出50块钱，对当时经济并不宽裕的草坝村村民来说，还是不敢冒的险。"李望芝说。

作为带头人的刘开昌虽然沮丧，但并没有放弃。他说："登记已经进入程序，必须要登记。一户50元，一共750元，我把这钱替大家出了。将来要是搞好了，分红是你们的。如果搞没了，损失算我的。"

就这样，洋县朱鹮湖果业专业合作社成立起来了。之前长年在外承包工程建设的刘开昌个人出资147万元，为合作社修建起了办公大楼。草坝村开始了第二次创业，也从此走上了农业合作化生产之路。

村民组织起来了，而如何选定一条产业致富路的问题则继续考验着刘开昌。

草坝村位于朱鹮自然保护区的核心地带。发展壮大有机农业是草坝村当时唯一能走的一条路。为了提高村民参与的积极性，刘开昌自掏腰包购买香稻种子、有机肥料，免费向合作社社员发放，并建立起了100亩有机水稻示范基地。

运行的第一年，草坝村的有机水稻就大获成功，以每斤10元的价格被抢购一空。

为了让农民群众真正得实惠，激发群众内生动力，在刨除销售成本之后，合作社通过二次返还，把赚的钱全部分给了种植有机水稻的社员。一亩水稻的收入从七八百元一下就变成了两三千元。群众的积极性被极大地调动起来了。

"这次一共有107户入股，每户入股1000元。"刘开昌说，"原先50元一股没人入，后来1000元一股却入不停。"

紧接着，刘开昌邀请西北农林科技大学等单位的有机种植专家、教授多次到村里进行指导培训，并不断扩大产业规模。有机香稻、有机黑米、有机油菜、有机黄金梨等产业蓬勃发展。

"过去我们的梨子三五毛钱一斤没人要,现在我们的有机黄金梨交给合作社,一斤就要3块多。我们的日子跟以前是大不一样了,供儿子上大学也不愁拿不出钱来。日子过得一天比一天红火。"村民王建红给记者算了一笔账:2021年他种植了3亩黄金梨,收入2.7万元,3亩有机水稻收入5200元,5亩有机油菜收入4000元,合作社分红收入3480元,再加上在合作社打工赚了2万多元,共计收入6万余元。

"经过这一系列发展,种出东西卖不上钱的时代,在草坝村一去不复返了。下一步,我们瞄准做高端农业,在提质增效上再做大文章。"刘开昌说,"眼下我们着手在延伸农业产业链上下功夫,建成了有机食品加工厂,生产有机梨酒、醋、饮料以及黑米酒、黑米醋、黑米月饼等。"

截至目前,草坝村的农民专业合作社占地面积260亩,固定资产1.35亿元,年产值6000万元;拥有社员532户,其中党员30人;社员人均收入2万元,年人均分红3800元。"朱鹮湖"牌有机产品直销北京、上海、天津以及广州等20多个国内城市,并跨出国门销往美国和德国。

2021年,草坝村的农民人均年纯收入达到了1.5万元。

日子"底色"是幸福

村民富了,对生活环境提出了更高的要求。村里的公益事业怎么搞?社会保障怎么弄?兜底脱贫怎么干?在刘开昌的带领下,草坝村又走出一条通过"三变"改革发展壮大集体经济的路子。

"有了集体积累,村容村貌发生了翻天覆地的变化,村里的发展后劲也更足了。"刘开昌卸任之后，现任草坝村党支部书记刘煜华接过了继续带领村民致富的接力棒。刘煜华说："如今的草坝村路网健全，村前村后四通八达，90%以上的村民住上了小洋楼。"

据介绍，草坝村紧紧抓住合作社这个"牛鼻子"，以抓党建、建基地、强产业、互助合作、共同富裕为宗旨，按照"支部＋合作社＋公司＋基地＋农户运营"的模式，积极组建农技服务、农村经纪人、互助基金3个协会和旅游、演艺、建筑、物业、劳务派遣5个公司对社员生产的有机产品和社员股份进行捆绑整合，实行集团化组织运作，激活了社员增收和壮大集体经济的能力，实现了村集体固定资产过亿元。

为使社员享受更多红利，合作社动员社员以"现金＋土地联营"的方式合股入社，有效开展联产联业、联股联心、民主管理，让社员参与携手共建新生活。目前，合作社整合资源、协调发展，共建优质梨果基地3800亩、有机黄金梨示范园1300亩、有机稻米示范基地2300亩、有机油菜籽基地2500亩，年产有机黄金梨15000吨、各类有机大米700吨、菜籽油350吨。

随着乡村旅游的不断发展，草坝村立足自身优势，着力建设精品旅游村，打造宜居宜游"新草坝"，近年来累计投资2600多万元，先后打造"四园一中心"的旅游服务格局，旅游配套设施日趋完善，成为西安、汉中及省内外游客休闲度假娱乐的"后花园"。

其中，新建的集特色旅游产品展示、住宿、餐饮、大型会议接待功能于一体的朱鹮湖游客服务中心，配套建设了可一次性停放300辆旅游大巴车的生态停车场。为深入挖掘历史文化资源，草坝村在筼筜谷遗址建设了6000平方米的观光园，园内建有观光荷花池，并栽植了180亩有机大樱桃。

同时，草坝村以"胸有成竹"成语发源地的历史文化资源为依托，开发竹产品及朱鹮旅游纪念品 10 多种，并对 100 余户农家乐实行星级标准化管理。目前，全村游客日接待能力达 1600 人次。2021年油菜花海节期间，全村接待游客 2.6 万人次，实现旅游总收入 45 万元，旅游产业成为村集体经济"淘金聚银"的"增收器"。

如今的草坝村，集体经济不断发展壮大、村组面貌大为改观，群众遍享农村"三变"带来的经济效益和社会效益。"村前米粮川、村后花果山、村内变公园"的目标已基本实现。

"村民生活水平显著提升，幸福感与日俱增，这样的好日子不能'落'下一个人。"刘煜华说。

有机产业的成功壮大了村集体经济，村民们的辛勤劳动创造了幸福生活，村里的基础设施也随之焕然一新。然而，草坝村依然有 6 户村民因为各种原因丧失劳动能力，未能搭上产业致富的快车。年近 80 岁的"五保户"关保存就是其中之一。

关保存是草坝村七组的村民，一辈子没结婚，无儿无女，如今年龄大了，地里的活儿也干不动了。像他这样的情况，草坝村还有几户。在脱贫攻坚阶段，村里经过讨论后一致同意无条件帮助他们。除了享受国家的政策补贴，村上还出钱给老关盖了新房。

"2019 年年底，我们把老关之前的旧房子推倒重建，2020 年年初就建好了。在这段时间，村民刘正宏把老关接到了自己家中居住。现在，老关已经住进了自己的新房。无论啥时候见到他在村里遛弯儿，都是笑呵呵的样子。"刘煜华说。

草坝村四组的"五保户"潘金城和老伴同样非常满意现在的新生活。

院子里，81 岁的潘金城坐在小板凳上，一边抽着烟晒太阳，一边给老伴砸核桃吃。

"我儿子年轻时就得了精神上的病。为了给他看病，我们把家底都掏空了,日子一年不如一年。幸亏国家帮了咱一把!我儿子现在在洋县的医院接受免费治疗,我和老伴安心在家就行。"老潘说,"你去看墙上贴的那个表,政府给我家的帮助实在太大了。要不是政策好,我们家的日子真是扶都扶不起。"

在潘金城家院子的进门处,贴着一张洋县纸坊街道办草坝村脱贫户政策享受明白卡:种养殖产业奖补 225 元、住院报销及"一站式"服务 12148.32 元、农村低保 1064 元、特困供养 2200 元、残疾人补助 720 元、冬季取暖费 500 元……

"这些钱定期都给我打到了卡里,我们两个老人生活完全够吃够用。"老潘一边从棉衣的内兜里掏出一沓用纸仔细包着的银行卡,一边笑着说,"谢谢政府的帮助,谢谢村上的帮助。"

此心安处是吾乡

从公路边一个缺口下去,沿着田埂小径穿过一片水田,踩着被人踏出的印痕爬上山坡,就到了草坝村东边老牛坡上的梨园。地里,刘小刚和媳妇正在给村里人帮忙嫁接梨树。

刘小刚是勤快人,全村数他的黄金梨种得最好;刘小刚是热心人,村里村外只要有人找他帮忙摆弄梨园里的事,他都跑得很快。

"黄金梨树是咱草坝人的'摇钱树',花再多心思都值得。如今,周围的几个村子也开始跟着咱一起种。能帮上忙的,咱肯定不能藏着掖着啊!"刘小刚笑着说。

大家为啥喜欢找刘小刚请教?

因为刘小刚种黄金梨的名气大啊!

近两年,抖音、快手等直播平台的影响力在农村逐渐扩大,农业直播、直播带货成了"新农活"。

"好酒也怕巷子深。咱黄金梨的品质这么好,但在外头的名气还不够大,我能不能试着去抖音上吆喝吆喝?"刘小刚寻思着。

说干就干。从2020年春季开始,刘小刚每天带着手机下地。

剪枝、杀菌、嫁接、疏花、疏果、套袋、采摘、装箱、发货……在刘小刚的抖音个人账号里,黄金梨生产的全过程被真实、完整、系统地记录下来。"下单后只需3天,一份'甜蜜'就会交到你的手中。"短视频中,50多岁的刘小刚说着网络流行语,笑得像个天真的孩子。

有网友留言说:"一开始看你种梨是因为好玩,没想到这一看就连着看了几个月。我确信你的梨真的是绿色无公害水果,值得信赖!"

也有网友留言说:"刘老师你的抖音真是大宝藏,我跟着你的黄金梨种植视频学了好多农技知识,现在也准备在我家的梨园试一试。谢谢刘老师的无私分享!"

更有网友将刘小刚的种梨视频广泛传播,无意间让"洋县草坝村""黄金梨""朱鹮故乡"等元素火了起来。从某种意义而言,如今的流量就是销量。搭上社交软件平台的"销售快车",刘小刚家的黄金梨一年就能带来9万多元的纯收入。

在刘小刚的带动下,越来越多的草坝村村民开始"触网"。手机成了他们的"新农具",拍短视频成了他们的"新农活",网络语言成了他们的"新语言"。

除了拍摄、制作种梨视频,刘小刚还经常发布自己在梨园干活间隙跳舞的视频,没想到也意外地"火"了!

"我自己本来就喜欢跳舞。这些年日子越过越红火,幸福的生活更值得用跳舞来庆祝。而且,经常在视频里让草坝村的梨园露露脸,也能带动外地人在梨花盛开季节来赏花,在梨果收获季节来采摘,无形中就宣传了草坝村,带动了咱们的乡村旅游。"刘小刚说。

视频中,伴着网络流行音乐,穿着下地干活"工作服"的刘小刚,在硕果累累的梨园里,一脸认真地翩翩起舞……即便隔着屏幕,观众也能真切感受到刘小刚发自内心的幸福感。

刘小刚在自己喜爱的种梨事业中找到了幸福,刘开武则在服务村民中找到了幸福。今年67岁的刘开武是退伍军人,在部队上曾荣获二等功,是村里有名的"老英雄"。自打村里建好了自来水厂,刘开武就自告奋勇地当起了水管员,这一干就是10多年。"部队教我为人

草坝村的"老英雄"刘开武(陕西日报记者张江舟 摄)

民服务,我把这话记到今天、干到今天。"刘开武说。

长年在外工作的李瑞奇已经开始盘算退休以后回草坝村的养老生活。他说:"从1996年进入陕建十公司做水电安装,一直跟着项目走南闯北去挣钱,家里的事多亏了媳妇。这些年每次回来都感觉家乡有变化,越来越美,日子越来越好,心里也就生出了过两年退休回来的念头。回来了,就再也不走啦,真期待啊!"

村民张志新的最大骄傲是培养了一个好儿子,接下来他也做好当爷爷的准备了。"儿子自己努力,现在在西安市轨道交通集团有限公司上班。去年他终于结婚了,我和他妈现在就等着抱孙子喽!"张志新掏出手机翻着照片,嘴里还不停地说着。看着看着,他开心地笑起来,眼睛都眯成了一条缝儿。

作为村支书,刘煜华最喜欢看到的是村子人丁兴旺。他说:"随着国家推出鼓励生育的政策,这两年村里新增了不少人口。以前村民会有顾虑,怕生得起、养不起。现在随着生活质量不断提高,医院、学校等公共服务就在家门口,就业、创业也在家门口,大家响应号召,村里的新生儿,那可是一个接一个。"

夕阳下,建在村里的朱鹮湖小学放学时间到了,无忧无虑的孩子们三五成群地笑着走出校门。

院子里,老潘还坐在小板凳上,一边抽着烟晒太阳,一边给老伴砸核桃吃。

梨园里,刘小刚抹了一把汗,又把一瓶水递给媳妇:"收拾一下回吧!今儿个高兴,咱多弄两个菜,喝点儿小酒,哈哈哈……"

在草坝村采访的十多天里,村民们质朴的笑容、对生活的热爱、对家乡的眷恋,给我留下了深刻的印象。

村前阡陌纵横,可闻稻谷飘香,可观朱鹮嬉戏;村后万亩梨园,可赏细雨梨花,可听莺歌燕语;村内整洁美丽,可居田园别墅,可品

草坝村村民和朱鹮友好相处（张跃明 摄）

有机美食。草坝村犹如陶渊明笔下的世外桃源，山清水秀、天蓝地绿，稻香梨酥、鱼肥鹤舞、村美民富、产业兴旺。

"草坝村人谈不上有多富，但草坝村人的幸福感特别强。如果非要问为什么，大概是因为这里是我们的家，是我们爱的草坝吧。"刘煜华说。

远处，一群朱鹮正结伴飞过天空，归巢而来……

陕西日报记者／张江舟

追 梦

——纪录杨凌示范区杨陵区王上村小康工程

在陕西版图上,杨凌示范区杨陵区五泉镇王上村曾是一个再普通不过的小村子。说它普通,是因为这个村子在地理上没特色,风光上没亮点,产业上没起色。它就像一粒尘埃,默默地、毫不起眼地存在着。村里很多人都给自己后半辈子的生活定了调:没啥奔头,凑合过吧。

陕西省美丽宜居示范村——杨凌示范区杨陵区五泉镇王上村(陕西日报记者李宛嵘 摄)

然而，时移世易。就是这样一个没啥特色的村庄，却在意想不到间，有了大变化。

党的十八大以来，在坚决打赢脱贫攻坚战的时代背景下，在乡村振兴战略的引领下，政策的东风吹来了。有了资金，有了项目，王上村修路、通水、改厕、改暖、修公园、建工厂，开民宿、搞旅游，三产融合做得有声有色……

发展过程中，王上村也有过争吵、有过矛盾，有过欢喜、有过忧愁。欣慰的是，经过干部群众通力合作、埋头苦干，这个只有 242 户 1131 人的"烂杆村"变成了"全国乡村旅游重点村""全国乡村治理示范村"，村民人均年收入 19565 元。

压抑了许久的王上村，终于扬眉吐气了。那些出去、回来，再出去、再回来的乡亲们，终于看见了奔跑中的家乡，看见了与时代同行

广场上的这块大石头静静地矗立着，仿佛诉说着王上村的美丽蝶变（王上村村委会供图）

的家乡，也看见了一天天变化着的家乡。在一个又一个细微改变中，奋斗不息的王上人正合力描绘着一幅浸润着泪水和汗水的幸福画卷。

护陵员

王升有的一天是从护陵开始的。

一大早，天刚亮，雾还没散。戴上帽子，拿起短木棍，他就骑着电动车出门了。

此时，太阳从东边露出了大半个脸，"睡"了一夜的王上村还没有"醒"来。安静的村子里，偶尔传来一两声狗叫。王升有骑着电动车行驶在宽阔平坦的村道上，风从耳边过，喜从心中来。

在村子东北约 200 米处的三畤原上，坐落着隋文帝杨坚和皇后独孤伽罗的合葬陵墓——泰陵。每天一睁眼，王升有总是先去陵园转一圈，看看陵冢上的松柏长得咋样，找找周围有没有盗洞。碰到茂密的草丛，他就用木棍探一探路。检查完后，王升有再踱步到门口，将几座石碑挨个擦上一遍。

王升有中等个头，黑黑瘦瘦。从 1993 年开始，他就义务守护泰陵，如今已 29 个年头了。岁月在他脸上刻下褶皱，经年巡查让他脚底磨出老茧。有人问他："一毛钱工资没有，图啥？"其实，王升有也想不通自己到底图啥。可他明白，守护泰陵已成为刻在他骨子里的习惯，一天不去总觉得缺了点啥。

车子刚到陵园入口，王升有便停下了。沿着青砖铺就的大道一路向北，一直走到那座刻有"隋文帝泰陵"字样的石碑前，他的脚步放缓了。"隋文帝杨坚作为隋朝的开国皇帝，在位时间虽短，功劳却很大，对后代影响深远……"抬头望着石碑，王升有神采飞扬，眼中带着光。

那是一个强盛却短暂的王朝。虽然只有38年,在历史长河中如流星划过一般,却留下了耀眼的光芒。公元581年,受北周静帝宇文阐禅让,杨坚称帝,改元开皇。"即位后,杨坚大力恢复社会生产,发展经济;广征书籍,延续中华传统文化;废除九品中正制,开设科举,建立国家分科选才制度;建粮仓,修广通渠,统一币制……"这段历史,王升有张口就来。

"史书上说,杨坚虽出身贵族,但在位期间,他从不爱奇珍异宝,衣服破了也是补一补再穿。而且每顿饭只有一个肉菜,大部分都是素菜。"长时间的巡查,王升有就像一个专业讲解员,不仅对隋朝历史如数家珍,也将隋文帝的勤俭之风融到血液中。"缺吃少穿的年代,不节俭不行。"摸着碑上那些古老的大字,他陷入了回忆。

王升有生在王上村,长在王上村。20世纪70年代,初中毕业的他回村务农,因为能认字、会算账,被推选为生产队会计。那时候,村里只能种些玉米、土豆,亩产通常只有一二百斤,能上三百斤都不容易。家家户户上顿玉米糊糊,下顿玉米面搅团,只有过年才能见上几滴油、吃上几块肉。

"糠菜半年粮"的日子过久了,就有人动起了"歪"心思。"当时生产队养牛,村上种了几亩苜蓿喂牛。经常是苜蓿刚长到2寸高时,就被撅光咧。"王升有年轻气盛,气冲冲地跑去阻止,没承想被人一句话怼了回来:"人都没菜吃,还管牛吃啥。"转过身,叹口气,他默默地走了。

记忆的闸门一旦拉开,往事就如洪水般汹涌而出。"不光吃不上,住也成问题。胡基垒成的土房子,天晴没事,遇上连阴雨就到处漏水,随时都能塌了。"王升有说,苦日子看不到头,大家只能干发愁。他想不通,守着老祖宗留下的这块风水宝地,咋就过得这么恓惶?

追 梦

"楼上楼下，电灯电话。种地不用牛，点灯不用油。"对于好生活的向往，王升有一天都没停过。他坚信，埋皇帝的地方，一定差不到哪儿去。为此，王升有种棉花、栽果树，打水井、修水渠，拆土房、盖楼房……折腾了大半辈子，终于把梦想变成了现实。最让他欣慰的是，隋文化的深厚底蕴也在村子翻天覆地的变化中显现出巨大的推动力量。

2022年2月25日，例行巡查后，站在陵冢高处往下看，王升有头一次发现，家乡原来这么美。晨光照耀下，飞鸟、池塘相映成趣，高树、古柳俯仰生姿，青砖、古墙错落有致。不远处的河滨公园碧水荡漾，轩榭廊舫环绕四周。粉墙黛瓦的村舍，清新雅致的民宿，流光溢彩的门楼，古朴典雅的乡村学堂……王上村的每一块砖、每一片瓦，都散发着如诗如画般的田园气息。

"不光景色美，文化气息也很浓。"随着王上村隋文化体验区建成，隋朝疆域图、兵器盔甲、官民服饰以及独具特色的文武科举体验馆吸引了众多游客。王升有高兴地发现，沉睡了千年的历史资源，一下子活起来了。

时间的车轮滚滚向前。如今，历史的沧桑永远停留在了帝王的陵冢上，而王上村的过去也永远保存在了王升有的记忆中。他深知，眼前的旖旎风光并非与生俱来，要想让这幅画变得更美，奋斗的脚步还是不能停。

66岁的王升有闲不住。在种植几亩猕猴桃树的同时，他还当起了村上的水果销售代办。一到果子成熟季节，他拉客商、跑货源，奔地头、谈价格，忙得不可开交，一年少说也能挣3万元。

"知足咧，手里有闲钱，遇事不发愁。生活好，心情美，咱老百姓能过成这样，还有啥不满意的。"王升有说。

唯一让他遗憾的，就是还未得到开发的泰陵。"虽然现在还没有完全开发，但随着村子越来越美，相信这里也冷清不了多久了。"护陵近 30 年的他，对王上村的未来充满了信心。

正说着，老伴电话来了："早上给你焖了肉，赶紧往回走。"挂掉电话，王升有恋恋不舍地回望了一眼泰陵。

陵冢下，千年古碑静静矗立，仿若正深情地守望着这片充满生机的热土。王升有觉得，隋文帝杨坚那股子敢闯敢拼的劲头，如今已渗透在王上人的血脉中，正慢慢汇聚成幸福的激流，一路奔涌，流向远方⋯⋯

"犟书记"

一条水泥路笔直地通进了村，路两边成片的猕猴桃园里，不少村民在忙活着。往里走就是生态公园，绿树环绕，流水潺潺。公园广场上，立着一块大石头，上面刻着"王上村"三个字。对面是村委会，两层崭新的小楼立在那里，楼前的红旗迎风飘扬。

每次闲下来，李社宏就会站在那块石头前定定地出神：现在，村上大变样，大家的日子比以前好多了，当初说的也都做到了，这几年总算没白干。

李社宏今年 45 岁，是王上村党支部书记兼村委会主任。

从小生长在农村的他，经过许多苦日子，最大的愿望就是好好挣钱，让家人跟着享福。开饭店、包工程、办合作社⋯⋯经过多年打拼，李社宏将事业干得风生水起，用自己的双手让家人过上了好日子。

李社宏是个念旧的人，不忙的时候经常会回村看看。每次回村，看着村子那一穷二白的样子，他心里很不是滋味。"我自家日子好过

昔日臭气熏天的涝池变成了湖清岸绿的公园（王上村村委会供图）

了,可村上一直没啥发展,这也不行啊!"

思来想去,一天吃晚饭时,他在饭桌上开了口:"我想回村上去,领着大家一起干。"短短几个字,他说得斩钉截铁。

"看把你能的,这么大的事,你能担得起?在外面干得好好的,胡折腾啥呢!"妻子把碗往桌上重重一蹾,脸一拉,高声嚷着。

李社宏一言不发,默默地低头扒着碗里的饭。饭桌上的气氛冷到了极点。

过了很久,妻子长叹了口气:"对咧,不说了,你这人本来就犟,认准的事谁也拦不住,想干就去干吧。"

就这样,2016年10月,李社宏放弃了自己苦心打拼的事业,回村当起了党支部书记。

提起李社宏回村当支书这事,怎么也绕不开一个人,那就是李冰。这一年的5月,李冰还在五泉镇当副书记,主要分管农业。当时,李社宏在村里成立了一个果蔬合作社,李冰为了帮他建冷库四处奔走。两人因此结识,互相建立起了信任。

得知李社宏要回村，李冰心里犯了嘀咕。

"你在外面发展得那么好，现在放弃是不是有点可惜了？"李冰实话实说。

"可惜啥，决定了就不能想那么多，努力把事干好就行了。"李社宏没有迟疑。

"那行，那你就放手干，有啥困难你就说。"因为建冷库时打过交道，所以，在李冰心里，李社宏的人品和能力都没啥说的。

李社宏一上任，首要工作就是排查解决村上的矛盾。每天东家进、西家出，叫叔喊婶的，忙得连饭也顾不上吃。早上出门，很晚才回家，妻子抱怨他一进门就跟饿狼一样。李社宏也不吱声，端着饭碗光笑。

"从那年10月开始，一直到春节前，村上的情况才基本稳定下来。"这些事，李社宏记得清清楚楚。

矛盾解决了，下来就开始考虑发展的事了。2017年，王上村开始美丽乡村建设。当时，李社宏捏着文件下定决心："三年时间，村上要是发展不起来，我就主动辞职。"之后，他将第一把力使在了基础设施建设上。

建生态公园、雨污分流、房屋外立面统改统建、旱厕改水厕……为了这些，李社宏路没少跑，气没少受，难听话也没少听。

厕改那会儿，就有村民不理解。"闲得没事干了，这厕所盖得好好的，给我拆了干啥？"挖掘机开到了跟前，硬生生被挡了回去。

"这厕所得改，改了对大家都好。"认准了这个理，李社宏就上门做思想工作。白天村民干活不在家，他就晚上去；会上人多劝不动，他就会后一家一家劝。跑烂了鞋，磨破了嘴，这才把工作都做通了。

厕所终于改好了。家家的旱厕都成了水厕，一个蹲便，一个坐便，安上太阳能和浴霸，随时都能在家洗澡。看到了这些便利，大家才理解了李社宏的良苦用心。

乡村要发展，产业得振兴。基础设施完善了，就得发展产业了。这时候，李冰也来了。2019年11月，李冰正式担任王上村乡村振兴驻村第一书记。经过多方考察、多次研讨，村上把目光聚焦到了建民宿上。

目标有了，方向也明确了，迅速分了工，他们就开始行动。李冰负责在外跑项目、拉投资；李社宏就在村里做工作、抓落实。两人心里都憋着一股子劲，立誓要把这个事干成。

为了争取项目，拿到资金，李冰索性就住在村委会。白天出去跑，晚上回来熬夜整资料、写项目书，常常连饭都忘了吃。有时实在饿得不行了，就泡碗方便面垫一下，吃完再接着忙。

那段时间，李冰没有节假日，家也很少回，天天都在外头跑。大大小小的公司跑了不少，各个单位的人也见了不少。

"心里装着事儿，就会一直惦记着，直到有了结果才能踏实。"功夫不负有心人。跑了10个月，资金拿到了，公司也找好了，李冰这才安下心来。

2020年4月，民宿项目终于动工了。经过历时4个月的建设，当年10月正式营业。

民宿建起来了，村上很多人开始在家门口上了班。还有一些人瞅准商机，在村里开起农家乐、茶舍。王上村也逐渐声名远播，吸引了越来越多的游客。看着村里来来往往的人，李社宏和李冰觉得做啥都值了。

"我觉得，咱们今年的重点应该放在拓展农业多种功能、开发乡村多元价值、促进农业高质高效上。"

"对，得继续推进咱村的一、二、三产业深度融合发展。"

……

夜深了,村委会办公室里,两个书记还在谋划着王上村的发展。他们的身影落在窗户上,被灯光拉得很长很长。

平坟记

"啥,要平坟?谁出的这缺德主意?"2020年6月的一天,听到这个消息时,李社明从床上一骨碌爬起来,黑脸绷着,额头上的青筋冒得老高。

"还不是社宏,为了建个烂民宿,连先人都不顾了。"李社明的妻子撇着嘴抱怨。

一听说是自家兄弟的主意,李社明火气更大了,"我现在就找他去,问问他到底想成啥精!"

趿拉着一双拖鞋,李社明急吼吼地往村委会赶。刚到门口,他就听到屋里七嘴八舌的争吵声。

"这是祖坟,你说平就平了,我们到时候咋有脸去见先人?"

"坟地一动,风水就变了,后辈运势不好,你能负得了这个责?"

"这事没啥商量的,就三个字:不同意!"

……

"大家先不要激动,都冷静一下,听我说。眼下看虽然不是好事,可往后民宿建起来了,咱不光能分红,还能上班挣工资呢。再说,也不是白平,一座坟还给2000元呢。"隔着会议室的玻璃门,李社明瞅见兄弟正苦口婆心地劝着。

"你说得好听,没影的事,咋让人相信?还不是为了骗我们同意。就为那2000元,能让后人戳脊梁骨?"有人当场炸了圈,一脚踢翻了凳子,骂骂咧咧地走了。

追 梦

建成后的民宿清新雅致,别具一格。闲暇时,村民李会侠会在村里的民宿区唱秦腔、拍抖音(陕西农村报记者杨杰 摄)

会开到一半,散摊子了。

"哥,你咋来了?"

"我不来能行?你现在翅膀硬了,这么大的事都敢瞒我。"李社明狠狠瞪了一眼李社宏,话里话外都是不满。

"哥,我不是有意瞒你,这不想着咱是一家人,你咋都不会跟我唱反调嘛。"

"这事我还就得跟你对着干!妈刚走了没有几年,这时候把她的坟平了,你良心上能过得去?"

"那咋办,村上的事不干了?我还能半路撂挑子?"

"叫我说,不干就不干,又不是离了这点工资过不下去。"李社宏的话,让李社明像点着了的炮仗一样,一下子炸了。李社明梗着脖子本想再骂几句,最终一句话都没说,气鼓鼓地摔门而去。

383

兄弟俩头一次不欢而散。

李社明阴沉着脸刚进家门，妻子便迎了上来。"问得咋样，社宏不会真把咱妈的坟平了吧？"

"他敢？看我不把他的腿给打断。你个婆娘家懂啥，再不要多问了！"李社明心里憋着气，也没给妻子好脸。

长兄如父。李社明大李社宏5岁，父亲走得早，作为兄长的他早早挑起了家里的大梁。"这么多年，我苦没少吃，罪没少受，他才当了几天官，就连亲哥都不当回事了。"李社明越想越气，中午饭一口没吃。

这边，李社宏也为早上和大哥顶了几句嘴而懊恼。虽然懊恼，但他并不觉得自己有啥不对。发展乡村旅游是村上的大事，民宿项目好不容易通过了，资金也有了，眼看就要建好，咋能卡在对面23座祖坟上呢？

"再作难，也要把这事干成。哪怕背一辈子骂名，我也认了。"这般想着，李社宏泄了一半的劲又回来了。叫上几个村干部，又一次挨家挨户去劝了。

那一天，李社明干啥都没心情。他闷声坐在沙发上，烟抽了一根又一根，酽茶续了一杯又一杯。就这样，一直从下午4点到了晚上10点。他刚想关门，李社宏来了。

"坐，一晚上没喝水吧？"看着兄弟干得爆皮的嘴唇，李社明心一软，把手中的茶杯递了过去。

"哥……"

"啥都别说了，先喝水。"

李社宏赶紧接过茶杯，一口气喝了个精光。

"这事我想了一天，不怪你。建民宿是大事，不能因为几座坟就黄了。按理说作为大哥我该支持你，可是你也知道，这是咱二组的公坟，我要是一句反对的话都没有，人家背地里还不知道要说得多难听呢。"李社明叹了口气，他不想让人觉得，自己啥事都和兄弟"穿一条裤子"。

"哥，眼下顾不了那么多了，民宿项目一天都耽搁不起。妈一直是个明白人，她在地下不会怪咱的。"李社宏试探着瞅了大哥一眼，壮着胆子继续说，"你要是没啥意见，那我就先回了。"

李社明没吭声，连着抽了几根烟。过了半晌才说了句："好！"

这个"好"字，让李社明一夜都没睡好。他躺在床上翻来覆去，只要闭上眼，脑海里就是母亲生前的样子。

"挖人祖坟这种缺德事，你能干得出来？有本事，先把你妈的坟平了。"第二天一大早，李社明昏昏沉沉地刚走到巷口，就看见有人指着李社宏的鼻子跳着脚地骂。

"走，去签字。"在李社宏跟前，李社明撂下这句话，一个人先走了。

刚才还一蹦三尺高的几个人，瞬间都像漏了气的皮球一样，蔫了。"书记都带头了，咱再这样闹下去，怕是不太合适。"私底下一商量，大伙儿终于在第五次开会时松了口。

平坟那天，村里人都来了。围着23座祖坟，有人交头接耳小声嘀咕，有人唉声叹气不停抹泪，还有人默默地清理着坟上的杂草。尽管心里一百个不愿意，可是挖掘机开到坟前时，没有一个人上前阻止。

"先挖这座，推平一点。"李社明指着母亲的坟头，眼泪唰的一下就下来了。转过头的一瞬间，他瞥见不远处的李社宏也在悄悄抹眼泪。

转眼间就到了母亲的祭日，兄弟俩前后脚到了地头。开春种下的那片向日葵已长到一人高了，金灿灿的花朵迎风绽放。对着坟地旧址旁的两棵柏树，两个人默默地摆干果、洒奠酒，心里都不是滋味。

当年10月民宿正式营业。开业后，星空房、集装箱房、四合院等主题客房游客爆满，一房难求。李社明和妻子也重操旧业，在民宿旁边开了家"王上巧厨"农家乐，生意火得不得了，光服务员就雇了四五个。

"啥是真正的幸福？能挣到钱，过上好日子就是。不光活着的人每天乐乐呵呵，就连逝去的亲人也能含笑九泉。"看着大厅里的热闹劲，再想想自家兄弟说过的话，李社明觉得，这个坟，平得值！

"变心"记

偌大的乡村学堂里，稀稀拉拉地坐了几个人。有人纳鞋底，有人谝闲传，有人玩手机……看着大家不太捧场的样子，教授站在讲台前，讲也不是，不讲也不是。讲吧，没人听，伤自己面子；不讲吧，不单伤自己面子，更伤邀请人的面子。咋办，讲还是不讲？

瞅着教授左右为难，坐在底下的王义发一边在心里揣摩对方的心理，一边后悔不已：以后再有这种活动，说啥都不来了，浪费时间。就在他想走又不好意思走时，旁边有个涨红了脸的干部说了句："算了，下次吧！"呼啦啦，仅有的几个人一下子全走光了。

这是王上村乡村学堂2018年12月第一次试开课时的情景。这一幕，王义发至今记忆犹新。用他的话说，当时之所以会去，并不是自愿，而是被旁人"忽悠"了。没想到去了之后一看，根本就不是想象中那么回事。自从那次"打脸"事件后，叫他去的人见了面总是不好意思，两个人心里都有点别扭。

追 梦

夏日的午后凉风习习，生态公园美景如画。村民在悠闲地下棋（王上村村委会供图）

其实，王义发之前也去其他地方参加过类似的培训活动。"去之前想得美，以为能学点实用的，结果不是卖肥料，就是卖果树剪，纯粹哄人哩。"一朝被蛇咬，十年怕井绳。王义发上过几次当后，就不再相信这些所谓的培训了。

第一次开课就出师不利，这可把村干部急坏了。乡村学堂费劲建起来了，总不能闲置吧。群众不认可，原因是啥？可能是没尝到培训的"甜头"。要不，多请专家到果园讲几次，看看大家态度咋样？

地头讲，肯定没问题！当时正值猕猴桃冬季管理的关键时期，好多人正为咋样科学修剪果树、提高来年产量发愁呢。于是，村上邀请了西北农林科技大学的专家教授，连续几周在果园现场示范讲解。

数九寒天，冻得人伸不出手来。可大家听得津津有味，问得热火朝天。不光如此，村上的大喇叭也时不时播放一些国家支持"三农"发展的大政方针和农业实用技术，这些听多了就不一样了。

还真有效果。一个月后的 2019 年 1 月 25 日，王上村乡村学堂首期村民培训班正式开课。

"乡村电商如何搞？""乡村小院咋收拾？""农家乐菜品咋提升？"……和第一次不同，这次，40 多平方米的教室里坐得满满当当，还有不少人站在后面听得全神贯注。

"不仅有党的惠农政策，也有乡村振兴知识，还有果园管理实用技术。"但听完后当旁边有人打趣道："老王，以后再有这活动还来不？"他却说："看情况，有时间了就去。"

王义发之所以这样说，是因为在他心里，这个乡村学堂就是做做样子，说不定哪天就塌伙了。他甚至觉得，到这来听一节课，还不如到地里干一晌活儿。但是，当年发生的另外一件事，让他对乡村学堂的印象彻底改变了。

王义发的猕猴桃园里嫁接了一排别人给的新品种果树。都开始挂果了，也没人能叫得出名字。那年果子成熟时，恰好村上的乡村学堂又开班了，来讲课的是西北农林科技大学的猕猴桃种植专家陈永安。

"拿几个果子过去，看专家认得不？"抱着试一试的心态，带着点凑热闹的意思，王义发去了培训现场。

"老师，你给咱看看这是啥品种？"举手的同时，陈永安已经走到了跟前。"这是'金福'，咱这儿种得比较少。"只看了一眼，陈永安就答了上来。

回去的路上，王义发低头走着，一言不发。又有人开他玩笑："老王，这下可把困扰你几年的问题给解决了。以后老师再讲课，可得跑快点，小心占不到座位。""那当然，天上下刀子都得来。"这一次，王义发彻底服了。

现在，只要听说乡村学堂"开讲"了，不管多忙，王义发都会放下手中的活儿，和大家聚集在学堂里，听党的惠农政策，聊乡村产业发展，说自家生活变化。

也不知道是哪一天，王义发突然发现，村上耍横的人少了，邻里矛盾没了，干群关系更融洽了，大家的心也越来越齐了。

作为西北地区第一家乡村学堂，这两年王上村的乡村学堂出名了。不光周边区县的人前来"取经"，就连外省的人也不远千里来到村上参加现场教学、找寻致富"秘籍"。"有看头、有学头、能带走"，这是大家对这家乡村学堂的一致评价。

仅2020年，王上村乡村学堂就承接各类现场教学和培训530多场（次）2.4万人（次），实现直接培训产值300万元。这个曾经偏僻落后的村子一跃成为远近闻名的网红村、示范村。

乡村学堂火了，王义发也跟着沾了光。"平时种点蔬菜啥的，不出村就卖完了，就当挣几个零花钱。"眼看着村上人气越来越旺，他也不在城里带孙子了，专门跑回村种地。

在王上村乡村振兴驻村第一书记李冰看来，乡村学堂是转变村民思想认识的"智库"，不仅让一部分老思想、老传统变了"心"，同时也培养了一批本土人才，让村上的发展更有活力。

"群众思想观念一转变，干群关系都融洽了，村上工作也好开展了。"李冰说，这种"变心"让他觉得很欣慰。

"细婆娘"

立了春，早晚还是很冷。曹春侠出了卧室，顺手打开客厅的暖气阀门，扫地、擦桌子、收拾垃圾，给丈夫的保温杯灌满热水。忙活完这些，她扭头看了看墙上的钟，已经是早上7点50分了，该上班了。

轻轻掩上房门，曹春侠就赶紧往民宿区赶。一路上走得快，冷风吹得她缩起了脖子。10 分钟不到,她就到了。

套上橘黄色工服,拎起门边的塑料筐,曹春侠沿着民宿区的小路开始捡拾垃圾。太阳一点点升高,阳光把民宿的白墙照得格外亮,曹春侠工服上的反光条在阳光下一闪一闪。

今年 47 岁的曹春侠,和村里大多数妇女一样,平日里一边照顾孩子一边种地,农闲时就在村上或者附近打个零工。丈夫郭银权则辗转于周边各个工地,凭着踏实好学能吃苦练就了一手"好把式",慢慢成了"大工",工资也一天比一天高。

曹春侠是个"细婆娘",王上村人都知道。

猕猴桃成了姚玉花家增收致富的"金果果"(杨陵区委宣传部供图)

"春侠是个细发人，人家把钱攒下了。"

"千万别小看这个'细婆娘'，人家现在日子过得美太太。"

……

每次听到这样的话，曹春侠也不吭声，只是低头笑。在她心里，从不觉得"细发"是件丢人的事儿。

"我一不偷二不抢，为了过上好日子，方方面面节省一些，前头苦一苦，甜总在后头哩。"说到"细婆娘"这个称号，曹春侠一点也不恼。因为只有她知道，自家的日子是怎么苦过来的。

2014年，三个孩子都上了学，一学期四五千元的费用让曹春侠夫妻俩犯了难。丈夫坐在客厅的凉椅上满面愁容，孩子们在家也小心翼翼，话都不敢大声说。看着眼前这般情景，曹春侠心焦得厉害。一狠心，她厚着脸皮跑回娘家，七拼八凑，终于在开学前几天凑够了娃们的学费。

那时候，曹春侠觉得，自己就是吃了没文化的亏，不能让娃们也跟她一样。但话又说回来，丈夫虽然给人盖房一天能挣80元，但活儿也不是天天都有。而且，光他一个人挣钱，也养活不了这么一大家子人。

"娃还小，我也出不去，只能平时再细发些。花得少了，娃他爸也就不用那么累了。"看着丈夫每天拖着疲惫的身体早出晚归，衣服上、鞋上的水泥点子永远洗不净，曹春侠就在心里暗暗发誓，得用她自己的方式努把力。

从那时起，曹春侠就一分钱掰成两半花，能省的地方坚决不多花一分。菜也不舍得买，常常是下点白面条，调点酱油醋就吃了。偶尔买一次菜，还都尽让着娃们吃。两口子几年也不添置一件新衣服，给娃穿的不是别人给的，就是只买一件，大的穿过小的接着穿。

曹春侠一直觉得，对于孩子，她有着太多的亏欠。

2018年，小儿子7岁生日，曹春侠两口子商量着："亏了娃们这么多年，这次给他们买个蛋糕解解馋！"打定主意后，她就带着儿子去了区上的蛋糕店。

那还是曹春侠第一次去蛋糕店。推门进去，屋里满是香气，玻璃柜里各式各样的蛋糕让她挑花了眼。儿子趴在柜台上，高兴地数着面前的蛋糕上有几颗草莓。

"这蛋糕多少钱？"曹春侠指着柜子里的一个蛋糕向店员问价，听完就愣了神。又问了几个后，她愣在原地，双手绞着衣角，不知道咋跟儿子开口。

"妈，我不想要蛋糕了，咱去买凉鞋吧，蛋糕吃了就没了，凉鞋还能一直穿。"懂事的儿子扯了扯曹春侠的衣角，拉着她就往外走。

出门的一瞬间，曹春侠想哭，硬忍住了。

进了鞋店，40块钱一双的凉鞋，她咬咬牙，给姐弟仨一人买了一双。

事后，曹春侠时常想，要是再努努力，多挣点钱，日子是不是会更好一些？娃们是不是也就不用跟着受罪了？

她再也不想让娃受苦了，可是咋样才能挣更多的钱呢？

王上村素有种植猕猴桃的传统，从20世纪90年代初开始，村上家家户户就都有了园子。

"既然出不去，那就把心思花在种地上，不信挣不了钱！"

从此，只要村上请西北农林科技大学的教授来做技术培训，曹春侠都会去学。不仅如此，闲了她还会向村里的"老把式"请教。在不断的学习摸索、精心管护下，曹春侠家的猕猴桃品质越来越好，卖的价钱也越来越高。

从2019年开始，每逢猕猴桃成熟之际，曹春侠在苏州打工的娘家哥就会在网上帮忙卖果子。一箱装10斤，最高能卖到80元。一年

追 梦

猕猴桃成熟了，丰收的喜悦挂在村民脸上（杨陵区委宣传部供图）

下来，光在网上就能卖 1 万元。加上客商地头收购的，曹春侠的 2 亩园子能收入 2 万多元。

不只这些，王上村还建起了猕猴桃果酱（果脯）加工厂，村集体收入年年攀升。村民不光自己种果子卖钱，还能拿到分红款。

每年到了那个日子，曹春侠就早早等在村委会门口。领到钱后，她捏着那一沓红艳艳的票子，脸笑成了一朵花。

2020年4月,为了盘活闲置资源,以产业带动村上发展,鼓足村民腰包,王上村建起了民宿,大力发展乡村旅游。

听说民宿要招人,曹春侠赶忙就去报了名。经过培训,她很快就上岗了,主要负责民宿区的外围卫生,每月工资1800元。

活了几十年的曹春侠咋也没想到,有一天还能在家门口上班。"不光能照看孩子,捎带把地也种了,还能月月拿工资。"这是她以前想都不敢想的事。

"日子好过了,啥都不用愁,我就只操心把家里管好,让娃他爸安心在外面挣钱就行了。"提起现在的生活,曹春侠一百个满意。

推门进去,宽敞明亮的屋子拾掇得干干净净,各种家用电器一应俱全。用了十多年的木头凉椅换成了布艺沙发,但曹春侠还是舍不得扔掉旧凉椅,依然存放在前院的屋里。

一块牌匾在沙发上方端端正正地挂着:"德从宽处积,福从俭中来。"静静端详,这10个字好像是曹春侠前半生的总结,将这个"细婆娘"20多年的"抠搜"故事娓娓道来……

"潮女婿"

从前,梦想和热爱是王锦锋在外打拼的动力。

几经奋斗,当梦想照进现实,足以养家糊口时,王锦锋突然觉得,自己干好了不算好,要是能带动家乡一起发展,让亲人跟着享福,那才算真本事。

前夜的雨刚停,地上还是湿漉漉的。王锦锋把车停在广场的马车旁,顺着木头搭成的台阶下到了马场。窑洞里黑乎乎的,耳边传来马儿吃草的咀嚼声。他摸索着打开灯,给马添了几把草料,转身出了马棚。

"过几天游客就更多了,得抓紧时间准备。"想到这里,王锦锋叫来看护马场的工人叮嘱着:"得尽快把周围杂物清理一下,收拾好马场,别耽误了迎客。"

看完马场,王锦锋还要去区上一趟。"我们还有古装摄影的项目,之前的服装有些旧了,而且款式也需要更新一下,我今天就去重新采购。"

28岁的王锦锋是宝鸡市扶风县人。提起跟王上村的渊源,他一点也不扭捏:"娶了王上村的女子,咱就是王上的女婿,这儿就是咱的家!"

在王上人的眼里,王锦锋这个外来女婿有点"潮"。前卫的发型、时髦的装扮,一年四季皮鞋总是擦得锃亮。即使是在马场的活动板房里,他也穿得"周吴郑王"的。不光穿着打扮"潮",这个"90后"的帅小伙自媒体也玩得很溜。对于没太见过"花花世界"的王上人来说,王锦锋是个"洋活娃"。

就像时下很多年轻人一样,王锦锋对一些新鲜、好玩的东西,总愿意去尝试。2017年,喜欢摄影、精通网络的他拉着几个朋友一块玩起了自媒体,成立了自己的工作室。平时,他们除了拍摄一些以乡村题材为主的短视频外,还会承接一些美食探店以及景区推广等业务。

经过三年多苦心经营,王锦锋的工作室在当地已小有名气,全网粉丝将近50万人。就在他准备在自媒体领域大干一番的时候,"变数"来了。

2020年,王锦锋认识了现在的妻子李丹。这年夏天,他跟着李丹第一次来到王上村。

一进村,王锦锋就被震住了。街道整齐干净,广场设施齐全,生态公园绿意盎然，村舍民居优雅别致……他一下就看上了这个地方。

"基础设施、村容村貌各方面都建得这么好，产业发展得也不错，要是能在村里干个啥，不愁没有好前景。"王锦锋边走边在心里盘算着。

在村里绕了一圈，他当即做了一个大胆的决定——到王上村创业！当晚，王锦锋就把这个想法告诉了家人。

"想干就去干，要是你能靠自己，把村上也带动一下，那可了不得。"家人的支持让王锦锋创业信心更足了。

可是，去了能干点啥？王锦锋被这个问题难住了，想了几天都没有结果。他愁眉苦脸地坐在沙发上刷抖音，刷着刷着，突然就看到了前一阵在朋友那儿骑马时拍的视频。

"对啊，可以开个马场！"

"我爱骑马，对这事儿也熟悉，现在村里建了民宿，有了农家乐，

村子美了，原先住在城里的人纷纷回村"度假"（王上村村委会供图）

游客的吃住问题解决了，就剩下玩了。要是开个马场，再用自己的平台推广一下，肯定会吸引更多的人。"王锦锋心里想着。

说干就干。第二天一早，他就开车赶到村上，和村干部撂了实底。

"热烈欢迎！王上村就需要你们这种想干事、能干事、会干事的年轻人，我们一定全力支持。"吃下了"定心丸"，王锦锋心里踏实了。

为了鼓励年轻人返乡创业，王上村把优惠政策给得足足的。2021年4月，村上叫来挖掘机，将村口原来废弃的垃圾场彻底清理了，腾出了一块地，作为王锦锋马场的选址。同时承诺：第一年免租，后面租金优惠。

合同签了，地选好了，下来就是修路、走水电。为了节约成本，王锦锋叫来朋友一起干。当时刚好是夏天，太阳晒得人发昏，热得汗直往下淌，衣服穿不到身上。几个小伙子光着膀子干了几个月，被晒得黝黑黝黑的。

"这儿本来就有几孔老窑洞，我们想着就地取材，作为马棚和草料棚。外面的垃圾虽然清理了，但窑洞里的土还得一锨一锨往外撂，光这就费了好大的工夫。"说起这些，王锦锋觉得就好像是昨天的事。

建马场那阵子，饿了没饭吃，大家只能吃方便面。困了没地儿睡，他们拉几个纸箱子，往窑洞里一铺，并自我安慰道："睡这儿还凉快，跟在家开了空调一样。"没想到，一觉醒来，小伙子们都被蚊子叮了一身的包。

"这弄的啥事么，这人能背住？"有人扛不住开始抱怨了。

"你累了就多歇会儿，喝点水，我来干。"王锦锋拿起铁锨，就往太阳底下走。

不一会儿，窑洞里歇着的人都出来了。中午的太阳毒得很，几个

村里的休闲广场上,老人悠闲地荡着秋千(陕西农村报记者杨杰 摄)

年轻人一锹一锹地铲着土,不时抬手抹把汗,谁也没再说啥。

三个月后,原先堆满垃圾的地方变成了一个七八米深的长方形大坑。坑里的围栏中,几匹马儿撒欢地跑着。

马场建成了!迎来了第一批游客。古装摄影、骑马体验、马术培训,要啥有啥,游客玩得不亦乐乎。

为了聚集人气,王锦锋还在抖音上创建了账号,将平时游客骑马拍古装照的视频发上去。越来越多的人知道了王上村的马场,纷纷慕名而来。此后,每逢节假日和周末,村里的游客络绎不绝,马场里来骑马的人排起了长队。

这个"潮女婿"凭着一副好脑瓜,在王上村闯出了一番事业。

追 梦

转眼间,虎年春节来临,村上在外务工的年轻人拖家带口陆陆续续回来了。

大年三十那天中午,按照惯例,一场专门为年轻人准备的"精神大礼包"——王上村返乡人员新年茶话会开始了。

会议室里,暖气开得足足的,桌上的茶冒着热气,大家你一言我一语地开了腔,不仅为村上发展建言献策,也想为自己在村里"奔"个好前程。

"开个茶舍,咋样?"

"我觉得,搞个农家乐也挺好的。"

改造后的王上村设施齐全、环境优美,不少地方成了孩子们的乐园(王上村村委会供图)

"我有个建议,咱这不是有养猪场嘛,可以建个猪文化乐园,光听名字,就能吸引不少人呢。"刚回村的王小军,突然灵光一闪。

"确实不错,想法很新颖,咱再细细谋划一下,争取明年落地。"

……

天渐渐暗了,会议室里的讨论仍然没有停下来的意思。

晚上8点,村道上的路灯一盏盏亮了,树上挂着的红灯笼也跟着亮了。公园里、巷道上,穿着新衣的孩子们三五成群,嬉笑打闹,欢快的笑声飞出去好远。

不远处,村口驶入的汽车一辆接着一辆,喇叭声混合着打招呼声,王上村越来越热闹了……

陕西农村报记者／赖雅芬　杨杰

后 记

陕西是中华民族和华夏文化的重要发祥地之一，有着悠久的历史文化、灿烂的革命文化和丰富多彩的现代文化。陕西又曾是贫困面广、贫困人口数量多、脱贫任务艰巨的省份之一。经过各级党委政府接续奋斗，特别是党的十八大以来，陕西认真贯彻习近平总书记关于全面建成小康社会的重要论述和党中央决策部署，深入贯彻习近平总书记来陕考察重要讲话重要指示，大力弘扬伟大建党精神和延安精神，坚决打赢脱贫攻坚战，千年梦想的小康生活在三秦大地成为现实。

为纪录全面建成小康社会的伟大历程，介绍全面建成小康社会的探索和实践，总结陕西经验做法，为实现第二个百年奋斗目标提供借鉴，陕西省委宣传部委托陕西省社会科学院、陕西省地方志办公室、陕西日报社、陕西省作家协会、陕西省文学艺术界联合会，编写了"纪录小康工程"丛书。丛书共五册，分别为《全面建成小康社会陕西全景录》《全面建成小康社会陕西大事记》《全面建成小康社会陕西变迁志》《全面建成小康社会陕西奋斗者》《全面建成小康社会陕西影像记》，从不同方面、不同角度展现了陕西全面建成小康社会过程中的重大节点、重要实践、感人事迹和突出成就。

与此同时，省上成立工作专班，加强统筹协调，组织精干力量，全力以赴做好丛书编辑出版工作。各参编单位积极落实，编写人员不辞辛劳，夜以继日，如期完稿。陕西人民出版社提前介入，从体例设计、稿件创作到排版设计、编辑校对，对书稿精心打磨。陕西省委党史研究室、陕西省发展和改革委员会、陕西省文化和旅游厅、陕西省广播电视局、陕西省统计局、陕西省乡村振兴局、陕西新华出版传媒集团、陕西画报社等成员单位积极提供图片资料，组织专家审读稿件，提出了宝贵的意见建议。

陕西日报社负责《全面建成小康社会陕西变迁志》的编撰工作。社委会高度重视，李伟社长为本书主编，张连业总编辑、周维军副总编辑、贾玉峰副总编辑为本书副主编，薛向群为总统稿人，杨小兵为视觉统筹，谭磊、林晓雪为整体统筹协调保障，刘芳为资料整理。张鑫、李蕊、孙鹏、程伟、艾永华、吴莎莎、苏怡、张江舟、陶玉琼、田锡超、李妮、穆骋、周明、李旭佳、张权伟、赵杨博、高振博、王姿颐、陈嘉、方敬尧、赖雅芬、杨杰等22名报社骨干记者分赴全省10个地市和杨凌示范区，深入陕西省全面建成小康社会进程中具有代表性、典型意义的15个村庄开展调研采访，历时半个多月。孙巍、王戈华、乔晋、王海涛、王罡、陈艳、由文光、陈强对本部门派出记者的稿件进行了认真审改。在报社多方统筹协作下，书稿内容按时高质完成。

因时间仓促，书中难免有不足之处，敬请指正，以便再版时修改完善。